普通高等院校"十三五"规划教材

创业系列教材配套词典

创业综合词典汇

主 审：张锦喜 古永平

主 编：陈 宏 王有红 刘 隽
副主编：黄立君 唐 磊 黄婷婷

南京大学出版社

创业 知识在成长…… 序

　　"创新创业"（双创）已成为一项重要的国家政策，各个部门、各类高校、各个行业都在认真学习、领会和落实十九大报告，在党中央的领导下助推中国青年一代创新创业。创业面对的领域包罗万象，需要一个综合知识体系的构建和支持。

　　有人说创业的成功率很低很低，是一个九死一生的过程。我并不否认创业之初的艰辛，也不否认创业取得成功、事业越做越大之后肩膀上需要承担的责任也越来越重，我要说的是：与创业成功相比，创业是一种思维的锻炼和突破以及梦想实现的努力，也是一个在反思当中不断修正、不断提升的过程。一个人可以不成功，但是不能不成长，创业很多时候能让你在成长的过程中豁然开朗。我是2005年开始创业的，至今我就开了一家公司，不可谓不专注，不可谓不执着，但我没赚到什么钱，如果成功用赚钱的多少来衡量的话，我是一个失败者，不过我既不自卑也不沮丧。在我走了一段弯路之后，我终于明确和坚定地意识到能给我带来快乐和成就感的不是"赚钱"而是一种叫"传承"的东西。我一直都有一个教书育人的"情结"，所以在我创业开公司的过程中更注重的是"教人"而不是"赚钱"，带着这么一个愿望，2013年9月受张锦喜院长之邀，我来到了岭南创业管理学院。在岭南创业管理学院4年多的教学实践中，我滚动式开发出一系列情景式和可视化的教具和教案，并和其他老师合作陆续出版了《创新思维与创业基础》《创新创业基础》《创业技能训练》《实体经营》等情景式、可视化的创业特色教材。

　　系列情景式和可视化的创业教材在教学和培训的使用过程中，受到了老师和学生的欢迎，但也暴露出一些不足：游戏式的翻转课堂情景图虽然预埋了一些线索，但任务纸上采取的是框架结构，如果缺乏多门学科的综合知识，对任务的完成程度上容易浮在表层而不容易达到一定深度。由此我们认识到：由于我们的学生缺乏创业经验和创业实践过程，需要综合的多学科的知识来弥补课堂上创业训练认识上的不足，而这些多学科的知识又不能太广泛也不需要面面俱到，只需要对我们开发的系列教材和课件进行知识性的拓展和补充就可以了。在这个思想的指导下，岭南创业管理学院专门成立了"创业系列教材配套词典编委会"，张锦喜院长任编委会主任委员，古永平副院长和王有红、牛玉清专业主任任副主任，参与的主要老师任编委，共同编写《创业综合词典汇》。

　　《创业综合词典汇》由十二个模块的知识词典构成，有词义解释也有部分结构图和案例。具体的模块和实际编写的老师有：商业模式词典汇编（陈宏）、经济学词典汇编（黄立君）、团队建设词典汇编（黄婷婷）、市场营销词典汇编（唐磊）、市场调查词典汇编（张玉亮）、质量管理词典汇编（王有红）、经济法词典汇编（王有红）、产品设计与研发词典汇编（刘隽）、人力资源词典汇（谢婷婷）、公共关系管理词典汇编（张艳荣）、财务基础词典汇编（梁芬芬）、股权激励词典汇编（陈宏）。

　　编写教材和训练学生的过程也是一个老师不断反思、不断总结、不断提升的过程：通过教学数据的整理变成可用的教学信息，汇集教学信息与多门学科融合为创业的综合知识，通过知识的不断应用实践来锻造学生的创业能力，这是一个循环递进螺旋上升的一个过程，在这个过程当中不断用学到的东西来反思自己，则逐步凝聚为智慧。

　　感谢所有看到和使用这本书的人！

陈宏

2018年7月于广州

创业综合词典汇

目 录 CONTENTS

创业综合词典汇 之

第一模块

商业模式词典汇

目录 CONTENTS

商业模式

一、商业模式初探

（一）什么是商业模式？

商业模式就是通过什么途径或方式来赚钱。简言之，饮料公司通过卖饮料来赚钱；快递公司通过送快递来赚钱；网络公司通过点击率来赚钱；通信公司通过收话费赚钱；超市通过平台和仓储来赚钱等等。只要有赚钱的地方，就有商业模式存在。

从另一角度说，企业与企业之间、企业的部门之间、乃至与顾客之间、与渠道之间都存在着的各种各样的交易关系和连结方式称之为商业模式。

可以把商业模式分为两大类：

1、运营性商业模式

运营性商业模式重点解决企业与环境的互动关系，包括与产业价值链环节的互动关系。运营性商业模式创造企业的核心优势、能力、关系和知识，主要包含以下几个方面的主要内容：

● 产业价值链定位：企业处于什么样的产业链条中，在这个链条中处于何种地位，企业结合自身的资源条件和发展战略应如何定位。

● 赢利模式设计（收入来源、收入分配）：企业从哪里获得收入，获得收入的形式有哪几种，这些收入以何种形式和比例在产业链中分配，企业是否对这种分配有话语权。

2、策略性商业模式

策略性商业模式是对运营性商业模式加以扩展和利用，可以说策略性商业模式涉及企业生产经营的方方面面。

● 业务模式：企业向客户提供什么样的价值和利益，包括品牌、产品等。

● 渠道模式：企业如何向客户传递业务和价值，包括渠道倍增、渠道集中、渠道压缩等。

● 组织模式：企业如何建立先进的管理控制模型，比如建立面向客户的组织结构，通过企业信息系统构建数字化组织等。

学习笔记：

（二）商业模式涉及的要素

1、客户 – 谁付给你钱？

客户或顾客可以指用金钱或某种有价值的物品来换取接受财产、服务、产品或某种创意的自然人或公司，他们是商业服务或产品的采购者，也可能是最终的消费者、代理人或供应链内的中间人。

传统观念认为，客户和消费者是同一概念，两者的含义可以不加区分，但是对于企业来讲，客户和消费者应该是加以区分的。客户主要是针对某一特定细分市场而言的，他们的需求较集中；而消费者主要是针对个体或群体细分而言的，他们的需求较分散。

在市场学理论中，供应商必须在销售事前了解客户及其市市场的供求需要，否则事后的"硬销售"广告，只是一种资源的浪费。

现代社会中，"顾客就是上帝"是企业界的流行口号。在客户服务中，有一种说法，"客户永远是对的"。不过，各方有不同的演绎，也就是对"客户"二字的不同定义。

2、价值 – 你给客户啥好处？

价值属于关系范畴，从认识论上来说，是指客体能够满足主体需要的效益关系，是表示客体的属性和功能与主体需要间的一种效用、效益或效应关系的哲学范畴。价值作为哲学范畴具有最高的普遍性和概括性。

从商业角度说，价值就是带给客户、顾客或消费者的利益和好处。什么是利益和好处？就是我使用了之后，能给我带来多少快乐，减少多少痛苦，减少多少麻烦，提高多少效率，提升多少业绩，提升多少利润，客户、顾客、消费者只会为这个买单。

3、营销 – 你如何让客户掏钱？

营销就是在发现和满足目标市场和目标消费者需求的过程中创造价值，实现盈利。直白的说就是让客户、顾客和消费者处于感性的状态，因为只有客户、顾客和消费者处于感性的状态才容易掏钱。

营销有三种基本的让客户掏钱的方式：博眼球、揪耳朵和暖人心。

学习笔记：

4、渠道 – 你如何将价值送达客户？

渠道（英文为channel）通常指水渠、沟渠，是水流的通道，但现被引入商业领域，全称为分销渠道（place），引申意为商品销售路线，是商品的流通路线，所指为厂家的商品通向一定的社会网络或代理商而卖向不同的区域，以达到销售的目的。渠道又称网络，按长度划分有长渠道与短渠道；按宽度划分有宽渠道与窄渠道。美国营销协会（AMA）对渠道的定义是：公司内部的组织单位和公司外部的代理商、批发商与零售商的结构。

渠道级别与销售渠道结构（1）0级销售渠道：生产者→消费者（2）1级销售渠道：生产者→零售商→消费者（3）2级销售渠道：生产者→批发商→零售商→消费者（4）3级销售渠道：生产者→代理商→批发商→零售商→消费者（5）4级销售渠道：生产者→总经销→批发商→中间商→零售商→消费者

5、任务 – 你如何做？

任务是日常生活中，通常指交派的工作，担负的职责、责任，以及在一定时间范围内要完成的目标等。任务营销是指在制订一定营销任务的前提下有计划地组织各项经营活动，为顾客提供满意的商品和服务而实现企业目标的过程，任务营销对企业的发展与崛起可以起到强大的辅助推动作用。

6、资源 – 你缺少什么？

从事商业项目的前提条件永远是资源是不充分的，条件是不完全具备的。所谓资源指的是一切可被人类开发和利用的物质、能量和信息的总称，它广泛地存在于自然界和人类社会中，是一种自然存在物或能够给人类带来财富的财富。或者说，资源就是指自然界和人类社会中一种可以用以创造物质财富和精神财富的具有一定量的积累的客观存在形态，如土地资源、矿产资源、森林资源、海洋资源、石油资源、人力资源、信息资源等。

资源也可分为经济资源和非经济资源。经济学研究的资源是不同于地理资源（非经济资源）的经济资源，它具有使用价值，可以为人类开发和利用。《经济学解说》（经济科学出版社，2000）将"资源"定义为"生产过程中所使用的投入"，这一定义很好地反映了"资源"一词的经济学内涵，资源从本质上讲就是生产要素的代名词。"按照常见的划分方法，资源被划分为自然资源、人力资源和加工资源。"（《经济学解说》，经济科学出版社，2000）

学
习
笔记：

7、合作伙伴 – 谁能帮助你？

　　合作伙伴关系是人与人之间或企业与企业之间达成的最高层次的合作关系，它是指在相互信任的基础上，双方为了实现共同的目标而采取的共担风险、共享利益的长期合作关系，主要有：（1）发展长期的、信赖的合作关系。（2）这种关系由明确或口头的合约确定，双方共同确认并且在各个层次都有相应的沟通。（3）双方有着共同的目标，并且为着共同的目标有挑战性的改进计划。（4）双方相互信任、共担风险，共享信息。（5）共同开发，创造。合作伙伴包括了战略合作伙伴、渠道合作伙伴和创业合作伙伴等。

8、产品线 – 你有多少种赚钱方法？

　　产品线（Product Line）是指一群相关的产品，这类产品可能功能相似，销售给同一顾客群，经过相同的销售途径，或者在同一价格范围内。如果能够确定产品线的最佳长度，就能为企业带来最大的利润。

　　产品线也指同类产品的系列，包括产品类别和产品组合等。产品类别，是由使用功能相同、能满足同类需求而规格、型号、花色等不同的若干个产品项目组成的。一个产品项目，则是指企业产品目录上列的每一个产品。产品组合的宽度，是指产品组合中包含的产品线的多少，包含的产品线越多，就越宽；产品组合的深度，是指每条产品线包含的产品项目的多少，包含的产品项目越多，产品线就越深。产品组合的关联度，是指各类产品线之间在最终用途、生产条件、销售渠道等方面相互关联的程度，不同的产品组合存在着不同的关联程度。

9、成本结构 – 你需要花费多少才能赚到钱？

　　成本结构亦称成本构成，产品成本中各项费用（例如，人力、原料、土地、机器设备、信息、通路、技术、能源、资金、政商关系、管理素质等）所占的比例或各成本项目占总成本的比重。当某种生产因素成本占企业总成本比重愈高，该生产因素便成为企业主要风险。成本结构可以反映产品的生产特点，从各个费用所占比例看，有的大量耗费人工，有的大量耗用材料，有的大量耗费动力，有的大量占用设备引起折旧费用上升等。成本结构在很大程度上还受技术发展、生产类型和生产规模的影响。

　　分析产品的成本结构可以寻找进一步降低成本途径。研究产品成本结构，首先应对各个成本项目的上年实际数、本年计划数、本年实际数的增减变动情况进行观察，了解其增减变动额和变动率；其次应将本期实际成本的结构同上年实际成本的结构和计划成本的结构进行对比，结合各个项目成本的增减情况，了解成本结构的变动情况；再次应结合其他有关资料如产品分类、工艺技术、消耗定额、劳动生产率、设备利用率等方面变化的情况，进一步分析各个项目成本发生增减及成本结构发生变化的原因。

学习笔记：

二、商业模式模型

（一）商业模式模型 A

1、客户价值

目前对客户价值的研究正沿着三个不同的侧面展开：一是企业为客户提供的价值，即从客户的角度来感知企业提供产品和服务的价值；二是客户为企业提供的价值，即从企业角度出发，根据客户消费行为和消费特征等变量测度出客户能够为企业创造的价值，该客户价值衡量了客户对于企业的相对重要性，是企业进行差异化决策的重要标准；三是企业和客户互为价值感受主体和价值感受客体的客户价值研究，称为客户价值交换研究。

企业对客户实施差异化管理是客户关系管理的一个重要前提，这是双向利益驱动：从企业的角度来说，客户规模、利润贡献度等不同，不同客户对企业贡献的价值具有差异性，对于很多企业，80%的利润往往是20%的客户提供的。企业有必要对客户进行分类并区别对待，采取不同的服务政策与管理策略，使企业有限的资源进行优化配置，以实现高产出。

对客户价值的区分可以从两个维度来进行：一是客户的价值；二是客户与企业的战略匹配度。客户终身价值是客户购买、客户口碑、客户信息、客户知识、客户交易五种价值的总和。客户与企业的战略匹配度是定位匹配、能力匹配、价值观匹配三个匹配度的总和。

可以将客户价值区分为四类：战略客户、利润客户、潜力客户以及普通客户。战略客户是客户价值高，战略匹配度也高的一类客户。利润客户是客户价值高，但战略匹配度低的一类客户。潜力客户是战略匹配度高，但客户价值低的一类客户。普通客户是战略匹配度与客户价值都低的一类客户。

2、企业资源与企业价值

（1）企业资源

企业资源是指可以称为企业强项的事物，或可以作为企业选择和实施其战略的基础的东西，如企业的资产组合、属性特点、对外关系、品牌形象、员工队伍、管理人才、知识产权等。企业的资源可以分为外部资源和内部资源。企业的内部资源可分为：人力资源、财物力资源、信息资源、技术资源、管理资源、可控市场资源、内部环境资源。企业的外部资源可分为：行业资源、产业资源、市场资源、外部环境资源。

（2）企业价值

企业价值即指企业本身的价值，是企业有形资产和无形资产价值资的市场评价。企业价值不同于利润，利润是企业全部资产的市场价值中所创造价值中的一部分，企业价值不是指企业账面资产的总价值，由于企业商誉的存在，有时企业的实际市场价值远远超过账面资产的价值。

企业价值与企业自由现金流量呈正相关，同等条件下，企业的自由现金流量越大，它的价值也就越大。我们把以提升企业价值为目标的管理定义为企业价值管理。企业价值指标是国际上各行业领先企业所普遍采用的业绩考评指标，而自由现金流量正是企业价值的最重要变量。企业价值和自由现金流量因其本身具有的客观属性，正在越来越广泛的领域替代传统的利润、收入等考评指标，成为现代企业必须研究的课题。

自由现金流量可分为企业整体自由现金流量和企业股权自由现金流量。整体自由现金流量是指企业扣除了所有经营支出、投资和税收之后，在清偿债务之前的剩余现金流量；股权自由现金流量是指扣除所有开支、税收支付、投资需要以及还本付息支出之后的剩余现金流量。整体自由现金流量用于计算企业整体价值，包括股权价值和债务价值；股权自由现金流量用于计算企业的股权价值。股权自由现金流量可简单地表述为"利润+折旧－投资"。

3、盈利模式

盈利模式指按照利益相关者划分的企业的收入结构、成本结构以及相应的目标利润。

盈利模式是对企业经营要素进行价值识别和管理，在经营要素中找到盈利机会，即探求企业利润来源、生产过程以及产出方式的系统方法。它是企业通过自身以及相关利益者资源的整合并形成的一种实现价值创造、价值获取、利益分配的组织机制及商业架构。

盈利模式分为自发的盈利模式和自觉的盈利模式两种，前者的盈利模式是自发形成的，企业对如何盈利，未来能否盈利缺乏清醒的认识，企业虽然盈利，但盈利模式不明确不清晰，其盈利模式具有隐蔽性、模糊性、缺乏灵活性的特点；自觉的盈利模式，是企业通过对盈利实践的总结，对盈利模式加以自觉调整和设计而成的，它具有清晰性、针对性、相对稳定性、环境适应性和灵活性的特征。

在市场竞争的初期和企业成长的不成熟阶段，企业的盈利模式大多是自发的，随着市场竞争的加剧和企业的不断成熟，企业开始重视对市场竞争和自身盈利模式的研究，但并不是所有企业都有找到盈利模式。盈利分析主要通过分析盈利模式，对现有的盈利方式进行改进。我们所熟知的互联网公司（或者依托互联网平台进行营销的企业）的盈利模式，介绍以下几种：

（1）大广告（特指品牌广告，如新浪、搜狐首页面、频道页面的旗帜、文字广告，包括栏目冠名等）

（2）小广告（特指分类广告、竞价排名广告、窄告等，如GOOGLE、百度、天下互联等提供的主要广告模式）

（3）道具，QQ秀（通过购买道具、交费会员等获取收入）

（4）EC（即E-Commerce通过电子商务取得收入的方法，如淘宝网、ebay、万网等网站，无论是B2B还是B2C还是C2C，或者提供网络服务，收费方法多种多样，这些都可以归纳为EC）

（5）在线游戏（盛大、网易推出的游戏产品是典型的案例，还有很多免费的在线游戏也很流行，虽然对于玩家不收费，但是其中的特殊道具购买、晋级均可进行收费；其中的场景还可以卖给相关企业取得收入）

（6）提供（代）收费服务（很多电影、歌曲下载的网站，但很多类似网站有些会涉及版权问题；注册会员缴费享受服务的网站，如百合网等；帮助传统企业进行在线营销的网站，如e龙、携程等，这类盈利模式似乎与上述第4条有些类似，但还是有细微的区别。）

（7）SP相关（空中网、掌上灵通、及众多的SP公司等）

学习笔记：

（二）商业模式模型B

1、系统

英文中系统（system）一词来源于古代希腊文（syst ε m α）意为部分组成的整体，系统的定义包含一切系统所共有的特性。一般系统论创始人贝塔朗菲定义："系统是相互联系相互作用的诸元素的综合体"，这个定义强调元素间的相互作用以及系统对元素的整合作用，可以表述为：定义如果对象集S满足下列两个条件：（1）S中至少包含两个不同元素；（2）S中的元素按一定方式相互联系；则称S为一个系统，S的元素为系统的组分。这个定义指出了系统的三个特性：一是多元性，系统是多样性的统一，差异性的统一；二是相关性，系统不存在孤立元素组分，所有元素或组分间相互依存、相互作用、相互制约；三是整体性，系统是所有元素构成的复合统一整体。该定义说明了一般系统的基本特征，但对于定义复杂系统有着局限性。严格意义上现实世界的"非系统"是不存在的，构成整体却没有联系性的多元集是不存在的。一些群体中元素间联系微弱的系统可以忽略这种联系，我们把它们视为二类非系统。列举一些思想家和未来学家对系统的概念描述（来源于维基百科）：（1）系统是一个动态和复杂的整体，相互作用结构和功能的单位。（2）系统是能量、物质、信息流不同要素所构成的。（3）系统往往由寻求平衡的实体构成，并显示出震荡、混沌或指数行为。（4）一个整体系统是任何相互依存的集或群暂时的互动部分。系统是普遍存在的，从基本粒子到河外星系，从人类社会到人的思维，从无机界到有机界，从自然科学到社会科学，系统无所不在。按宏观层面分类，它大致可以分为自然系统、人工系统、复合系统。

2、整合

整合就是把一些零散的东西通过某种方式而彼此衔接，从而实现信息系统的资源共享和协同工作。其主要的精髓在于将零散的要素组合在一起，并最终形成有价值有效率的一个整体。不管是普遍意义上好的、坏的事物都有其存在其价值，把它们的价值有机地结合在一起，使本来无意义的事物变得有意义起来，让这些单一看来无意义或意义不大的事物获得超值的效果。在科学领域，分化和整合是科学发展中两种相辅相成的趋势。

3、高效率

效率是指在给定投入和技术等条件下、最有效地使用资源以满足设定的愿望和需要的评价方式。高效率评价有两个指标：（1）单位时间完成的工作量。（2）最有效地使用社会资源以满足人类的愿望和需要。高效率不等于效果好和效益好，时间的利用率只能与效能有关：效果+效益＝效能；效能＝目标×效率，即目标方向正确，再提高工作效率才会出效能。

学
习
笔记：

4、核心竞争力

核心竞争力是指能够为企业带来比较竞争优势的资源，以及资源的配置与整合方式。随着企业资源的变化以及配置与整合效率的提高，企业的核心竞争力也会随之发生变化。凭借着核心竞争力产生的动力，一个企业就有可能在激烈的市场竞争中脱颖而出，使产品和服务的价值在一定时期内得到提升。

核心竞争力是组织具备的应对变革与激烈的外部竞争，并且取胜于竞争对手的能力的集合，是企业竞争力中那些最基本的能使整个企业保持长期稳定的竞争优势、获得稳定超额利润的竞争力，是将技能资产和运作机制有机融合的企业自身组织能力，是企业推行内部管理性战略和外部交易性战略的结果。现代企业的核心竞争力是一个以知识、创新为基本内核的企业某种关键资源或关键能力的组合，是能够使企业在一定时期内保持现实或潜在竞争优势的动态平衡系统。

5、持续盈利

持续盈利是指利润的可持续性。利润的可持续性是指保证企业获得利润的渠道能带来持续、稳定的资金流入，能在一定程度上避免经济波动造成的减收或损失。某些上市公司虽然拥有高额利润，但如果获利的主要渠道是投机活动，则难以保证收入的稳定性和持久性。一旦发生经济波动，就会使投资者减收或损失。想要做到可持续利润就必须可持续发展，可持续利润是企业应对紧急事故和发展的有力措施，如今经济全球化，想要在企业竞争中赢得胜利必须发展可持续利润，保持资金稳定流入，以应对不时之需。

很多国内外成功的企业都曾证明，企业要在激烈的市场竞争中立于不败之地，就必须以技术创新为手段，培育竞争优势，形成核心竞争力。在当今科技飞速发展，市场竞争激烈的情况下，企业要谋求生存和发展，必须实施可持续发展战略，而技术创新则是企业可持续发展的重要手段。技术创新的目的是实现企业利润的最大化，要达到这个目的，企业技术创新就要以市场为导向。重大技术创新是建立在技术重大突破基础之上的，具有先进性，独占性和独创性。实施重大技术创新的企业，事实上就是新产品生产的垄断者或新技术的唯一持有者，利用这种在一定时期内垄断的有利条件，可使企业获得巨大的利润。企业可以通过不断寻求新的创新，克服产品生命周期后期利润快速下降的现象，从而避免企业衰退和死亡，使企业获得持续稳定的利润。不仅如此，还要遵法守法，依据法律上的要求谋求发展，切不可为发展而不择手段，要公平竞争，同时要引进人才，保持企业良好形象，增加企业合作。

学
习
笔记：

6、整体解决

整体解决即整体解决方案。整体解决方案是以客户的消费需求为中心，为客户提供"一站式"服务。整体解决方案是现代商业服务的必然产物，在不同的行业中整体解决方案的形式是不一样的，但其宗旨都是以消费需求为中心。在产品高度同质化的今天，整体解决方案（也称为系统解决方案）成为企业的利器：创造提供产品差异，改变利润增长点，创造新的盈利模式。

整体解决方案不仅提供产品的销售，还提供相关的技术服务、维修保养服务、使用培训服务、金融保险服务等系列服务目的是扩大销售和从服务上增值。整体解决方案的基础构成是产品，并且加入了某些附加的元素——由用户使用基础产品而派生出来的需求所创造出的待满足的衍生产品。要使一个产品升级为"整体解决方案"，其关键在于厂商所能添加的"衍生产品"（附加值）是否能构成一个整体。

如何系统地思考分析、构造这些衍生产品，从而打造一套属于本企业的"整体解决方案"？产品一般分为三个层次：（1）核心利益层次，指产品能够提供给消费者的基本效用或益处，是消费者真正想要购买的基本效用或益处；（2）形式产品层次，是产品在市场上出现时的具体物质形态，主要表现在品质、特征、式样、商标、包装等方面，是核心利益的物质载体；（3）附加产品层次，是指由产品的生产者或经营者提供的购买者有需求的产品层次，主要帮助用户更好地使用核心利益和服务。处于产品核心层次的是产品的使用价值，从顾客角度考虑就是需求；形式产品是一个企业所生产的基础产品，即企业通过生产什么来满足顾客的需求；附加产品则解决了顾客在购买形式产品、使用形式产品时所产生的困惑。整体解决方案正是针对产品层次中的附加产品，所以一个整体解决方案的构成除了包括形式产品外还包括解决用户在购买与使用形式产品时的困难。

一个好的整体解决方案带来的利益是多方面的，对方案的提供者来说，整合了资源，简化了客户流程，提高了效率，带来更好的客户满意度与忠诚度，更重要的是建立了一种区隔性的竞争优势；而对于方案的接受者来说，一站式的解决方案节约了自己的时间，把所有的问题一次性解决，更便捷、更高效也更省钱。

7、客户价值最大化

客户价值最大化是商业模式的出发点和归宿。要么是让客户以较小的成本获得同等或者更多的价值，比如如家、格兰仕和利乐、施乐等，网上购物也属此类。要么是客户在同等的成本付出下获得更多的价值，如Zara、H&M和宜家家居。客户价值最大化包括以下要素：（1）客户获得的价值＝客户感知总价值—客户支出成本。（2）客户获得的价值：客户购买客房产品与服务时，期望获得的所有价值总和，它包括产品价值、服务价值、人员价值、和形象价值等。（3）客户感知总价值：消费后的收支感受总体评价，也是期望值与满意度的差距。（4）客户支出成本：购买产品所消耗的时间、精神、体力、以及所支出的货币资金等。（5）客户的成本包括：货币成本、时间成本、精神成本、体力成本。（6）提升客户价值的途径：提升客户感知总价值以提升硬件品质；提升服务品质；改善与客户的亲和度；有效的沟通、互动。

学习笔记：

（三）商业模式模型C

1、价值主张

价值主张是指对客户来说什么是有意义的，即对客户真实需求的深入描述。列出优点、宣传利好、突出共鸣点是制订"价值主张"通常采用的三种方法。对于客户价值主张，在实际操作中体现在客户选择产品或服务时的几项关键指标，如客户在采购设备时主要关注的质量、售后服务、价格、品牌等方面，那么客户在选择供应商时也将从这几个方面进行考察。

客户价值主张也是一种针对竞争对手的战略模式，既有和竞争对手相比拟的共性—相似点，又有比竞争对手更优更好的差异点，以及面向客户的个性化产品和服务策略。要想得到稳健而持续的发展，企业应该做好三件事：第一件事，对顾客价值取向的发展趋势作出正确的判断，对未来市场竞争趋势作出正确的阶段性预测。第二件事，根据自己的资源结构特点，进行战略选择。第三件事，在顾客价值取向发生不利于自身战略转变时，要做出色的跟跑者。

2、关键资源

关键资源是指企业拥有的那些对其具体业务保持持续性的竞争优势，至关重要的基于能力的资源。关键资源既可是物质性的，也可以是非物质性的。企业的资源只有在与企业某种扩张后的能力相匹配时，才能达到预期的效果并获得超出平均水平的收益，成为企业的关键资源。

从资源与企业业绩的关系上看，企业关键资源是指企业拥有的一些对其具体业务保持持续性的竞争优势至关重要的基于能力的资源；若企业有效地拥有这些资源，就能够在市场中获得超出平均水平的收益；若企业在市场竞争中缺乏这类资源，就会导致竞争失利甚至难以维持正常的运行。从资源获取的难易程度来看，企业关键资源通常不是那些使用价值保持相对不变的那些物质资源，比如普通设备、厂房、原材料等较易获取或替代的一般资源；而是那些使用价值或效果常常处于变动状态且有效空间较大，同时又不易替代的那些资源。由于市场交易具有便利性，并考虑到关键资源的低成本获得，因此，企业的关键资源并非一定要从企业原有资源系统中产生，它亦可通过建立战略联盟方式迅速获得。

结合企业关键资源的内涵和性质，可以初步归纳出其具有的五个基本特征：（1）关键资源是企业竞争优势的源泉。（2）垄断性。关键资源是稀缺资源，其垄断性是企业获取超额利润的基本条件；其垄断性越强，则企业的竞争优势就越大，其垄断性持续越长，则企业不断获取平均水平以上利润的时间就越久。（3）相对性。其特色和重要性程度是相对一定时期、一定技术水平、一定范围内的竞争对手而言的，不是绝对的。（4）动态性。关键资源相对性的特征也表明，其价值地位是随市场竞争及企业目标的变化而发生转变的，既可能提高，也可能下降，具有动态性变化特征，不可能一劳永逸。（5）来源多向性。低成本获取企业关键资源是企业保持长久竞争优势的基础，因此，它的来源必然是多渠道的。它既可以从外部采用纵向或横向联合的方式获取，也可以从内部采取直接的方式或间接的方式获得，其获取渠道及方式也因此而具有多样化和可创新特征。

学习笔记：

3、关键合作

关键合作用来描述让商业模式有效运作所需的供应商与合作伙伴的网络企业，基于多种原因打造合作关系，合作关系正日益成为许多商业模式的基石。很多公司创建联盟来优化其商业模式、降低风险或获取资源。可以把合作关系分为四种类型：（1）非竞争者之间的战略联盟关系；（2）竞合：在竞争者之间的战略合作关系；（3）为开发新业务而构建的合资关系；（4）为确保可靠供应的购买方和供应商之间的关系。

关键合作要思考：谁是我们的重要伙伴？谁是我们的重要供应商？我们正在从伙伴那里获取哪些核心资源？合作伙伴都执行哪些关键业务？三种动机有助于创建合作关系：（1）商业模式的优化和规模经济的运用伙伴关系或购买方一供应商关系的最基本的形式，可用来优化资源和设计业务配置。（2）风险和不确定性的降低。伙伴关系可以帮助减少以不确定性为特征的竞争环境的风险。竞争对手在某一领域形成了战略联盟而在另一个领域展开竞争的现象也很常见。例如，蓝光是一种光盘格式，由一个世界领先的消费类电子、个人电脑和媒体生产商所构成的团体联合开发。该团体合作把蓝光技术推向市场，但个体成员之间又在竞争销售自己的蓝光产品。（3）特定资源和业务的获取。很少有企业拥有所有的资源或执行所有其商业模式所要求的业务活动。相反，它们依靠其他企业提供特定资源或执行某些业务活动来扩展自身能力。这种伙伴关系可以根据需要，主动地获取知识、许可或接触客户。例如，移动电话制造商可以为它的手机获得一套操作系统授权而不用自己开发；保险公司可以选择依靠独立经纪人销售其保险，而不是发展自己的销售队伍。

4、关键业务

关键业务用来描绘为了确保其商业模式可行，企业必须做的最重要的事情，任何商业模式都需要多种关键业务活动，这些业务是企业得以成功运营所必须实施的最重要的动作。正如核心资源一样，关键业务也是创造和提供价值主张、接触市场、维系客户关系并获取收入的基础，而关键业务也会因商业模式的不同而有所区别。例如对于微软等软件制造商而言，其关键业务包括软件开发。对于戴尔等电脑制造商来说，其关键业务包括供应链管理。对于麦肯锡咨询企业而言，其关键业务包含问题求解。关键业务可以分为：（1）制造产品（Production），这类业务活动涉及生产一定数量或满足一定质量的产品，与设计、制造及发送产品有关。制造产品这一业务活动是企业商业模式的核心。（2）问题解决（Problem solving），这类业务指的是为个别客户的问题提供新的解决方案。咨询公司、医院和其他服务机构的关键业务是问题解决。它们的商业模式需要知识管理和持续培训等业务。（3）平台／网络（Platform/network）以平台为核心资源的商业模式，其关键业务都是与平台或网络相关的。网络服务、交易平台、软件甚至品牌都可以看成是平台。eBay的商业模式决定了公司需要持续地发展和维护其平台 eBay. com 网站。而维萨（Visa）的商业模式需要为商业客户、消费者和银行服务的 Visa 信用卡交易平台提供相关的业务活动。微软的商业模式则是要求管理其他厂商软件与其 Windows 操作系统平台之间的接口。此类商业模式的关键业务与平台管理、服务提供和平台推广相关。

学习笔记：

5、客户细分

客户细分是20世纪50年代中期由美国学者温德尔史密斯提出的，其理论依据在于顾客需求的异质性和企业需要在有限资源的基础上进行有效的市场竞争，企业在明确的战略业务模式和特定的市场中，根据客户的属性、行为、需求、偏好以及价值等因素对客户进行分类，并提供有针对性的产品，服务和销售模式．按照客户的外在属性分层，通常这种分层既简单直观，数据又容易得到。从客户需求的角度来看，不同类型的客户需求是不同的，想让不同的客户对同一企业都感到满意，就要求企业提供有针对性的符合客户需求的产品和服务，而为了满足这种多样化的异质性的需求，就需要对客户群体按照不同的标准进行客户细分。

客户细分可以根据三个方面的考虑来进行：

（1）外在属性。如客户的地域分布，客户的产品拥有，客户的组织归属如企业用户、个人用户、政府用户等。通常，这种分层简单、直观，数据也容易得到。但这种分类比较粗放，我们依然不知道在每一个客户层面，谁是"好"客户，谁是"差"客户。我们能知道的只是某一类客户（如大企业客户）较之另一类客户（如政府客户）可能消费能力更强。

（2）内在属性。内在属性行为客户的内在因素所决定的属性，比如性别、年龄、信仰、爱好、收入、家庭成员数、信用度、性格、价值取向等。

（3）消费行为分类。在不少行业对消费行为的分析主要从三个方面考虑，RFM：最近消费、消费频率与消费额．这些指标都需要在账务系统中得到，但并不是每个行业都能适用。在通信行业，比如，对客户分类主要依据这样一些变量：话费量、使用行为特征、付款记录、信用记录、维护行为、注册行为等。按照消费行为来分类通常只能适用于现有客户，对于潜在客户，由于消费行为还没有开始，当然分层无从谈起。即使对于现有客户，消费行为分类也只能满足企业客户分层的特定目的如奖励贡献多的客户。对于找出客户中的特点为市场营销活动找到确定对策，则要做更多的数据分析工作。

6、客户渠道

渠道客户指的就是产品经过的渠道中这些代理商和分销商服务商等，即单独代理销售的客户，比如机票代理销售航意险，家政协会售意外险，旅游公司售旅客意外险等等。

渠道有长渠道与短渠道之分。根据中间商介入的层次，将分销渠道按级数来进行划分，如零级渠道、一级渠道、二级渠道、三级渠道。一般而言，渠道越长，企业产品市场的扩展可能性就越大，但企业对产品销售的控制能力和信息反馈的清晰度越弱。渠道设计的好坏直接影响到企业的收益与发展。

渠道客户的选择应考虑的主要因素有：（1）中间商的信誉和知名度；（2）中间商的实力；（3）对企业产品的熟悉程度；（4）预期合作程度；（5）中间商的市场及产品覆盖面。

学习笔记：

7、客户关系

客户关系指企业为达到其经营目标，主动与客户建立起的某种联系。这种联系可能是单纯的交易关系，也可能是通讯联系，也可能是为客户提供一种特殊的接触机会，还可能是为双方利益而形成某种买卖合同或联盟关系。客户关系具有多样性、差异性、持续性、竞争性、双赢性的特征。它不仅仅可以为交易提供方便，节约交易成本，也可以为企业深入理解客户的需求和交流双方信息提供需度机会。通常所说的客户关系管理（Customer Relationship Management）与客户关系相关，客户关系有以下重点类型：

（1）买卖关系。一些企业与其客户之间的关系维持在买卖关系水平，客户将企业作为一个普通的卖主，销售被认为仅仅是一次公平交易，交易目的简单。企业与客户之间只有低层次的人员接触，企业在客户企业中知名度低，双方较少进行交易以外的沟通，客户信息极为有限，客户只是购买企业按其自身标准所生产的产品，维护关系的成本与关系创造的价值均低。无论是企业损失客户还是客户丧失这一供货渠道，对双方业务并无太大影响。

（2）客户关系供应关系。企业与客户的关系可以发展成为优先选择关系，处于此种关系水平的企业，销售团队与客户企业中的许多关键人物都有良好的关系，企业可以获得许多优先的甚至独占的机会，与客户之间信息的共享得到扩大，在同等条件下乃至竞争对手有一定优势的情况下，客户对企业仍有偏爱。在此关系水平上，企业需要投入较多的资源维护客户关系，主要包括给予重点客户销售优惠政策、优先考虑其交付需求、建立团队，加强双方人员交流等。此阶段关系价值的创造主要局限于双方接触障碍的消除、交易成本的下降等"降成本"方面，企业对客户信息的利用主要表现在战术层面，企业通对客户让渡部分价值来达到交易长期化之目的，可以说是一种通过价值向客户倾斜来换取长期获取价值的模式，是一种"不平等"关系，客户由于优惠、关系友好而不愿意离开供应商，但其离开供应商并不影响其竞争能力，关系的核心是价值在供应商与客户之间的分配比例和分配方式。

（3）客户关系合作伙伴。当双方的关系存在于企业的最高管理者之间，企业与客户交易长期化，双方就产品与服务达成认知上的高度一致时，双方进入合作伙伴阶段。在这个阶段，企业深刻地了解客户的需求并进行客户导向的投资，双方人员共同探讨行动计划，企业对竞争对手形成了很高的进入壁垒。客户将这一关系视为垂直整合的关系，客户企业里的成员承认两个企业间的特殊关系，他们认识到企业的产品和服务对他们的意义，有着很强的忠诚度。在此关系水平上，价值由双方共同创造，双方对关系的背弃均要付出巨大代价。企业对客户信息的利用表现在战略层面，关系的核心由价值的分配转变为新价值的创造。

（4）客户关系战略联盟。战略联盟是指双方有着正式或非正式的联盟关系，双方的目标和愿景高度一致，双方可能有相互的股权关系或成立合资企业。两个企业通过共同安排争取更大的市场份额与利润，竞争对手进入这一领域存在极大的难度。现代企业的竞争不再是企业与企业之间的竞争，而是一个供应链体系与另一个供应链体系之间的竞争，供应商与客户之间的关系是"内部关系外部化"的体现。

以上这四类客户关系并无好坏优劣之分，并不是所有企业都需要与客户建立战略联盟。只有那些供应商与客户之间彼此具有重要意义且双方的谈判能力都不足以完全操控对方，互相需要，又具有较高转移成本的企业间，建立合作伙伴以上的关系是恰当的。而对大部分企业与客户之间的关系来说，优先供应商级的关系就足够了。关系的建立需要资源，如果资源的付出比企业的所得还多，那么这种关系就是"奢侈的"。

学习笔记：

8、成本结构

成本结构亦称成本构成，产品成本中各项费用（例如，人力、原料、土地、机器设备、信息、通路、技术、能源、资金、政商关系、管理素质等）所占的比例或各成本项目占总成本的比重。当某种生产因素成本占企业总成本比重愈高，该生产因素便成为企业主要风险。

成本结构可以反映产品的生产特点，从各个费用所占比例看，有的大量耗费人工，有的大量耗用材料，有的大量耗费动力，有的大量占用设备引起折旧费用上升等。成本结构在很大程度上还受技术发展、生产类型和生产规模的影响。

分析产品的成本结构，可以寻找进一步降低成本途径。研究产品成本结构，首先应对各个成本项目的上年实际数、本年计划数、本年实际数的增减变动情况进行观察，了解其增减变动额和变动率；其次应将本期实际成本的结构同上年实际成本的结构和计划成本的结构进行对比，结合各个项目成本的增减情况，了解成本结构的变动情况；最后应结合其他有关资料如产品各类、工艺技术、消耗定额、劳动生产率、设备利用率等方面的变化情况，进一步分析各个项目成本发生增减及成本结构发生变化的原因。

所有企业都希望自己的成本和利润结构是倒金字塔，因为每一分在成本中节约的钱，都是不需要付出成本的纯利，而且成本领先带来的低价格能有效抓住价格敏感型客户。企业如何做到在成本结构上略胜一筹？

（1）削减客户次要需求。简化产品类型，关键是抓住客户的核心需求和突出性价比。如7天连锁核心是提供良好的休息环境，一流的床铺加上一流的隔音环境，而提供较小的卫生间，并将窗户做小。

（2）技术性创新。不仅仅是产品的创新，还包括商业模式和管理模式的创新。例如佳能的小型复印机，网络零售的平均成本比实体零售低。

（3）供应链整合。让客户、供应商、制造商和分销商组成的网络中的物流、信息流和资金流加快运转速度，用一体化带来的效率提高效益。沃尔玛赢在供应链技术革新，其在美国有超过70个高科技物流配送中心，能同时供应700多家店，单个配送中心作业量达120万箱。

（4）规模经济效应。通过扩大产能，在组织成本、采购成本、经验成本和库存等方面取得成本优势，降低单位产品的边际成本，最大的优势是成功地拉高了进入门槛，如格兰仕通过制订低于实际产能的成本价，将价格平衡点以下的企业一次又一次大规模淘汰，而成为微波炉市场的领跑者。

（5）自动化。自动化是未来大势所趋，创造国内摩托车行业第一条机器人生产线的重庆建设工业公司，通过90%的自动化率，生产效率提高了42.8%，合格率从70%提高到了97%，而工作人员则减少了3000多人。

（6）严格财务管理，钉死目标，卡住过程，评估结果，最后赏罚分明。

学
习
笔记：

9、收入来源

一个商业模式可以包含两种不同类型的收入来源：（1）通过客户一次性支付获得的交易收入。（2）经常性收入来自客户为获得价值主张与售后服务而持续支付的费用。可以获取收入的方式有：

（1）资产销售

最为人熟知的收入来源方式是销售实体产品的所有权，如亚马逊在线销售图书、音乐、消费类电子产品和其他产品，菲亚特销售汽车等。

（2）使用收费

这种收入来源于通过特定的服务收费，客户使用的服务越多，付费越多。如电信运营商可以按照客户通话时长来计费；旅馆可以按照入住天数来计费；快递公司可以按照运送地点的距离来计费。

（3）订阅收费

这种收费来自销售重复使用的服务，一家健身房可以按月或按年以会员制的订阅方式来销售健身设备的使用权。

（4）租赁收费

这种收入来源于针对某个特定资产在固定时间内的暂时性排他使用权的授权。对于出借方而言，租赁收费可以带来经常性收入的优势。另一方面，租用方或承租方可以仅支付限时租期内的费用，无须承担购买所有权的全部费用。

（5）授权收费

这种收入来自将受保护的知识产权授权给客户使用，并换取授权费用。授权方式可以让版权持有者不必将产品制造出来或者将服务商业化，仅靠知识产权本身即可产生收入。

（6）经纪收费

这种收入来自为了双方或多方的利益所提供的中介服务而收取的佣金。例如，信用卡提供商作为信用卡商户和顾客的中间人，从每笔销售交易中抽取一定比例的金额作为佣金。

（7）广告收费

这种收入来源于为特定的产品、服务或品牌提供广告宣传服务，传统媒体行业和会展行业均以此作为主要收入来源。近几年，在其他行业包括软件和服务，也开始逐渐向广告收入倾斜。

收入来源的定价机制有：

（1）固定定价：根据静态变量而预设价格的定价
　A 标价：单独产品、服务或其他价值主张的固定价格
　B 基于产品特性的定价：基于价格主张特性的数量或质量的定价
　C 基于客户细分的定价：基于客户细分群体的类型与特点
　D 数量定价：基于客户购买的数量定价

（2）动态定价：根据市场情况变化而调整的定价
　A 协商定价（谈判定价）
　B 双方或多方商定价格，最终价格取决于谈判能力或谈判技巧
　C 收益管理定价：基于库存量和购买时间的定价（通常用于易损资源，例如旅馆房间或飞机座位）

（3）实时市场定价，价格基于市场供求的动态关系决定。

（4）拍卖定价，价格根据竞拍结果决定。

（四）商业模式模型 D

1、利润源

　　利润源是指企业提供的商品或服务的购买者和使用者群体，他们是企业利润的唯一源泉。利润源分为主要利润源、辅助利润源和潜在利润源，好的企业利润源，一是要有足够的规模，二是企业要对利润源的需求和偏好有比较深的认识和了解，三是企业在挖掘利润源时与竞争者比较而言有一定的竞争优势。一个企业不管理想多么伟大，利润都是其得以持续经营的根本，清楚四个条件就能读懂利润源：（1）利润隐藏在产业链的薄弱环节之中，发现了产业链的薄弱环节，就找到了利润池；（2）在利润信道中，机构向客户提供优质服务，客户则用利润回报机构对产业链的修补，即利润信道顺畅；（3）在利润信道中安装利润发动机以保证利润之流源源不断；（4）为了启动利润发动机并让它高效运转，需要为其提供充足的燃料，最优质的燃料来源就是客户。发现利润池，铺设利润信道，安装利润发动机，启动发动机都需要有组织有计划地进行，必须确保领导力、战略、流程与文化协调一致。为了找到利润源，必须体现出与众不同，不需要十全十美，但是必须在一些环节上出类拔萃。

2、利润点

　　利润点是指企业可以获取利润的产品或服务，好的利润点一要针对明确客户的清晰的需求偏好，二要为构成利润源的客户创造价值，三要为企业创造价值。有些企业有些产品和服务或者缺乏利润源的针对性，或者根本不创造利润。利润点反映的是企业的产出。

3、利润杠杆

　　利润杠杆是指企业生产产品或服务以及吸引客户购买和使用企业产品或服务的一系列业务活动，利润杠杆反映的是企业的一部分投入。

4、利润屏障

　　利润屏障是指企业为防止竞争者掠夺本企业的利润而采取的防范措施，它与利润杠杆同样表现为企业投入，但利润杠杆是撬动"奶酪"为我所有，利润屏障是保护"奶酪"不为他人所动。

5、利润家

　　利润家是指企业内对企业如何赢利，具有极强的敏感和预见性的人，他往往是企业家本人，或是企业家的盟友，或是职业经理人。

笔记：

（五）商业模式模型E

1、定位

里斯特劳斯《定位》的几个原则：（1）不要尝试改变预期客户，而是在预期客户头脑中找到自己的位置。（2）要做第一，不要做第二。如果你的对手已经占据了稳固的第一地位，那么创造一个你可以占到第一位的类别。（3）避开"人人满意"的陷阱，企图让所有人满意，结果只会让所有人都不满意。企图占据所有市场，只会失掉所有市场。

里斯特劳斯《定位》强调目标市场，根据顾客用细分的结果对产品进行定位，在这个理论的指导下很多品牌都成功了，比如宝洁公司的洗发水：你的头发想柔顺吗？飘柔；你的头发有头皮屑吗？用海飞丝；你的头发缺少营养吗？用潘婷。定位不一定都需要细分，英国的力士就是这样一个品牌，单品牌和多品牌战略在今天这个市场同样行得通。

关于定位理论的对与错。过去讲门当户对，那么现在在一些情况下也讲门不当户不对了。十几年来格力一直坚持做家用空调给了远大做中央空调的机会，定位论也使很多企业和产品丧失了机会，比如凤凰、飞鸽、永久自行车，好钢材骑一辈子没问题过去是令人骄傲的，现在自行车要骑一辈子很多人把你当疯子。当然自行车定位是交通工具，现在可送礼、登山、运动、分男女、分怀孕前怀孕后、年轻女人、年老女人，深圳中华自行车有3000多个款式和1万多种颜色，由于思想创新，成为中国出口最大的自行车。

2、业务系统

业务系统是指企业达成定位所需要的业务环节、各合作伙伴扮演的角色以及利益相关者合作与交易的方式和内容，我们可以从行业价值链和企业内部价值链以及合作伙伴的角色两个层面来理解业务系统的构造。业务系统是商业模式的核心，高效运营的业务系统不仅仅是赢得企业竞争优势的必要条件，同时也有可能成为企业竞争优势本身。从合作伙伴的角色层面上看，一个高效的业务系统需要根据企业的定位识别相关的业务活动，并将业务活动整合为一个系统，然后再根据企业的资源能力分配利益相关者的角色。从行业价值链和企业内部价值链层面上看，确定与企业相关价值链活动的关系和结构，围绕企业定位所建立起来的这样一个内外部各方利益相关者相互合作的业务系统将形成一个价值网络。这两个层面又是相互依存的，企业围绕定位所建立的价值网络明确了客户、供应商和其他合作伙伴在影响企业通过商业模式而获得价值的过程中所扮演的角色。业务系统的模块主要有：（1）营销规划，营销规划解决卖什么、卖给谁的问题，以及如何运用科学的工具分析、判断我们现在的市场选择是否合理，和如何对未来市场进行合理规划的问题。（2）销售平台，销售平台解决谁来卖的问题，找到"人材"、培养"人财"、留住"人才"，建立优质销售环境，激活团队，实现业绩倍增。（3）销售进程管理，销售进程管理解决怎么卖的问题，分解销售动作，形成企业个性化业务手册，批量制造销售精英。（4）客户服务管理，客户服务管理解决如何重复卖，建立标准化客户服务体系，提升客户忠诚度。（5）客户关系管理，客户关系管理解决如何永久卖，建立客户分级管理标准，实现客户终身价值最大化。（6）风险防范，风险防范解决如何安全卖，实现销售过程中的风险和价值平衡，确保销售过程更安全。

学
习

笔记：

3、关键资源能力

关键资源是指企业拥有的那些对其具体业务保持持续性的竞争优势，至关重要的基于能力的资源。关键资源既可以是物质性的，也可以是非物质性的。企业的资源只有在与企业某种扩张后的能力相匹配时，才能达到预期的效果并获得超出平均水平的收益，成为企业的关键资源。

关键资源能力也指公司按照既定商业模式，运转所需要的相对重要的资源和能力。具体而言，资源是指公司所控制的能够使公司设计和构建的战略得以实施，从而提高公司效果和效率的特性，如：金融资源、人力资源、无形资源、客户关系、公司营销网络等。能力是协同和利用其他资源的内部特性，如交易能力、组织能力和管理能力等。事实上，关键资源能力对于不同类型、不同行业、不同规模、不同商业模式、甚至不同发展阶段的公司而言，是不尽相同的。公司所取得、使用或形成的关键资源能力并非无源之水，往往是由不同的投资人通过所有权移转或协议安排等方式，直接投入或在公司运作中逐渐积累形成的。这些关键资源能力属于公司所有或由公司掌握使用，对公司的商业运作具有核心价值。由于投入关键资源能力投资人的不同，投资人投入方式的不同，以及投资人对公司的参与及控制程度的不同，投资人与关键资源能力的距离和对关键资源能力的影响力必然有所差异。关键资源能力投入与控制的差异性必将对不同投资人在公司中的影响力和控制力产生正向或负向的影响，甚至从根本上动摇投资人通过股东会制度、董事会制度、法定代表人制度、监事会制度、经营权制度等公司治理工具的精心设计或公司长期运营形成的公司治理格局。关键资源能力的确定方法：一类是根据商业模式的其他要素的要求确定，例如不同业务系统需要的关键资源能力就是不相同的，不同盈利模式需要的关键资源能力也不一样；另一类是以关键资源能力为核心构建整个商业模式。常见做法包括：以企业内的单个能力要素为中心，寻找、构造能与该能力要素相结合的其他利益相关者，对企业内部价值链上的能力要素进行有效整合，以创造更具竞争力的价值链产出。

4、赢利模式

赢利模式和盈利模式是有区别的。盈利模式指按照利益相关者划分的企业的收入结构、成本结构以及相应的目标利润。盈利模式是对企业经营要素进行价值识别和管理，在经营要素中找到盈利机会，即探求企业利润来源、生产过程以及产出方式的系统方法。

赢利模式是企业在市场竞争中逐步形成的企业特有的赖以盈利的商务结构及其对应的业务结构，是企业的一种获利方式。

5、现金流结构

现金流结构指以现金流量表中的类别和项目组称为基础，分别计算出各类或各项目在其总体中的比重，通过对比重变化及变动程度的分析，对现金流量作出判断的评价，并预测其发展趋势的一种分析法。

现金流量表结构分析就是在现金流量表有关数据的基础上，进一步明确现金流入的构成、现金支出的构成及现金余额是如何形成的。现金流量的结构分析主要分为现金流入结构分析、现金支出结构分析等。

现金流量结构分析法分为：（1）现金流入结构分析，现金流入构成是反映企业的各项业务活动现金流入，如经营活动的现金流入、投资活动现金流入筹资活动现金流入等在全部现金流入中的比重以及各项业务活动现金流入中具体项目的构成情况，明确企业的现金究竟来自何方，要增加现金流入主要应在哪些方面采取措施等等。（2）现金支出结构分析，现金支出结构分析是指企业的各项现金支出占企业当期全部现金支出的百分比。它具体地反映了企业的现金用于哪些方面。

6、企业价值

企业价值即指企业本身的价值，是企业有形资产和无形资产价值资的市场评价。企业价值不同于利润，利润是企业全部资产的市场价值中所创造价值中的一部分，企业价值也不是指企业账面资产的总价值，由于企业商誉等的存在，通常企业的实际市场价值远远超过账面资产的价值。

由企业价值的定义可知，企业价值与企业自由现金流量正相关，也就是说，同等条件下，企业的自由现金流量越大，它的价值也就越大。我们把以提升企业价值为目标的管理定义为企业价值管理，企业价值指标是国际上各行业领先企业所普遍采用的业绩考评指标，而自由现金流量正是企业价值的最重要变量。企业价值和自由现金流量因其本身具有的客观属性，正在越来越广泛的领域替代传统的利润、收入等考评指标，成为现代企业必须研究的课题。

自由现金流量可分为企业整体自由现金流量和企业股权自由现金流量。整体自由现金流量是指企业扣除了所有经营支出、投资需要和税收之后的，在清偿债务之前的剩余现金流量；股权自由现金流量是指扣除所有开支、税收支付、投资需要以及还本付息支出之后的剩余现金流量。整体自由现金流量用于计算企业整体价值，包括股权价值和债务价值；股权自由现金流量用于计算企业的股权价值。股权自由现金流量可简单地表述为"利润+折旧－投资"。

（六）商业模式模型F

1、需求

什么是用户需求？概括起来就是：「谁」在「什么环境下」想要「解决什么问题」。具体如下：（1）目标用户：目标用户是在使用人群细分的基础上得到的，它也在一定程度上影响了使用场景和用户目标。拆解用户的时候必须考虑潜在用户量和商业价值。（2）使用场景：用户使用产品的环境，需要关注不同场景的特点。（3）用户目标：用户在不同场景下期望完成的目标，可从中提取出功能关键词。在此之前，先要做好产品定义。产品定义就是用一句话概括产品，包括如下三个方面：

（1）使用人群：产品服务于哪类人群

（2）主要功能：功能范围的限定

（3）产品特色：与同类产品相比的竞争优势。需求分析就是深度理解用户需求，挖掘用户的深层次需求。聆听用户需求，深度剖析用户底层需求要点，找准用户痛点，这是需求分析的精髓。

获取需求的方法：

（1）用户调研

通过问卷调查，用户访谈，信息采集等手段来挖掘需求的方式。在产品上线前，要想真正了解用户的需求，就要走到用户中去了解他们的想法，深入了解目标用户在真实使用环境下的感受、痛点、期望等。这个过程通常依靠用户调研的方法来进行，一般是由专业的用户研究员来完成。

学
习
笔记：

（2）竞品分析

　　找到具有代表性的同类产品，从多个维度对比产品之间的优势和劣势，从而发现产品的突破口。在产品上线前，竞品分析是产品经理必须做的事情之一。在竞品分析过程中，我们可以研究别人是怎么拟定产品战略、方向的，怎么做用户体验，怎么处理逻辑、界面细节等，吸收对手的优点，修改自己的缺点。

（3）产品数据

　　产品数据例如常规的访问浏览数据、浏览痕迹、点击痕迹，在每个页面上的时长，整体的浏览顺序等等。产品上线后，数据就可以收集了。但是要预先埋点，否则获取不到数据，就无法进行数据分析。收集到数据后，还要进行数据分析，挖掘数据背后的潜在意义。例如某天某页面的某项数据指标突然下降，面对这样的数据，产品经理要分析产生这种现象的原因。从而知道怎么去优化产品。

（4）用户反馈

　　产品上线后，我们可以收集到很多用户的反馈，要让你的产品拥有良好的反馈机制，让你的用户有地方抱怨产品，这些反馈可以帮助我们了解用户在使用产品的时候遇到的问题。通过反馈，通常我们会发现很多之前意想不到的事情。学会辨别目标用户在合理场景下的真实需求，同时切记不要被用户牵着鼻子走。

　　在浏览用户反馈的时候需要思考如下问题：是否是目标用户？用户提出的问题发生在什么场景，是否合乎实际使用情况，是否是普遍情况？是否表达出了真实需求？用户提出的要求是否符合产品定位？用户提出的要求实现成本和价值是多少？经过这样一轮筛选方能挖掘出符合产品方向的真实用户需求。收集了一大堆需求信息后就要开始筛选了，考虑的因素有：（1）可行性（技术能否实现）；（2）成本（人力成本、时间成本）；（3）商业风险；（4）是不是用户最迫切的需求（紧急性与重要性）。

2、产品

　　产品是指能够供给市场，被人们使用和消费，并能满足人们某种需求的任何东西，包括有形的物品、无形的服务、组织、观念或它们的组合。产品一般可以分为五个层次，即核心产品、基本产品、期望产品、附件产品、潜在产品。核心产品是指整体产品提供给购买者的直接利益和效用；基本产品即是核心产品的宏观化；期望产品是指顾客在购买产品时，一般会期望得到的一组特性或条件；附件产品是指超过顾客期望的产品；潜在产品指产品或开发物在未来可能产生的改进和变革。

学
习
笔记：

3、营销应用

营销应用也叫"应用营销"，"应用营销"在总结了百年营销理论发展史的基础上，针对中国市场，融合了中国传统哲学思想及祖国中医学辩证理论，以信息流、物流、现金流、人员流为研究主体，创建了"四流"运行模型，以战略、战术、执行各个层面，提出了从产品开发到品牌塑造直至资本运作全过程的营销规律。使当今市场中存在的如何走出价格竞争；如何创造竞争优势；如何完成企业永续经营等诸多问题，用此理论将迎刃而解。"应用营销"介于实践与理论中间，它是一种应用理论，它更接近实践，更具有实效性、实战性及可操作性。

4、口碑

口碑指众人口头的颂扬，泛指众人的议论；群众的口头传说，相当于一种大众嘴边经常提起的事情。

品牌口碑（Brand Public Praise）是以口碑形式存在的品牌印象，是品牌动态表现的一种形式，它的具体表现包括人们口头上对品牌的赞颂、众人的对品牌的各种议论和评价（既可能有正面的，也可能有负面的，群众对品牌的一些口头传说（形成品牌忠诚甚至品牌崇拜的基础）。

对于品牌来说，品牌口碑是可以正向激发引导并提高的，在品牌口碑建设时，难度最大最难控制的就是网络口碑建设，网络口碑建设具体措施包括品牌积累准备网络口碑素材、在网络表达平台上参与口碑讨论、监测本品牌的口碑内容与变化趋势，也包括对品牌进行网络口碑预警观测并及提出和制订改进建议、并在合适的时间启动网络口碑事件。

5、解决问题

解决问题就是在问题空间中进行搜索，以便使问题的初始状态达到目标状态的思维过程。个体对问题情境的适当的反应过程。心理学的解释是：由一定的情景引起的，按照一定的目标，应用各种认知活动、技能等，经过一系列的思维操作，使问题得以解决的过程。

问题解决（problem solving）是由一定的情景引起的，按照一定的目标，应用各种认知活动、技能等，经过一系列的思维操作，使问题得以解决的过程。例如，证明几何题就是一个典型的问题解决的过程。几何题中的已知条件和求证结果构成了问题解决的情境，而要证明结果，必须应用已知的条件进行一系列的认知操作。操作成功，问题得以解决。解决问题分四个阶段：

（1）发现问题

我们生活的世界处处时时都存在着各种各样的矛盾，当某些矛盾反映到意识中时，个体才能发现它是个问题，并要求设法解决它，这就是发现问题的阶段。从问题解决的阶段性看，这是第一阶段，是解决问题的前提。发现问题不论对学习、生活、创造发明都十分重要，是思维积极主动性的表现，在促进心理发展上具有重要意义。

学习笔记：

（2）分析问题

要解决所发现的问题，必须明确问题的性质，也就是弄清有哪些矛盾、哪些矛盾方面，它们之间有什么关系，以确定所要解决的问题要达到什么结果，所必须具备的条件、其间的关系和已具有哪些条件，从而找出重要矛盾、关键矛盾之所在。

（3）提出假设

在分析问题的基础上，提出解决该问题的假设，即可采用的解决方案，其中包括采取什么原则和具体的途径、方法。但所有这些往往不是简单现成的，而是有多种多样的可能。但提出假设是问题解决的关键阶段，正确的假设引导问题顺利得到解决，不恰当不正确的假设则使问题的解决走弯路或导向岐途。

（4）检验假设

假设只是提出一种可能的解决方案，还不能保证问题必定能获得解决，所以问题解决的最后一步是对假设进行检验。通常有两种检验方法：一是通过实践检验，即按假定方案实施，如果成功就证明假设正确，同时问题也得到解决；二是通过心智活动进行推理，即在思维中按假设进行推论，如果能合乎逻辑地论证预期成果，就算问题初步解决。在假设方案一时还不能立即实施时，必须采用后一种检验，但即使后一种检验证明假设正确，问题的真正解决仍有待实践结果才能证实。不论哪种检验，如果未能获得预期结果，必须重新另提假设再行检验，直至获得正确的结果，问题才算解决。

6、痛点

对于产品来说，痛点多数时候是指尚未被满足的，而又被广泛渴望的需求，即解决什么问题？

（1）什么是痛点营销？

痛点营销是指消费者在体验产品或服务过程中，原本的期望没有得到满足而造成的心理落差或不满，这种不满最终在消费者心智模式中形成负面情绪爆发，让消费者感觉到痛，这就是痛点营销。痛点是消费者心理对产品或服务的期望和现实的产品或服务对比，产生的落差，而体现出来的一种"痛"。

（2）痛点营销如何实现呢？

痛点营销的核心就是基于对比的，要想用好痛点就必须给目标消费者制造出一种鱼和熊掌不可兼得的感觉，让消费者感觉不购买你的产品和服务就会有种"痛"。企业要构建让消费者足够满意和愉悦的痒点和兴奋点，然后再制造出一种痛点，让他感觉不购买会后悔或不满等，这样能更好的激发消费者去购买你产品的欲望，达成企业营销的目的。相对企业内部而言，企业要做好自己的产品和服务，从自身因素上面找差异找痛点。对于企业外部而言，就是通过和竞争对手的产品或服务对比，让消费者感觉买你的产品会得到兴奋或愉悦满足，而购买竞争对手的产品或服务就会后悔或难受不满。

学习笔记：

（3）如何寻找痛点?

　　对于痛点寻找：第一对自己的产品和服务有充分的了解，对竞争对手的产品或服务要有充分的了解。第二是对消费者消费心理有充分的解读，对于自己产品或服务和竞争对手的产品或服务的了解是用来做差异化定位的，通过细分市场去找痛点。对消费者的了解是非常重要的，因为购物的主题就是他们，先要知道他们的真正需求，再满足他们，那么你的产品或服务就是成功的，否则是失败的。痛点是一个长期观察挖掘的过程，不可能一蹴而就，这些都是消费者最关注的细节，马斯洛需求原理可以帮助寻找痛点。

7、效果

　　效果，英译effect，是由某种动因或原因所产生的结果或后果。效果是指在给定的条件下由其动因或其他原因或多因子叠加等行为对特定事物所产生的系统性或单一性结果，或由某种因素造成的结果，如演出中人工设计安排的光照、声音等。

8、价值

　　价值是世界所具有的属性、能力、规定和组成部分，是具有客观实在性同世界的其他组成部分处在对立统一关系中的"物"或物质。价值的表现形式是主体和客体、事物和事物、物体和物体之间所进行的相互作用、相互依存、相互转化。

　　我们通过观察客体对主体生存和发展的作用和影响、通过观察主体对客体的发展、变化的作用和影响，就可以发现主体和客体所具有的价值属性和能力，发现价值这个同世界的其它组成部分处在对立统一关系中的"物"或物质。我们通过观察一事物同另一事物，一物体同另一物体在接触时所发生的相互作用和影响，也可以发现事物或物体所具有的价值属性，发现价值这个同世界的其它组成部分处在对立统一关系中"物"或物质。价值，也是人类用于衡量达成精神共识所耗费的物质资源的尺度标准。

9、形态

　　指事物存在的样貌，或在一定条件下的表现形式。"形态"是可以把握的，是可以感知的，或者，是可以理解的。形态是人的思维形式，即形象思维形式；具有主观性，亦具有客观性，其中的客观性反映客观实在。

　　形态一词的应用领域非常广泛，几乎无所不包；从思维到语言，从语言到社会，从意思形态到科学，到自然等等的各个领域都有广泛应用。如语言形态、文学形态、思维形态、社会形态、天体形态、自然形态、细胞形态、产品形态等等。

学习

笔记：

10、购买意愿

购买意愿即消费者愿意采取特定购买行为的机率高低，消费者对某一产品或品牌的态度，加上外在因素的作用，构成消费者的购买意愿。购买意愿可视为消费者选择特定产品之主观倾向，并被证实可做为预测消费行为的重要指标。购买意愿的影响因素主要有：

（1）消费者个性特征

消费者的个体特征是细分消费群体最明显的变量。从国内外对消费者行为的研究来看，一般都要考虑的个体特征，如消费者的性别、年龄、职业、收入、教育水平等，其他因素则根据研究内容和目的加以取舍。再如研究食品的购买意愿，会涉及到消费者的身体健康状况；研究消费者的感知风险，会涉及到消费者的风险偏爱等。

（2）产品内部线索

产品的内部线索是指与产品的使用价值相联系的属性。消费者采取任何购买行为，都是为了获得自己需要的产品以满足自己的需求，因此产品的内部线索会直接影响消费者的购买意愿，产品自身所表现的属性是消费者采取购买行为最主要的动力，对产品属性的评价是影响消费者购买意愿的最直接和主要的因素。

（3）产品外部线索

产品的外部线索是与内部线索相对而言的，指与产品自身属性无关的外部因素，比如价格、品牌、保证等。由于交易双方信息不对称，消费者不能完全掌握卖方产品的内部信息，因而产品外部线索可以帮助消费者识别产品的品质和购买风险，进而影响购买意愿。高保证代表高的知觉品质和低的感知风险，商家可以用保证来提高消费者的购买意愿；品牌是商家无形的重要资产，知名品牌代表高的知觉品质和低的功能风险，会产生高的购买意愿。价格被认为是为获得产品而付出的货币，关于价格的作用一般集中在价格与质量关系的问题上，一般认为价格可以作为质量的货币表现，价格越高则质量越高。经济学家认为，价格在交易中扮演"分配"和"信息"的双重角色：通过市场交易汇总的货币转移，价格体现了资源在社会中的再分配；同时，价格还扮演信息传递的角色，消费者普遍认为较高的价格表示投入的生产要素成本较高，所以价格昂贵在一定程度上代表了优良的质量。

（4）消费情境因素

消费者的购买决策会随着所处情境因素的变化而变化。商店的设计、周围环境、商店氛围和对售货员的感觉会直接影响顾客的购买意愿，其中对售货员的感觉也会成为对商店的整体氛围感觉的一部分，进而间接影响购买意愿。

（5）社会经济因素

在购买力水平一定时，市场需求是购买意愿的函数，市场需求=人口+购买力水平+购买意愿，就是说分析市场需求必须把这三个要素有机地结合起来，才能有效地扩大市场需求，促进经济发展。

学
习
笔记：

（七）商业模式模型 G

1、团队

团队（Team）是由基层和管理层人员组成的一个共同体，它合理利用每一个成员的知识和技能协同工作，解决问题，达到共同的目标。

团队的构成要素总结为5P，分别为目标、人、定位、权限、计划。团队和群体有着根本性的一些区别，群体可以向团队过渡。一般根据团队存在的目的和拥有自主权的大小将团队分为五种类型：问题解决型团队、自我管理型团队、多功能型团队、共同目标型团队、正面默契型团队。

2、市场

市场（market）是由那些具有特定的需要或欲望，而且愿意并能够通过交换来满足这种需要或欲望的市场的大小取决于那些表示有某种需要，并拥有使别全部顾客所构成。

市场是社会分工和商品生产的产物，哪里有社会分工和商品交换，哪里就有市场。决定市场规模和容量的三要素：购买者，购买能力，购买欲望。市场在其发展和壮大过程中，也推动着社会分工和商品经济的进一步发展。市场通过信息反馈，直接影响着人们生产什么、生产多少以及上市时间、产品销售状况等。联结商品经济发展过程中产、供、销各方，为产、供、销各方提供交换场所、交换时间和其他交换条件，以此实现商品生产者、经营者和消费者各自的经济利益。

3、产品 & 服务

关于产品和服务大体有三种基本观点：第一，产品是主体，服务是产品的附属部分，是产品的延伸。第二，服务自身是一种无形的产品，其与有形的产品的关系不是主体与附属部分的关系，而是并列关系；它与有形产品的区别在于："服务不是作为物而有用，而是作为活动而有用。"第三，产品是服务的载体，服务是产品的本质。产品所体现的是一种服务关系，它只有被当作一项服务的形式时，才有意义。

4、现金流

现金流量是现代理财学中的一个重要概念，是指企业在一定会计期间按照现金收付实现制，通过一定经济活动（包括经营活动、投资活动、筹资活动和非经常性项目）而产生的现金流入、现金流出及其总量情况的总称，即企业一定时期的现金和现金等价物的流入和流出的数量。现金流量管理是现代企业理财活动的一项重要职能，建立完善的现金流量管理体系，是确保企业的生存与发展、提高企业市场竞争力的重要保障。

在现金流量表中，将现金流量分为三大类：经营活动现金净流量（Operating Activities）、投资活动现金净流量（Investing Activities）和筹资活动现金净流量（Financing Activities）。经营活动是指直接进行产品生产、商品销售或提供劳务的活动，它们是企业取得收益的主要交易和事项。投资活动，是指固定资产的购建和不包括现金等价物范围内的投资及其处置活动。筹资活动，是指导致企业资本及债务规模和构成发生变化的活动。现金流量表按照经营活动、投资活动和筹资活动进行分类报告，目的是便于报表使用人了解各类活动对企业财务状况的影响，以及估量未来的现金流量。在上述划分的基础上，又将各大类活动的现金流量分为现金流入量和现金流出量两类，即经营活动现金流入、经营活动现金流出、投资活动现金流入、投资活动现金流出、筹资活动现金流入、筹资活动现金流出。

现金流量分析的作用主要有：

（1）对获取现金的能力作出评价；（2）对偿债能力作出评价；（3）对收益的质量作出评价；（4）对投资活动和筹资活动作出评价。

（八）商业模式模型 H

1、价值

价值是世界所具有的属性、能力、规定和组成部分，是具有客观实在性同世界的其他组成部分处在对立统一关系中的"物"或物质。价值的表现形式是主体和客体、事物和事物、物体和物体之间所进行的相互作用、相互依存、相互转化。我们通过观察客体对主体生存和发展的作用和影响、通过观察主体对客体的发展、变化的作用和影响，就可以发现主体和客体所具的价值属性和能力，发现价值这个同世界的其它组成部分处在对立统一关系中的"物"或物质。我们通过观察一事物同另一事物，一物体同另一物体在接触时所发生的相互作用和影响，也可以发现事物或物体所具有的价值属性，发现价值这个同世界的其他组成部分处在对立统一关系中"物"或物质。价值，也是人类用于衡量达成精神共识所耗费的物质资源的尺度标准。

2、入口

入口在建筑学科里不仅是指门、门洞这一点状场所或线状的空间概念，还包括前沿空间和后续空间，是由引道、庭院、广场以及门庭、过厅、通道等相关空间元素组成的空间场所。

互联网入口，是指人们在进行上网行为时，最常或较常选择的途径之始，入口决定用户的需求、上网习惯和行为模式；占领入口就相当于占领用户，这是巨头们抢占入口的最原始动机。

入口对应的是需求，随后的互联网世界里几乎所有成功的巨头，都是入口占领者，谷歌是搜索入口，亚马逊是网购入口，facebook是社交入口。

3、社群

一般社会学家与地理学家所指的社群（community），广义而言是指在某些边界线、地区或领域内发生作用的一切社会关系。它可以指实际的地理区域或是在某区域内发生的社会关系，或指存在于较抽象的、思想上的关系，除此之外，Worsley曾提出社群的广泛涵义：可被解释为地区性的社区；用来表示一个有相互关系的网络；社群可以是一种特殊的社会关系，包含社群精神（community spirit）或社群情感（community feeling）。

网络社群是通过各类网络应用连结在一起，在建立的网络群体中，每个用户的行为都有相同而明确的目标和期望的群体。一般指规模较小、交往密切而关系松散的群体（如开心网的圈子、腾讯QQ群、微信朋友圈，以垂直型论坛为代表的专业群体等）。

网络社群分类：（1）按照虚拟情况来分：有现实生活接触的网络群体和无现实生活接触的纯网络群体。（2）按照规模来分：可分为2人私密型、3-10人特殊型、10-100人小规模型；100-200人普遍型，200-500人大型规模，以及万人的超大规模型。

网络社群四要素：（1）明确的群成员关系；（2）持续的网络互动；（3）一致的群体意识和规范；（4）一致的目标和行动的能力。

三、商业模式本质

（一）利益相关者的交易结构

商业模式从本质上来讲，是利益相关者（包括顾客）的交易结构。我们所说的利益相关者，包括内部利益相关者和外部利益相关者。利益相关者的界面在哪里？具备独立的利益诉求，有相对独立的资源和利益的输入输出，可独立是一个重要的衡量标尺。因此，传统意义上的供应商、渠道、顾客等，都可以看成是利益相关者，某个内部的部门，比如说财务，也可以看成是一个利益相关者。以居泰隆装修连锁超市为例，其商业模式可以概括为：通过对装修公司、供应商和销售商的整合，减少中间环节、降低流通成本，发展连锁超市（与动辄几万平米的家居大卖场相比，居泰隆的超市面积一般仅为一千平米甚至四五百平米，不到前者的十分之一）。通过产品建模中心，对家具厂商的产品进行信息化建模，为其信息系统提供数据支撑；通过信息系统，实现需求多元化下的规模采购；采购信息由居泰隆系统到厂商再到门店，由第三方物流负责统一配送到门店，门店再负责到客户的物流；居泰隆通过家居用品销售和合作伙伴的佣金返点获利。

商业模式不但关注外部利益相关者，而且关注内部利益相关者，还关注介于前面两者之间的类内部利益相关者。同时关注内部利益相关者和外部利益相关者，有助于拓宽企业边界理论的原有定义，也更利于企业决策。以利益相关者为核心分析居泰隆的交易结构有助于理解这一点。在居泰隆的业务系统图中，包括配送中心、产品建模中心、培训中心、网站等的居泰隆实线圈包括的是内部利益相关者。这些利益相关者都具备相对独立的资源、输入输出和利益诉求，可以作为交易结构分析的独立对象。而门店由于既有加盟，又有参股，还有直营的。和培训中心等相比，门店属于外部利益相关者；而与客户、家具厂商等相比，门店又属于内部利益相关者，因此可以称之为类内部利益相关者。物流公司、家具厂商和客户属于外部利益相关者。把同一组部门定义为内部、类内部还是外部利益相关者，意味着完全不同的交易结构。在分析交易结构的过程中，界定清楚内部、类内部和外部利益相关者，为分析不同商业模式的价值创造能力提供了理论基础。对于同个商业模式，关注同个利益相关者在内部、类内部和外部之间的动态流动，为商业模式的演化和重构提供了动态分析工具。

设计交易结构首先是划定利益相关者，其次才是设计与他们的交易关系。另外，以往强调一体化和专业化，但是，一体化只包括行业内部的横向一体化和纵向一体化，并不能包括培训中心这样的利益相关者。

交易结构能够为理解企业商业模式提供全面的视角。甚至，针对专业化、一体化和多元化，分析他们交易关系之间的构型也就是交易结构安排比单纯考虑战略的选择更为重要，也更能够指导企业的运营决策。

学习

笔记：

（二）接触点服务

接触点服务，即实体门店和虚拟门店及客服的服务接触。服务接触（service encounter）一词最早出现于20世纪80年代初期。基于服务业经营中对人际接触（person-to-person encounter）的重视，以及了解在纯粹服务情境中，影响客户满意与再次惠顾与否的因素，主要在于服务供应者间的人际接触。服务接触是服务情境中，供应者与接收者间的面对面互动，也就是客户与服务传递系统（service delivery system）间的互动，包括前线员工、客户、实体环境及其他有形因素等对象，对于服务差异、品质控制、传送系统等层面有相当大的影响，而此互动会影响客户对服务质量认知的评价。服务接触是客户与服务系统之间互动过程中的"真实瞬间"，是影响客户服务感知的直接来源。服务质量很大程度上取决于客户感知，客户感知又以服务接触能力为基础。

四、好的商业模式判断标准

创业团队以以下成功商业模式需具备的5要素为依据，设计商业项目的商业模式：

1、定位准确

2、市场大

3、拓展快

4、壁垒高

5、风险可控

模
式
设计：

五、商业模式创新方法与流程

以以下成功商业模式需具备的6要素为依据，进行商业项目的商业模式创新：

1、客户洞察

2、创意构思

3、可视化
思考价值

4、原型制作

5、故事讲述

6、情景推测

模
式
创新：

（一）商业模式经典案例之一：专业化模式

模式安全指数：★★★★★　　持续赢利指数：★★★★★　　创新能力指数：★★★★

关键提醒：专业化的意思就是专精一门，也就是俗话说的"一招鲜，吃遍天"。在这样一个诱惑多多的年代，要静下心来，专精一门是不容易的。

也许你认为指甲钳太"小器"了吧，指甲钳是很小，但你想过没有，只要有1/5的中国人使用你生产的指甲钳，你的利润会有多大？要是全世界1/5的人都用你生产的指甲钳呢？如果这样的利润空间还不算大的话，你不妨再想想，普通档次的指甲钳利润空间的确有限，但是如果是高档产品呢？如果是专业化生产的全套指甲修护工具呢？

梁伯强就是紧紧抓住指甲钳这个主业不放，在指甲钳上做精做强，所以他顺利进入了利润区。借助"非常小器"的指甲钳，使得圣雅伦牌成了中国第一、世界第三的指甲钳品牌，梁伯强也成为了亿万富翁。1998年，梁伯强从茶几上用来包东西的报纸上读到一则名为《话说指甲钳》的文章，文中提到朱镕基总理以指甲钳为例，要求轻工企业努力提高产品质量开发新产品的讲话。他便产生了一个念头：做一个响当当的中国品牌指甲钳。很快他便赶去广州"555"国营指甲钳厂，但该厂已经停产。后来他又去了天津、北京、上海和苏州的4家具有代表性的国营指甲钳厂，这些工厂全都已经关门大吉。国企不行固然可惜，但也给民营企业腾出了市场。于是，梁伯强开始学技术，把目标锁定在韩国的指甲钳上。梁伯强从韩国订了货，然后组织人员研究他们的技术，再把买来的指甲钳卖出去，研究人员一遇到什么不懂的地方，梁伯强就飞去韩国。由于梁伯强是以中国经销商的身份前去考察的，韩国人不仅详细解释了梁伯强提出的问题，还亲自带他去厂区参观。这样梁伯强仔细了解了他们的自动化生产技术和设备。一年里，梁伯强飞了20多次韩国。这段时间，他的研究人员基本上把他们的技术学到了，他也逐渐铺开了自己的销售网络，不久，他的第一批名为"圣雅伦"牌的指甲钳新鲜出炉。　梁伯强不惜重金请来各方专家，数次拿着精心改良的样品飞赴沈阳五金制品检测中心接受检测。2000年6月，"圣雅伦"得到了全国五金制品协会有史以来颁发的第一张"指甲钳质量检测合格证书"。

当然，真正成就了"非常小器"在中国指甲钳制造业专家地位的，并非是这一纸证书。做品牌必须增加产品的附加值，梁伯强就在产品的细节和文化含量上下功夫，强调产品的个性化和环保概念。仅仅一个小小指甲钳，就开发出了200多个品种。这奠定了"圣雅伦"在指甲钳的专业地位。梁伯强始终循着专业化模式发展，不但让"圣雅伦"成为全世界的名牌，最关键的是让小器终成大器，凭借小小指甲钳获得了巨大的财富。

专业化为什么可以成为你的赢利模式？一个最简单的解释是，因为它精，所以它深，深就提高了门槛，别人不容易进来竞争，而专业化的生产，其组织形式比复合式生产要简单的多，管理也相对容易。在市场营销方式上，一旦市场打开，后期几乎不需要有更多的投入。成本降低的另一面，就是利润的大幅度提高。通常情况下，专业化生产一般最后都会形成独占性生产，至多是几个行业寡头同台竞争，行业间比较容易协调，从业者较易形成相互保护默契，有利于保持较高的行业平均利润。这是一个封闭或半封闭式市场，不像开放市场上的产品，一旦见到有利可图，大家便蜂拥而入，利润迅速摊薄，成本迅速攀升，本来有利可图的产品很快变成鸡肋，人人都觉得食之无味，同时又觉得弃之可惜。

经测算，普通产品的生产者，如果其利润是15%，那么，一个专业化生产的产品，它的边际利润通常可以达到60~70%。当一个企业进行专业化生产时，其多数成本都用在解决方案的开发和创意阶段，一旦方案成立，就可不断复制，并依照自己的意愿，确定一个较高的市场价格，因为你是唯一的或少数能提供该解决方案（或产品）的人，所以，市场对你的高定价根本无力反对。专业化生产的另一个方式是，以简单化带动大规模，迅速降低行业平均利润，使小规模生产者根本无利可图，从而不敢也不愿与你进行同台竞争。格兰仕用的就是这种办法。梁伯强采用的方法则是使产品个性化。在德国的来根州，梁伯强见过他认为是世界上最好的指甲钳，就是德国"双立人"指甲钳，但就是这样一家企业也只把指甲钳当作一个附属产品生产。"双立人"的主业是做厨房用品。日本的绿钟、玉立等品牌，也是依附在卡通产品上，进行代理生产。这几个著名指甲钳品牌的利润率都远超过梁伯强的"非常小器"，但它们所赚取的是依附性利润，即依附于其他产品，借助其他产品而产生的利润，而并非指甲钳本身所产生的利润。这是一种很好的生产形式，也是一种有效的利润生产方式，但它们都称不上是专业化生产。

梁伯强是专业化生产，因为他只生产指甲钳一项，所有利润都来源于指甲钳。所以他有兴趣研究男人的指甲是什么样，女人的指甲又是什么样，小孩的指甲是什么样，老人的指甲又是什么样，脚指甲和手指甲有什么不同，并针对不同人群设计专门性产品。比如专门针对婴儿的指甲钳，指甲钳面是平的，比成人的要短一半，这样的设计充分考虑到婴儿指甲的特点，避免因器具原因对婴儿造成伤害。产品一经推出就成为妈妈们的爱物。从产品研发到生产组织，再到市场营销，因为面对的都是同一产品，只是外形的变化，实质完全一样，所以，同一过程可以反复重现，不断复制，基本不会增加什么新的成本。相反，随着各个环节熟练程度的加深，成本反而会逐渐下降。这就是专业化生产的优势，简单而优雅。专业化利润的另一个来源是专家，不但有研发方面的专家，还有生产和组织管理方面的专家、市场营销方面的专家。专业化生产，反复重复的过程，有利于迅速培养专精于一个环节的专业人员。这里所说的专家与人们通常意义上所理解的专家有所不同，但这是一种更能产生和带来利润的专家。一般来说，这种专家型员工会比普通员工给企业多带来10%–15%的利润，这是专业化生产独有的好处。

案例
思考：

（二）商业模式经典案例之二：利润乘数模式

模式安全指数：★★★★　　持续赢利指数：★★★★　　创新能力指数：★★★★

关键提醒：借助已经广为市场认同的形象或概念进行包装生产，可以产生良好的效益，这种方式类似于做乘法。利润乘数模式是一种强有力的赢利机器，关键是你如何对你所选择的形象或概念的商业价值进行正确的判断。你需要寻找的是这样一种东西，它的商业价值是个正数，而且大于1，否则，这种东西不但对你毫无意义，反而会造成伤害。

多年前，几个中国人倒腾出了网上即时交流平台ICQ的中国版——OICQ（也称QQ）。随后QQ以迅猛的速度得到发展，目前注册用户早已超过1亿人，一度独占中国在线即时通讯软件市场95%以上的份额，几乎覆盖所有中国网民。而且QQ的卡通形象——一只憨态可掬的小企鹅也渐渐地被数以千万计的网民所熟知和喜爱。以经营礼品进出口业务起家的广州东利行公司，看准了QQ小企鹅形象在商业领域拓展的前景，在2000年12月与QQ的所有者腾讯公司签署了为期7年的QQ形象有偿使用协议。一个企鹅的形象能够带来多大的利润空间？这对一直经营礼品进出口的东利行来说再清楚不过。所以从一开始，他们就已经有了一个清晰的赢利设想。这个赢利设想或曰赢利模式的"专利"并非属于东利行，他们的思路来源于运用卡通形象获得最大利润的迪斯尼公司，他们需要做的只是将模式移植，这样可以更好地保证他们的成功。美国迪士尼公司是这一模式的缔造者和忠实实践者，它将同一形象以不同方式包装起来，米老鼠、美妮、小美人鱼等卡通形象出现在电影、电视、书刊、服装、背包、手表、午餐盒上，以及主题公园和专卖店里，每一种形式都为迪士尼带来了丰厚的利润。在签署协议前，东利行对QQ用户进行了深入调查，发现乐意通过QQ聊天的用户以年轻人为主，而他们对时尚产品的购买能力极强。于是，东利行提出"Q人类Q生活"的卡通时尚生活概念，把衍生产品消费群定位在14–26岁青少年。随后，东利行相继开发出精品玩具系列、手表系列、服饰系列、包袋系列等10大类106个系列，约1000种带QQ标志的产品。多年从事进口业务的经历，使东利行很清楚在国外十分流行的一种创造利润的手法：形象授权。实际上，东利行正是凭借这个授权而掘到了他们在QQ上的第一桶金。所谓的授权生产，就是将某一形象或品牌的使用权通过收取一定的使用费授予生产厂家。厂家得到的好处是，可以通过已经为人们所熟知的形象或品牌迅速打开市场。　东利行在QQ上的获得是累加式的，先通过授权获得一笔收入，当授权产品种类达到一定数量后，2001年，东利行的第一家"Q-Gen"专卖店在广州繁华的北京路步行街开业。专卖店一开张就受到Q迷们的大力追捧，日营业额已逾10万元，超过了同一条街的原有"铺王"佐丹奴专卖店。开专卖店并不是东利行获取利润的最终方式。在他们的计划中，最大的利润将来源于加盟商店。广州北京路上的专卖店不过是东利行的一个样板店，它的用处是向潜在的加盟者展示可观的商业效益。短短数月，"Q-Gen"已经拥有了100多家加盟商，遍布全国各大城市。一个小小的卡通形象，就让东利行在极短的时间内尝尽了甜头，由于QQ的知名度，部分QQ商品的毛利率达到50%以上。　实际上，这种做法在出版界更为盛行，如随着成君忆《水煮三国》的走红而出现的"水煮"系列，随着《把信送给加西亚》，出现的"加西亚"系列，还有以前随着《谁动了我的奶酪》出现的"谁动了我的……"系列，所卖的都是一种已为人们所熟知的概念，甚至为人们已经习惯认知的几个简单文字。这种模式的风险来自于形象或概念拥有者不加区别的广泛授权，对于一些难定归属的形象或概念，如上述的"水煮"之类，则风险更大，其利润乘数很可能小于1，甚至为负值。也就是说，对于这类形象或概念，你不用比用更好。你不用，还有可能赚到钱，你用了，就只能干等着赔钱。利润乘数模式的利润来源十分广泛，可以是一个卡通形象，可以是一个伟大的故事，也可以是一个有价值的信息，或者是一种技巧，甚至是其他任何一种资产，而利润化的方式，则是不断地重复叙述它们，使用它们，同时还可以赋予它们种种不同的外部形象，如世界上昂贵的一只猫HelloKitty（凯蒂猫）、世界上著名的一只狗SNOOPY（史努比）、世界上大受欢迎的一只熊——WinniePooh（维尼熊）等卡通形象，都是利润乘数模式最经典的案例。凯蒂猫、史努比狗、维尼熊之类卡通形象是如何使企业实现利润的呢？仔细研究不难看出，对人们所熟知的卡通形象的使用，使企业得以降低产品研发或开发成本，缩短研发或开发的时间。最关键的一点是，通常大多数研发都很难设计出有价值的适应市场的终端产品，而使用这些形象则不存在这个问题。借助为人们所广泛熟知的形象，可以使产品更加迅速地深入市场，降低了企业风险，提高了企业的成功率。东利行正是运用了这种利润乘数模式，得以迅速地发展。这是创业成功的一条捷径，但也存在种种问题。正如我们前面所言，此类形象或概念授权一般范围都比较广，产品线往往拉得很长，这需要注意以下几点：第一，要清楚容易接受该形象或概念的人群集中在哪些地方，并关注这些人的喜好。如果当初东利行把QQ产品定位于中年消费者，或是做成一个实用而非时尚产品，肯定是死路一条。

第二，由于同质产品的泛滥或将来可能的泛滥，你需要将你的产品极度个性化，并保持这种个性化。要不就要有能力创造出一种别具一格、别人难以模仿的经营方式。此外，还可以有一个选择，就是将产品迅速铺满某一个细分化的市场，不给后来者提供机会，但前提是需要有相当大的投入。第三，借助于某一流行形象或概念进行产品生产和市场营销，在国外已经十分成熟，但对于国内的企业经营者还是一个有较大发挥空间的领域。第四，流行形象或概念大多属于易碎品，需要对它们精心呵护，尽量避免将其应用到可能威胁其形象或概念的产品中去。

案例
思考：

（三）商业模式经典案例之三：独创产品模式

模式安全指数：★★★★★　　持续赢利指数：★★★★★　　创新能力指数：★★★★

关键提醒： 这里的独创产品是指具有非同一般的生产工艺、配方、原料、核心技术，又有长期市场需求的产品。鉴于该模式的独占性原则，掌握它的企业将获得相当高的利润。比如祖传秘方、进入难度很大的新产品等。

　　一个偶然的机会，胥定国遇到了一位因吃了有毒蔬菜而中毒晕倒的老人。晚上，胥定国回到家中和房东老伯说起白天碰到的事情，老伯告诉他说，他的一个亲戚，也曾因吃了有农药的蔬菜中毒，抢救不及而死亡。老伯的话再一次触动了他的神经，当天晚上，胥定国在网上泡了一个通宵，搜索有关"农药蔬菜"的信息。结果他发现，"农药蔬菜"除了可能造成人们急性中毒或死亡外，更为可怕的是一些"农药蔬菜"所造成的慢性中毒，具有致癌、致畸、致基因突变的"三致"作用，甚至通过遗传危害后代（已得到科学公认）。通过检索相关资料他还发现，国家质检总局对全国23个大中城市的蔬菜抽查结果表明：市场上农药残留量超标的"问题菜"高达47.5%，全国有将近一半的蔬菜属于不能食用的"农药蔬菜"……

　　面对令人生畏的"农药蔬菜"，市民通常采取方法是"一洗二浸三烫"，但专家认为这种方法作用不大。也有人采用洗洁净洗涤，但洗洁精本身就是一种化学物质，用多了对人体一样有影响。胥定国由此想到，能不能研制出一种可以除掉蔬菜中残留农药的机器呢？他觉得这是一个机会。胥定国第二天就专程到厦门大学请教了有关的专家教授，得知利用臭氧技术可以脱掉蔬菜中的残留农药，不过因为技术原因当时还没有企业将之运用到民用仪器上。得知此信息，胥定国兴奋不已。

　　胥定国很快就完成了"果蔬脱毒机"的方案，经深圳的一位朋友引见，他找到了目前中国最具权威的臭氧专家李忠汉教授，并和李结成了生意上的合作伙伴，两人分工合作：李负责产品研发，并在胥拥有的品牌下组织生产，而胥则负责销售和推广。2002年4月，在与李教授商谈合作的同时，胥定国通过朋友帮忙，筹借资金50万元，在厦门注册成立了"厦门百事特科技发展有限公司"。一个月后，李教授在多年积累的臭氧应用技术基础上，很快研制出了"果蔬脱毒机"，并顺利通过了由国家质检总局组织的产品质量鉴定。"果蔬脱毒机"采取纯物理原理，不添加任何药物，在20分钟内就能强力除掉残留农药、化肥，无毒副作用，无二次污染，无营养损失。通过农药残留检测仪器检测，其蔬菜残留农药去除率达93-99.23%，是一种真正能为消费者提供干净卫生"无公害"蔬菜的机器。

　　拥有独创产品并不意味着就自然可以拥有市场。胥定国开拓市场的第一步是打广告。广告刊登后，来了很多人要求做产品代理。为了尽快回收资金，胥来者不拒。可是很快他就发现这样做弊端丛生。一些没有实力的代理商，在分销了少部分产品后，便减少进货数量或干脆停止了进货。表面看起来这虽然对双方都没有损失，但实际上胥却丧失了不少有潜力的市场，因为他在一个地区指定了一个代理商，就不能再发别的代理商，而如果这个代理商不得力，那么这个地方市场也就丧失了。面对这种局面，胥很快调整了销售策略，只选择有实力和开拓能力的商家作一级代理，实力较弱的则发展成为分销中心，由总部派人协助开拓市场；对一些小本经营者，推出"百事特蔬菜脱毒配送中心"，提供加盟。这些方法有效满足了不同层面的投资者需求，也使胥定国很快就掘到了第一桶金。

　　在胥定国开发"果蔬脱毒机"的时候，臭氧技术的应用还是一个很独特的概念，所以他的产品也称得上是高科技产品，具有很强的独创性。随着科学技术的迅猛发展，一些具有独创性的科技产品的寿命正在迅速变短。两年前还很新鲜的臭氧脱毒技术，两年后就已经失去了新鲜感。随着后来者的不断进入，这个市场的竞争日趋激烈。胥定国的精明之处在于，他利用不同手段迅速拓展市场，在跟进者到来之前，就赚取了大量利润，落袋为安。从目前状况看，大家都在寻找赚钱机会，一种有利可图的产品，很难长期保持它的"独特"性。每个人都在寻找它的弱点，或克隆，或改造，所以，高效率地利用市场空白期迅速赚取利润是这种模式成功的关键。

　　独创产品模式，实际上也是很多创业企业在创业之初可以大力借助的模式，"独创"的魅力所能带来的高额利润早已不是什么秘密。但是独创产品模式并不是进入利润区的"万能钥匙"，它也有很多局限性：第一、因为独创，即意味着"前无古人"，所以往往需要很大的研发费用和很长的研发时间。第二、因为独创，即意味着市场认知度不高，也即意味着打开市场，获取市场认同需要花更多的钱。第三、尽管事前可能做过很细致的调查，但一个独创

产品在真正进入市场之前，是很难测度市场是否最终会接纳它的。常常发生的一种情况是：花了很多钱，花费了很大的力气拿出了产品，结果却不获市场认同。这样，所有的投入就都打了水漂。所以，依靠独创产品打市场也有很大的风险性。第四、由于对产品缺乏细致的了解和认知，国家有关部门很难对某一种独创性产品提供完善的保护，生产者将面临着诸多带有恶意的市场竞争，这种竞争经常会使始创者陷入困境。

保护和延长独创性产品的生命周期，延长利润产出周期的办法：第一、提高专利意识，积极寻求国家有关部门的保护。第二、增强保密意识，使竞争者无隙可乘。第三、进行周期性的产品更新，提高技术门槛，使后来者难以进入。第四、使企业和产品更加人性化，增强消费者的忠诚度。第五、在产能或投入不足的情况下，积极进行授权生产或技术转让，让产品迅速铺满市场，不给后来者机会，这是一种十分有效的办法。

案
例
思考：

（四）商业模式经典案例之四：策略跟进模式

模式安全指数：★★★★　　持续赢利指数：★★★　　创新能力指数：★★

关键提醒： 策略跟进即强者跟随，与"跟风"的盲目性、哪里热闹就往哪里钻不同，策略跟进需要经营者对自己做出正确评估，并分析清楚自己的优势、劣势之后，对未来走向做出判断。

　　1995年，山东某市的姜贵琴到城里的亲戚家小住几日，看到副食店中卖酱鸭翅的柜台前竟然排着长长的队伍。亲戚说，这个副食店中的酱鸭翅就是姜贵琴所在的郊区县里一个小工厂生产的，因为酱烧得十分入味，所以在城里特别受欢迎。一连几天，姜贵琴每每路过这家副食店，就会看到那条排队的长龙，而且经常是晚到的人买不到。　　姜贵琴看着别人像开着印钞机一样赚钱，她也想照着做。但是，她很清楚虽然自己能吃苦、肯学习，可最大的弱点是对市场一窍不通，而且市场敏感度差，又没有过丁点经营管理的经验。这些都是做生意忌讳的事。该怎么做呢？她希望在动手之前先搞明白，怎么做才能让自己获取利润。于是，她就找到了这个小厂，软磨硬泡进了厂子，当了一个车间工人。姜贵琴一共工作了2个月，白天将小厂的货源、制作工艺、酱料的调配、送货渠道摸了一清二楚后，晚上再回家偷偷试着制作。终于等她将自己的酱鸭翅调弄得差不多了，请来品尝的人都说好后，她马上辞职回家，开始着手准备自己生产。这家厂不是做得很好吗？不是已经在城里打出了名气吗？不是已经有了现成的模式了吗？干脆在创业时全部向小厂看齐。小厂从哪里进鸭翅，她就去哪里进，这样可以保证原料品质与小厂一致；小厂生产的酱鸭翅味道是什么样，她也向着靠拢，这样可以缩短消费者认知的过程；小厂在城里的哪个街道铺货，她就尽量选同一街道的另一家副食店，这样可以省下了自己开拓市场的成本；唯一不同的是她总比这个小厂晚一个小时送货，这么做的目的，是为了告诉这个小厂，自己仅仅是一个无关紧要的尾随者，不会因此而对她加以防范，甚至采取破坏性举动。跟进的结果是她的创业过程特别省心、顺利。由于那家小厂的酱鸭翅在城里早就出了名，每天很多人想买而买不到，所以姜贵琴这种跟着铺货的方式正好让她捡了一个漏，省下了她开拓市场的成本。最关键的是，那家小厂的厂长知道后，根本没放到心上，还和姜贵琴开玩笑说："您就跟着吧，我们吃肉，当然也不能拦着你喝碗汤呀。"看到对方根本没把自己的小作坊放在眼里，姜贵琴心里踏实了。开始时，她每天只送一家，后来慢慢地发展到5家、10家，不到1年的时间，只要是这个小厂在城里选的销售点，走不出二三百米就一定可以找到姜贵琴的酱翅售卖点。仅仅1年时间，姜贵琴靠跟在人家后面卖酱鸭翅赚了17万元。后来，那家小厂又开始增加一些类似酱烧鸭掌、酱烧鸭头等其他产品，姜贵琴并没有马上跟进，她知道跟在后面的人的最大优势就是在后面能清楚看到前面所发生的事情，以及这些事情所带来的后果，既然是跟，那就不能心急，等等看，人家什么好卖，再决定跟什么。她交待送货的伙计，让他们每天送完货后不要马上返回，一定要等到小厂的售卖点商品卖完后才许回来，晚上再统一向她汇报"侦察"的结果，比如，哪些售卖点是最先上新产品的、哪些新产品畅销、哪些新产品不太受欢迎。姜贵琴将伙计们的反馈一一记在小本子上。等到小厂的新产品销售半个月之后，姜贵琴才考虑是否增加新品种，先增加哪些品种，增加的品种先送到哪个售卖点。就这样，不紧不慢地跟在小厂的后面，姜贵琴轻轻松松地发着自己的财。到1997年，姜贵琴最初依靠一口锅开出的酱食小作坊规模已经发展得与那家小厂不相上下，她开始小规模地着手拓展那家小厂以前没有铺货的街道和社区。此时她已经琢磨出了一种新的酱料，生产的鸭翅味道更香浓。但是，她并不急于将这种鸭翅推向市场。她一边等待时机，一边继续研制着新品种。1998年春节前，姜贵琴的资金积累已经达到了将近50万元，新厂房也已经竣工，而姜贵琴对市场销售渠道、销售环境等更是烂熟于心，她准备发力，一举超过那家小厂。农村很多小厂在春节期间都给工人放假，停止生产。姜贵琴则将厂里的工人组织到一起让他们加班，每天多付3倍的工资，当天的加班费当天就结清，年三十加班每人再另发500元奖金。同时，姜贵琴又将那家小厂放假回家的工人招来了15个，承诺在放假的这段时间里，每天的工资是那家小厂的2倍。从阴历腊月二十到正月十八，姜贵琴将产量提高到平日的5倍，产品品种由5种增加到了11种，其中不但有老品种，还新增了她自己研制的新品种。同时将送货的时间进行了调整，不单每天下午的送货时间提前了整整2个小时，而且还专门增加了一次上午的送货。春节期间是副食消费的旺季，大家无事在家，亲朋好友相聚总难免要喝点酒助兴，而姜贵琴生产的酱货成了最好的下酒菜。春节前后短短一个月，姜贵琴工厂的利润相当于平时的6倍还多。春节过后，市场依然红火。姜贵琴工厂每天保持的送货品种在11种以上，并且不断有新的品种推出。每天上、下午各送一次货的制度也得以保留，从此，消费者随时都可以享受到姜贵琴厂生产的新鲜食品。那家小厂等春节后再恢复生产时，发现顾客都跑到姜贵琴那边去了。

如今，姜贵琴当初紧跟的那家小厂，早已不是她的对手。姜贵琴又盯上了城里的一家酱食连锁店，她悄悄地跟到后面，慢慢地积蓄力量，等待时机成熟时一举超越。　在马拉松比赛中，经常可以看到运动员会形成"第一方阵"和"第二方阵"。一个有趣的现象是：最后取得冠军的往往是开始位居"第二方阵"的运动员。因为"第二方阵"的运动员在大部分赛程中都处于"跟跑"的位置。所以可以清楚地看见"第一方阵"运动员的一举一动，并根据其变化很好地把握赛程，调整自己的节奏。另一方面，作为"第二方阵"的成员，他们所承受的心理压力也相对较小，又因为一直处于引弓待射、蓄而不发的状态，积蓄的体能有利于在最后冲刺阶段爆发。所以，"第二方阵"中的运动员获得冠军并非偶然。　姜贵琴在创业的过程中重复了马拉松比赛中经常发生的这一幕：在成长的道路上，瞄准一个目标，紧跟其后，时刻关注对方的一举一动，学习他的长处，寻找其弱点，等待时机成熟一举超越。甘居人后是大赢家的制胜谋略。前面的最怕有人超过他，因此也最痛恨紧随其后的人，甚至会不惜一切手段打压后者。这时，如果你懂得"示弱"，表现出不能也不想和前面对手竞争的态势，对手就可能放过你，而且可能反过来帮助你。姜贵琴总是比对手晚1个小时送货，希望传达的也就是这样一个信息，即：我所追求的仅仅是你们剩余的空间，根本无心也无能力与你们抗争。因此从一开始对手就没将她放在眼里。这给了姜贵琴成长的空间和时间，使她能够在对手的眼皮底下悄悄地壮大。　从策略上讲，"跟跑"实际上是压缩投入成本的最好方法。姜贵琴可谓是将"跟跑"策略发挥得淋漓尽致。第一，她不用费心去考虑市场环境，消费者爱好什么，厌弃什么，因为对手已经为她做了这一切。初出道者因为经验不足，对于市场的需求往往把握不住，采取观望态度，审慎地注视对手的一举一动，进行跟随，是一种明智的策略。像姜贵琴，她只需要跟在对手身后，对手在哪里卖得火，她就在哪里卖，卖的同时，讲究策略，丝毫不引起对手的注意。姜贵琴巧妙利用了前者开拓的市场，一步就跨越了新产品上市消费者所需的认知过程，将风险降到了最低，节省了大量市场开拓的成本，同时也减去了产品反复实验所带来的损耗，相应提高了利润。第二，在实力逐渐累积以后，如何策略地攻占对方市场也大有讲究。这表现出了姜贵琴的富于心计的另一面，在与对手发展得旗鼓相当时，她先采用侧面迂回的方法，在对手尚未来得及涉足的市场试水，利用开拓新市场空间的办法，在实力不济或尚未有完全把握争胜之时，避免与对方在有限市场空间里正面交锋。等到时机成熟，再进行强力反扑。因为蓄势而来，待机而动，对手根本无还手之力。　从利润的角度讲，"跟跑"者向来比跑在前面的要省力，因此利润率也相对要高。在商业活动中，每一个商业行为都有成本的代价，拣取胜利果实等于将成本最小化了，从而也就等于获得了最大化的利润。"跟进"哲学是一种应变哲学，绝不是懦夫哲学，甘当"第二方阵"目的在于在次位上充分谋求利益，避免自身劣势，充分发挥优势。

案
例
思考：

（五）商业模式经典案例之五：配电盘模式

模式安全指数：★★★☆　持续赢利指数：★★★☆　创新能力指数：★★★★

关键提醒： 配电盘模式就是吸引供应商和消费群两方面的关注目光，为供货商和消费者两方面提供沟通渠道或交易平台的中介，企业从中获取不断升值的利润。但这个模式对于操作者来说要求很高，而且前期的投入成本很大，风险也很高。

　　方轶酷爱时尚，而且是那种喜欢将自己从头到脚的每一个细节都带上精致标签的女孩。大学毕业后在上海的一家外企公司工作了3年，因为母亲身体不好，她这个独生女不得不放弃在上海大都市的时尚生活，回到了广西老家。不久母亲去世，留给她两处房产和20万元的积蓄。方轶也想过再次回到上海，可是就在她准备回上海前，她参加了一次中学同学的聚会。聚会上，方轶的容光焕发让在场的女性都十分眼红，她们纷纷问方轶，怎么让皮肤这么细腻？为什么你的头发看上去这么好？同样的衣服怎么你就可以配出不同的感觉？你的指甲怎么做得这么漂亮？怎么让自己的举止也可以如此得体？当方轶一一做答后，她看到的竟然都是失望的表情。方轶所提到的为大都市女性熟知的SPA、香浴、发膜、形体培训等词汇，对这个小城市中的女性来说却都是闻所未闻的东西。这次聚会让方轶在家乡发现了一个庞大的市场。

　　回家后，方轶将自己这几年在上海每月最主要的美容消费一一罗列出来。突然眼前一亮，对呀，何不将这些项目都集中在一起，开一家专门打造美女的店呢。而且这个店的名字也马上就脱口而出：气质美人店。可是怎么运作这家店呢？仅仅是从各地进货然后销售吗？这不是方轶所擅长的，她甚至厌烦每天盘货、记账、计算库存这样琐碎的工作。但是如果做零售业，这些工作不到位就根本不可能赚到钱。她想，气质美人店应该是可以满足女性装扮最全面的店铺，是一个女性主题的小百货商场。只要是想将自己装扮得更加漂亮的女人，都会到这家店得到专业指导，选购商品。这样的话，就可以吸引各类女性商品的品牌代理到这个店租专柜。方轶要做的只是在收取各品牌代理的租金外，利用她的专长让更多女性关注这个店，并且到这里购物就可以了。于是，一个配电盘模式的雏形在她脑中形成了。她很快在最繁华的市中心买下了一个门店，然后就赶赴上海、广州、北京、深圳，寻找各种适合气质美人店的商品。方轶意识到，这种做法前期的风险很大，第一，她所在的是一个极小的城市，很多大品牌还没有进入这个市场；第二，她必须要做到确保店铺的流量和消费量后才能吸引这些品牌的加入。而要做到这些，仅仅凭她向品牌代理们描述是不成的。她必须先做出一个规模。所以，她决定第一步自己先进一两批货，将店面推广开。

　　在方轶的概念中，气质美人店，不是简单的美容店、饰品店或者是服装鞋帽店，它是可以寻找到哪怕细微到一个发夹的整体装扮店铺。它是一个让平凡的女孩进入后，经过精心装扮而成为一个真正气质美女的店面。这就要求方轶必须要进大量的商品。整整5个月的时间，方轶寻遍了各大城市美仑美奂的女性商品。其间因为资金不够，她甚至将母亲留下的两处房子都卖掉了。之后，她从广州、深圳高薪聘请了3个高级形象设计师，气质美人店终于开张了。为了显示与其他女性商品店的截然不同，方轶让高级形象设计师手把手地培训售货员，并且严格考核，不合格的一律不录用。但是，刚刚开张的气质美人店因为商品、装潢都极显高档，每天路过观望的女性很多，却少有进入者。方铁意识到，即使在上海这样的大都市里，她的这种店铺都可算是独一无二的新形式，更何况是这么个小地方呢。于是，方轶拿出了最后的积蓄，一部分印制了极为精美的宣传册，内容是以方轶为模特，展示其进入店铺后，形象设计师对她的每一个环节的设计和改造，并且在宣传册上面印上了每一笔的费用，大到服装、鞋帽、背包的价格，小到一个指环、修眉的开销。并且，专门罗列了气质美人服务系列，如脸部化妆指导系列、服装搭配系列、肌肤保护个性服务化指导系列等，方轶带着员工每天到各写字楼分发宣传资料。另一部分资金则选择当地一家报纸，包下了几块版面，介绍了不同服务的类型、内容、费用等。终于，在春节即将到来时，店中生意渐渐有了转机。随后，方轶又有针对性地举办了很多培训班，如气质美女的服装搭配、气质美女的肌肤保养、气质美女形体训练等。经过1年多的努力，气质美人店终于迎来生意火爆的场面。方轶终于可以开始着手她的下一步计划，吸引品牌代理们到她的店中租设专柜。为了保证店面的定位，方轶只是有选择地与各著名品牌的代理商接触。终于一家意大利的仿真首饰品牌答应进入气质美人店，成为了方轶的第一个商户。慢慢的很多商家看到这个小城市的市场空间，并在考察了气质美人店后也陆续进入。

　　品牌逐渐增多，气质美人店的顾客也越来越多；同时店铺销售业绩越好，也吸引更多的品牌加入。方轶的整体运

后，自己的气质美人店能从现在的中小城市，杀入到像上海、广州这样的大都市去。究竟什么是配电盘模式呢？配电盘模式是在某些市场，许多供应商与许多客户发生交易，双方的交易成本很高，这就会导致出现一种高价值的中介业务，这种业务的作用类似于配电盘，其功能是在不同的供应商与客户之间搭建一个沟通的渠道或是交易的平台，从而降低了买卖双方的交易成本，而提供中介业务的企业、以及身在配电盘中的供应商都可以获得较高的回报。这种方式在北方也有一些叫"拼缝"，就是弥补供需双方的缝隙，撮合双方交易，从而作为中介的企业也可以从中获得不菲的利润。

方轶属于搭建配电盘的中介，她所获取的利润来源于几个方面，首先租赁柜台让她可以每年获得一定的利润。另一方面，开设各种女性感兴趣的培训课程，通过这种方式，除了可以达到宣传目的，每年培训费利润亦可达到10余万元。通过做配电盘，方轶每年获取的利润是比较高的。但需要说明的是，这种模式的投入比较大，并不适合资金量小的创业者。方轶为做这家气质美人店，前期投入将近60余万元，风险较大。但是，之所以说配电盘模式对创业企业来说是值得借鉴的模式，是因为它有很大的市场空间和强烈的市场需求。绝大多数初创企业在市场开拓上都会存在困难。一些创业者有好的产品却找不到合适的消费者，而一些消费者有消费需求又找不到合适的产品。通过配电盘模式，可以将供需双方连结在一起，让初创企业直接面对他们的客户，做成生意的可能性大大提高。老话讲，货卖扎堆，说的就是这种情况。当一个"场"形成了规模，自然带动人气的直线上升，身处这个环境的商家也就省掉了宣传、推广费用，并且大大缩短了客户对其的认知周期，从而提高进入利润区的速度。

据统计，运用配电盘模式在单位时间内，可能做成的生意数量会达到传统运作模式的2倍或3倍。而由于配电盘模式的运用，等于集合了供应商与客户之间的力量，因而宣传成本、运作成本都得到很大幅度下降，因此在单位时间和单位努力程度所带来的利润也是传统模式的7-10倍。除了像方轶一样自己做配电盘，创业者不妨来一个反向思维，寻找一个适合自己的配电盘加入进去。对普通创业者来说，这是对配电盘这种赢利模式更为有效的运用，可以降低初创企业的成长风险，加速成长过程。

案
例
思考：

（六）商业模式经典案例之六：产品金字塔模式

模式安全指数：★★★☆☆　持续赢利指数：★★★★☆　创新能力指数：★★★☆☆

关键提醒：为了满足不同客户对产品风格、颜色等方面的不同偏好，以及个人收入上的差异化因素，从而达到客户群和市场拥有量的最大化，一些企业不断推出高、中、低各个档次的产品，从而形成产品金字塔，在塔的底部，是低价位、大批量的产品，靠薄利多销赚取利润；在塔的顶部，是高价位、小批量的产品，靠精益求精获取超额利润。

在南京的一条街上，曾在一年间冒出了多个泰迪熊专卖店。对于泰迪熊这一比较单一的商品，中国市场的容量虽然很大，但对于一个城市市场容量却是有限的，于是，这几家店的竞争很快就进入了白热化。一下子出现如此多的泰迪熊专卖店有它的原因，从20世纪90年代开始，港台地区迅速席卷一股来自欧美的收藏泰迪熊的热潮。很快，日本、韩国等地陆续建立了泰迪熊主题公园和泰迪熊博物馆，也让这种对泰迪熊的喜爱迅速升温。而随着泰迪熊的制作订单被大量地送到劳动力便宜的中国生产，同时也带动了中国消费者对泰迪熊的关注。

泰迪熊是一种很特殊的商品，它像芭比娃娃一样，可以被设计成不同的造型，并且不同厂家、不同品牌设计的款式，市场价格差距也很大。加之每年3个专门为最新设计的泰迪熊而设置的国际大奖，催生了很多经典收藏的款式，激发了全球更多人的收藏，因此泰迪熊的价格一路攀升。在中国生产的出厂价不过30元的商品，在国际市场上竟然可以销售到60美元甚至更多。如此大的利润空间当然不会被中国的商人们忽视。

然而，当多家泰迪熊专卖店聚集在一起时，中国刚刚发展起来的泰迪熊收藏市场由于空间还很有限，市场一下子就饱和了，几家店的日子都越来越难过。其中拥有泰迪熊数量最多、库存量最大的一家店的店主，开始寻找新的赢利模式，以摆脱不利的现状。经过长时间调查他发现，大多数购买泰迪熊的消费者都是20岁以上的高薪收入阶层，主要盯紧中高档泰迪熊，每次新款一出来，连价都不问就会买下来。这个群体也会偶尔购买中低档次的泰迪熊，不过绝大多数是为了买给孩子，或者用作馈赠普通朋友的小礼物，所以对中低档次的泰迪熊，他们反而会讨价还价。与此同时，很多购买低档泰迪熊的人随着拥有泰迪熊数量的增多，就会开始希望选择更好的更有特色的产品。发现了这一特点后，这个店主决定改变一下销售方式。由于中国市场销售的泰迪熊绝大多数都是加工厂家在完成出口订单后，剩余的小批量尾货，所以虽然款式繁多，但是数量都很有限。通常是这家包下来几十个，其他人就无法拥有相同的商品。所以这个店主将店中的泰迪熊重新选择了一番，选出尾货数量比较多、别家店铺也有的中低档款式直接以进价大批量销售，以吸引人气和有效销售，同时使店中的资金流动起来。而那些只有他才能提供的泰迪熊则相应提高了价格。除此之外，以前他每月到江浙、广州一带寻找新货源，后来改为了几乎每周一次，以确保第一时间获得厂家新推出的款式，没到1个月，店铺的生意就开始好转起来。他的这一举动让其他几家经营同类产品的店顿时乱了手脚，相互之间不得不开始比拼价格。而由于这家店主每周都有新款式的泰迪熊上架，吸引了大量的泰迪熊收藏爱好者，也使得很多厂家主动与他联系，提供给他独家的货源。为了更广泛地推广他的产品，他找人专门制作了一个网站，随时更新新款泰迪熊，让更多人开始关注他的店铺。随着生意的逐渐好转，店主手头的资金也开始充裕起来。于是，他再次采取了一个大胆的举动，专门选购了一批价位在150元以上的中档泰迪熊；另外与外贸公司联系，花重金进了一批单价在千元以上的泰迪熊。这样一来，他的店就开始形成了产品的梯次架构，形成了一个产品金字塔，中高档次泰迪熊的品质和收藏价值，低档泰迪熊的物美价廉，都让不同层次的泰迪熊好爱者开始关注这个小店，甚至有人每天下班路过时，都要进来看看。很快其他店铺就纷纷败下阵来，转租的转组，关门的关门，这位店主没有想到，他的这一举措在击败了对手的同时，又使他获得了更多的利润，实际上，这家店主并没有意识到他所运用的是在面对充分竞争时，一些商家最经常采取的战略——构建产品金字塔，之所以他可以在几家的竞争中胜出，正是因为他利用低档的泰迪熊的有效销售建立了一个防火墙，使其他店主在价格上无力与之竞争。在产品金字塔模式中，利润的最大来源却是中、高档产品。也就是说，靠低档产品低价产品占领市场，吸引人气，而靠中档产品、高档产品赚取利润，如果仅仅是在低层设置防火墙，而没有在上层构筑的利润来源，企业的竞争将很难持续。将产品金字塔模式演绎得最为完美、经典的是美国的马特尔公司。中国也有很多芭比娃娃的购买者会抱怨，仅仅购买一个芭比娃娃并花不了多少钱，但是如果要按照包装上提示的，将芭比娃娃的各种小佩饰购买全，就不得不花费比买一个芭比娃娃多出几倍的钱，甚至芭比娃娃的一个小小化妆盒都比芭比娃娃本身价格高。马特尔公司是著名的芭比娃娃的生产商，在该公司推出芭比娃娃后的几十年时间

公司的芭比娃娃的市场一度面临危机。为了彻底扭转这种被动的局面，马特尔公司研究了一个方案，即建立一道产品防火墙。该公司史无前例地推出了一个价格仅10美元的芭比娃娃，这样的价格几乎无利可图，但是这款10美元的芭比娃娃进入市场后，立即吸引了全美国女孩子的目光，让她们纷纷走进马特尔公司设立的各个芭比娃娃专柜。这一招对于模仿者显然是致命的，市场上的仿造品很快就消失了。与此同时，马特尔也陆续收到来自全国各地专柜的捷报，那些一开始仅仅购买10美元芭比娃娃的女孩子们，会继续购买其他辅助性的玩具设备以及其他类型的玩具，使马特尔公司从这些辅助设备和玩具中大获其利。不过，这还不是马特尔公司运用产品金字塔模式最经典的地方。在捷报频传的同时，马特尔公司也开始重新寻找其他获利的商品。经过努力，看准了价值100-200美元一个的芭比娃娃的市场机会。价格高昂的芭比娃娃的目标客户不再是那些小女孩们，而是小女孩的妈妈。这些妈妈们在20或30年前就是玩着芭比娃娃长大的，她们会怀着无比愉悦的心情记住这些芭比娃娃，而现在她们都拥有了自己可以支配的金钱。这些妈妈会给自己买上一个精心设计的芭比娃娃——精良的工艺和独特的设计，唤起自己对过去美好年华的回忆。这种芭比娃娃已经不单纯是玩具，而是一件收藏品，就像瓷器茶壶或珍贵的邮票一样，爱好者情愿花大价钱购买，这既给客户带来了极大的满足感，又给马特尔公司带来了丰厚的利润。如果循着这个思路想下去，你会发现，产品金字塔模式不仅仅是玩具公司的一个伟大创意，它甚至可以成为很多想从恶性价格竞争中摆脱困境的创业者的一个经典模式。这个模式的运用必须有一个前提条件，就是在一个成系统的产品或者领域中运用，必须要与客户的市场定位紧密联系，并且高中低档商品的客户群之间都必须拥有一定的联系因素。比如，购买中高档泰迪熊的用户一般同时会选择购买一些低档产品，作为朋友之间馈赠礼物；又比如，给女儿购买10美元芭比娃娃的母亲，一般也会同时给自己购买一个价值100-200美元的芭比娃娃，作为对自己的奖励一样。关键是构建的金字塔不仅仅是不同价位产品的简单罗列。一个真正的金字塔是一个系统，其中较低价位的产品的生产和销售，将赢得市场和消费者的注意力，对于拥有完善产品线的企业来说，你的竞争对手根本没法指望可以依靠比你更低的价格抢走你的市场份额。

案例
思考：

（七）商业模式经典案例之七：战略领先模式

模式安全指数：★★★★☆　持续赢利指数：★★★★　创新能力指数：★★★★★

关键提醒：起步领先不代表永远领先，不能确保你永远赢利，因为马上就会有后来者参与激烈的竞争。适时改变你的竞争策略，由一个静态到一个动态的飞跃，可以确保你从起步时的飞跃领先到战略上的始终领跑，使你的利润源源不断。

1997年，李守亮凭着自己的专利技术产品"多功能服装垫肩机"，创办了合肥奇正实用技术研究所，开始了自己的创业。一年后，凭借产品的推广，他在市场站住了脚。随后又开发了"纸杆铅笔机"等几项专利产品。这些产品实用性强，市场前景广阔，产品一上市后，理所当然地成为后来者觊觎的目标。一时间，武汉、郑州、北京、石家庄、广州、合肥等地，不断有企业纷纷瞄准奇正的产品和市场，服装垫肩机和纸杆铅笔机的招商广告铺天盖地而来。对于后来者来说，由于不需要投资任何前期开发费用，只要购买一台样机回去测试一下，就可以大批量生产，成本之低廉可想而知，奇正的市场一下被蚕食鲸吞。面对市场的冲击，李守亮突然明白，他必须避开这种恶性竞争，迂回出击，迅速转入新产品的研制开发，用更快的速度甩开侵袭者，赢得更大空间的新市场。2000年，李守亮研制开发的空调专用清洗剂出世并投入生产，这是一种精细化工产品，它由特种去污剂、特种缓蚀剂、特种发泡剂、整合剂、抗菌剂及多种助剂组成，经过5道工序，通过专业设备生产复配而成，适合家庭、办公室、公共场所等各种空调的清洗。这一专用产品在清洗空调时只需喷入空调室内机蒸发器和室外机散热器内，不用高空作业，不用拆卸空调，短短20分钟就可以洗净污垢、净化空气、恢复空调制冷制热功能。新产品问世后，很快得到了广大消费者的认可。这一次，在经营战略上，李守亮进行了一次大规模的调整，开始从单一的生产销售转为生产、销售、培训、保洁清洗等"一条龙"服务。为了让更多的消费者通过这一产品提高生活质量，也为了拥有更大更久的市场空间，李守亮推出了自己的营销策略：在全国范围内发展下岗失业人员加盟，并且不收任何代理费和加盟费，免费培训清洗技术、赠送操作光碟、提供市场推广策划等，一时间，"市场你来做，质量我来包"的理念深入人心，很快就在全国发展了200多家代理商和加盟店。而当后来者也开始进入空调专用清洗剂的市场竞争时，李守亮已经形成了稳定的销售渠道，他又开始琢磨下一个项目的研究了。如果你跑到了最前面，大大拉开了与后来者的距离，你就会有知名度，会有追星族。如果你跑得比别人更快，你就能得到领先奖赏，赚得更多。所谓早起的鸟儿有虫吃，说的就是这个道理。有一个故事：一个小伙子有一天坐火车去另一个城市。当火车要绕过一座大山的时候，车速慢慢地减了下来。这时候他看见了一栋光亮亮的水泥平房，就把它记在了心里。在办完事回来的路上，他中途下了火车，走了一段山路，找到了那座位于高山上的房子。他向房主提出想买下这栋房子。房子主人很痛快地答应下来并以2万元成交。小伙子回到家后，很快写好了一个方案，复印了很多份，递交给许多知名的大公司。3天后，可口可乐公司迅速与他取得联系，并专程派代表开车驶往房子所在地，经过一天周密的考察和分析，当场和他签订了一年18万元的广告合同。为什么2万元的投入可以换来18万元的收入？原来房子有一整面墙正对着铁路，每天都会有数十趟火车经过这里，而因为是上坡，每当火车经过这里时总要减速，这时就会引起许多好奇或无聊的眼光向窗外张望，而在这个前不着村后不着店的荒凉地方，唯一能长时间吸引他们目光的就是那幅可口可乐的巨型广告。不过这已经是很多年前的事情了，现在，你再坐火车经过这个地方时，就会发现山坡上的农舍已经被各种各样的广告遮满了。这也证明了一点，只要有人做出了第一，就会有蜂拥而至的追随者去争抢剩下的空间。这个故事告诉我们，对于创业者来说，开创第一虽然是件好事，但领先永远只是暂时的。如果你在领先的时候不抓紧时间赚到钱，就像上述故事中的小伙子，在他还是第一的时候就抓紧时间将广告卖出去，他就有可能赚不到钱，或者即使赚到钱，也会比他应该赚到的少得多，李守亮的第一个项目夭折在利润区外就是因为这个原因，所以在进行第二个项目的操作时，他就变得聪明了。他知道自己必须要抢时间，因此一改传统的生产销售模式，并且用最短的时间找准市场定位，利用下岗失业人员资金少、技能差、需要短时间见效益的心理，推广产品。免费加盟、免费培训，对于他的产品使用者来说是低门槛，使得产品推广速度迅猛增长，并且迅速抢占了市场。对于紧随而来的跟风者意味着进入门槛的提高。虽然前期李守亮收到的回报并不高，但是他的利润却是持续的，因为每个加盟者都在使用他提供的产品。现在创业者要做到战略领先已经越来越不容易了，这种时间战的竞争对创业者的要求也越来越高。如果你准备运用这种模式，不妨从下面三个方面动动脑筋。第一是主业领先，创业者在决定企业核心主业时，千万不要贪慕虚荣，非选风华正茂的"绝代"佳人不可，不妨寻求暂时市场竞争和挑战不大、但有发展前途的领

抢在他人前面，摘个大苹果。第二是技术领先，有新鲜的技术，企业才会有生命力。李守亮凭借空调专用清洗剂，在绕开一直困扰他的恶性市场竞争同时，还抢占了一个新领域的利润。 第三是人才领先，同样是做服装行业，别人请国内知名设计师，我请国际知名设计师，哪一个更胜一筹呢？湖南圣得西开始时只不过是个小型的个体服装加工企业，后来一步步壮大，成为了全国有名的服装品牌，它的成功经验就是其决策者懂得运用人才领先的战略领跑赢利模式。他们请来了意大利著名设计师，有了世界一流的设计师，当然就会有一流的品质，一流的品牌。圣得西顺利进入利润区也就成了顺理成章的事情。

案
例
思考：

创业综合词典汇 之

第二模块

经济学词典汇

创业综合词典汇 之 第二模块

经济学

目录 CONTENTS

一、人性与经济学

慈善（charity）

小圈子靠爱心，大世界靠市场。一个有效运作起来的市场，能解决诸多靠补贴、爱心、公益和慈善所无法解决的社会问题、贫穷问题、低素质问题等种种负面社会情况。

稀缺（scarcity）

稀缺并不是绝对的数量多少，是指相对于人们无限多样、不断上升的需求来说，用以满足这些需求的多寡，即有用的资源总是相对不足的。简而言之，长时间的"供不应求"即为"稀缺"，而"稀缺"的最直接表现就是商品或人才的"价格的不断攀升"，部分稀缺内容获得区别对待的结果。

稀缺是经济物品的显著特征之一。经济物品的稀缺并不意味着它是稀少的，而是指它不可以免费得到。要得到这样一种稀缺物品，必须自己生产或用其他经济品来加以交换。经济学最基础的那块石头，不是理性人假设，也不是人性自私的假设，而是稀缺这个基本的事实。

歧视（discrimination）

常规的歧视解释是："歧视：人对人就某个缺陷、缺点、能力、出身以不平等的眼光对待，使之得到不同程度的损失，多带贬义色彩，属于外界因素引发的一种人格扭曲。"

经济学上的歧视属于中性词，代表区别对待。稀缺必然面临选择，选择必然导致区别对待，区别对待就是歧视，我们不应该问要不要歧视，而是应该问如何歧视才好。规模越大的城市歧视越少，竞争越激烈的行业歧视越少。凡歧视必得付出代价。

效率（efficiency）

效率是指在给定投入和技术等条件下、最有效地使用资源以满足设定的愿望和需要的评价方式。通俗来讲，就是最有效地使用社会资源以满足人类的愿望和需要。

人类社会的公平观来自于对社会整体效率的考量，只要社会效率的计算发生长远而显著的变化，社会的公平观念就会随之变化，有效率的才是公平的。

学
习
笔记：

二、 成本与经济学

成本（cost）

一般认为成本是商品经济的价值范畴，是商品价值的组成部分。人们要进行生产经营活动或达到一定的目的，就必须耗费一定的资源，其所费资源的货币表现及其对象化称之为成本。从经济学角度看成本的本质：选项是选项的成本，选项与选项互为成本。

沉没成本是指已发生或承诺、无法回收的成本支出，如因失误造成的不可收回的投资，泛指以往发生的与当前决策无关的费用。从决策的角度看，以往发生的费用只是造成当前状态的个因素，当前决策所要考虑的是未来可能发生的费用及所带来的收益，而不考虑以往发生的费用。可见，沉没成本作为一种历史成本，对当下的决策而言，其实是没有指导意义的。

成本应由最终成品的市场价格决定。最终消费品的供需决定了最终消费品的价格，而这个价格再反过来影响原材料的成本。所以，供需关系决定了商品原材料的成本。

盈利（profit）

盈利在现在词义上基本等同赢利，通常指企业单位的利润、个人或组织获得的利润，是企业、个人或经营性组织的一种能力指标。通俗的讲就是赚到了多少就叫盈利。

一旦出现盈利或亏损，我们就会重新评估资源，使得资源未来使用的成本，在新的评估上进行计算，结果是在下一回合盈利和亏损都会趋向消失、甚至出现下一回合的成本高于收益的情况。因此，在通常情况下，我们无法持续的获取过高的盈利。除非出现了一些意外情况，比如你买了一块不值钱的地但这个地方被规划成商业中心区然后高价回购，又或者你买了一个破旧的木桶后面却发现他是乾隆皇帝用过的洗澡桶。这里说的盈利，不是指正常的利润，而是指那些超额的利润。'

租（rent）

只要能够带来收入的就叫资产，而对资产的付费就叫租。所以，租是对资产的付费。

交易费用与成本（transaction cost）

只要有人群的地方，就有交易费用，比如给人做公证、给人打官司，所有这些活动产生的费用，就称之为交易费用。所以，超过一个人的社会就必然存在交易费用。在会产生相互伤害的事件中，谁避免伤害的成本最低，谁就应该承担最大责任，这样分摊，整个社会为避免意外所要付出的总成本就会达到最小，整体而言，这样最经济。

学
习
笔记：

科斯定律（Coase Theorem）

既然使用权的确定，视不同用途的价值而定，那关于权利争用的问题，就应该以"提高共同的产出，合理分配收益"原则，也就是说，要寻求合作解，不要讲理要讲数。例如，一件事情合乎情理，但会让总利益受损，则不如大家共同努力如何让总利益提升，并寻求更好的分配方式。所以，讲数不讲理，寻求合作解。

三、需求

主观性（subjective）

价值都是由个人评估的、主观的。一个人对一件商品的个人估值，是他为了得到这件商品所愿意支付的其他商品的最高数量。当很多人都共同认可一件商品的价值时，我们通常会认为这是客观价值。事实上，这种价值是基于很多人共同认可的主观价值而形成的惯性。如果是客观存在的，应该不会轻易改变才对。

边际（marginal）

边际就是新增带来的量的变化。通俗来讲，也可以理解为：当你再做多一次某件曾经让你很开心的事情时，这件事情带来的全部开心感。理性的决策，永远要盯住边际值，而不是总值或均值。边际收益等于边际成本，当这两者相等的时候，我们所获得的总效用是最高的。换句话来讲，如果边际收益远大于边际成本，证明我们还没有充分发挥获取收益的效用，有大量可获取的潜在收益还没去拿；如果边际收益开始小于边际成本，则说明这个事情如果再做下去，不单不会有收益，还会亏损，越做越亏。所以，边际平衡带来效益最大化。

需求（demand）

无论何时何地，价格提高，商品的需求量就减少；价格降到一定的程度，需求量就会增加。而需求量和需求并不是同一个概念。

需求量，是描述在其他环境不变的情况下，某商品处于某价格时，市场的需求量是多少；而需求的概念，则是描述整体的需求量变动这个情况，这个函数。在其他条件都不变的情况下，如果只是改变价格，需求量的改变情况是怎样，这个整体的描述就是需求。当然，其他条件改变了，需求也可能改变了，那个时候需求量要重新计算。所以，价格越高，需求量越小。价格上升，需求者可变为供给者，需求和供给之间没有绝对的区别。

学
习
笔记：

弹性（elasticity）

需求对价格的弹性是一个百分比除以百分比的常数，需求弹性是用来衡量特定商品需求量的变化与其价格变化之间的关系。在总需求不变的情况下，一个时间的需求量会受到这个时间段价格的影响。比如，需要某样商品的总人数不变，价格降下来之后，本来3~6个月内绝大部分需求者都会购买，现在1天就搞定了（双11）。随着时间的推移，需求弹性会变得越来越高，替代品越来越多，对策也越来越多，人们的选择也会越来越多。时间越充裕，对策越丰富。

四、价格的作用

不平等（inequality）

现实生活中，人们每天都在患的不是不均，而是寡，他们在乎的是自己的东西还不够多。所以，不患寡而患不均不是真实的人性，真实的人性是担心自己得少了。

知识（knowledge）

各种具体信息的处理永远是分布式、非集中地进行的。每一个环节处理的信息加起来会形成一个巨大的信息，但每一个环节却无法或难以独立形成整个信息，所以，知识在社会中的运用要靠价格机制来协调。简单如一支铅笔，也没有任何一个人知道生产它的全部知识，这些林林总总的知识，总是分散在成千上万的、不同的人头脑中的。

竞争成本（cost）

一旦把竞争规则确定下来，人们就会朝着一个特定的方向努力，这个努力的过程，就会消耗真实的资源、时间、金钱、注意力。所以，凡竞争必有成本。

福利（welfare）

如果你给穷人一瓶牛奶，他就只能得到一瓶牛奶，如果你给穷人钱，他就可以选择鸡蛋、蔬菜、肉类或者其他。所以，给穷人钱比给穷人食物更有帮助。

学
习
笔记：

公共选择（public choice）

如果没有一个稳定的社会秩序，改革就会遇到危险。所以，经济改革果断与沉稳的拿捏不容易。

激励（incentive）

如果富人不能优先享受，人们就不会对价格作反应。先享受的人在激励尚未享受的人做出反应，合适的激励能激发整个市场的发展潜力。激励的本质是：如何分饼决定饼的大小。

竞争（competition）

当每个人都努力去赚钱的时候，他们需要向别人提供愿意付费的服务，这时候因为竞争而产生的无谓损失就会降到最低。所以，价高者得是一种有效的竞争方式，人与人之间用各种方式竞争稀缺资源。

价格（price）

价格不是请客吃饭，价格永远起调节的作用。价格是用来筛选需求的，即便供给不自由，价格依然有意义。价格是无处不在的，抑制价格导致短缺，拔高价格导致过剩，市场上产品短缺和过剩都是价格受到操纵的结果。

每当价格受到人为的干预、过高或过低的时候，会出现价格以外的竞争。如果不能改变价格，就改变代价。价格原来是等价于代价的因素，当价格被控制的时候，代价将以其他形式出现，所以，价格管制会导致资源耗散。

一件商品，不论它是由垄断还是竞争企业提供的，它的定价都应该是市场价，否则就会出现短缺和过剩的现象。市场的生态性会慢慢解决短缺和过剩的现象，干涉市场自由生态反而不利于问题的解决。所以，垄断商品不是反对市场定价的理由。

规模经济（scale of economy）

人口集聚，各种人聚在一起，那么这个城市提供的功能就会越来越多，越来越好。国家把资源集中在相对少数的几个大城市中，让城市能提供顶尖服务，聚集在大城市的人都能享受到更好的资源，从而创造出更好的成果。所以，人口集聚产生规模经济，提高大城市的经济效率。

学
习
笔记：

免费午餐（free lunch）

免费的午餐降低进取性，人的上进积极性可能会受到抑制，容易产生惰性。有偿的午餐和可控的私有化会促进人们的积极性，扩大不同家庭上升的渠道。

五、权利

权利（right）

权利是文明的产物，权利来自于人类的惨痛教训。每当我们经历了惨痛的教训和巨大的错误以后，我们想要避免悲剧再次发生，于是就建立起对权利的约定和安排。权利是随着时间的变化、随着约束条件的变化、随着相关利益者博弈的力量的变化而衍生出来的，而非天赋，因此，是人赋人权而非天赋人权。

经济权利对我们的生活、言论自由、思想自由都起到至关重要的作用，没有经济权利，我们很多权利就会丧失。所以经济权利是人的基本权利，没有经济权利，我们连言论权都可能无法保有和使用。

产权（property right）

产权是经济所有制关系的法律表现形式。它包括财产的所有权、占有权、支配权、使用权、收益权和处置权。简而言之，产权就是基于某个"产"的"权利归属"，产权的本质就是权利，产权和所有权利的概念具备一致性。产权保护，到底是用财产原则还是责任原则，当中很重要的权衡就是看交易费用的高低。

产权是一种通过社会强制而实现的，对某种经济物品的多种用途进行选择的权利。从产权的角度看，你是不是真正拥有某件物品，最有效的试金石就是看你有没有本事把它给卖出去。转让权是产权最重要的表现形式，产权保护的是物理属性而非经济价值，如果A在B家茶馆对面开一家咖啡馆，A把B家的客人都吸引过去了，B家茶馆的经济价值一落千丈，B家茶馆的经济价值不受到保护，但技术进步可以改变产权保护方式。

不可交易性（inalienability）

政府通常倾向于认为某种买卖会引起社会很大的麻烦，一旦让人进行这类买卖，再来收拾买卖之后产生的各种矛盾，成本太高了，干脆一开始就禁止这个买卖。为避免社会麻烦而禁止交易就是不可交易性。

学
习
笔记：

边际收益（marginal utility）

边际可以理解为新增，就像树木成长的时候会在外面加上一圈新的树皮一样。边际收益可以理解为因为新增而带来的额外收益，前提是新增所支付的成本（边际成本）要少于所带来的收益（边际收益），这事情才值得做。不管前面上升的阶段有多长，总有那么一点，从那一点开始，某种要素的边际收益就开始递减，例如再好的酒肉吃到临界点收益就开始下降。所以，边际效益递减定律在世界上普遍适用。

禀赋（endowment）

无论是先天拥有还是后天习得，每个人总会有他自己的禀赋。如果用渔船来比喻人的禀赋，经济学上认为"每个人都有自己的渔船"。当每个人都有机会善用他自己的各种资源、他自己的各种"船"，这个社会就能够获得巨大的财富增长。

成本（cost）

不同的制度、不同的约定，会产生不同的经济和社会后果。例如，当今社会大多是禁止器官买卖的，即便我们普遍认为自己是自己的主人（但是否具有完整产权要看社会如何规定）。禁止的原因诸多，大体是要维护某个规则，以保护某种稳定，降低政府的管理成本。但随着技术的提升，器官交易的难度越来越低，刺激越来越多人参与到这件事情上。因此，禁止器官交易的成本，是随着器官移植技术的成熟而增加。

竞争的成本（the cost of competition）

一伙人准备在离他们一百米的地方抢金子，如果注定只有一个赢家，最好的制度设计就是让具备压倒式能赢优势的那个人跑过去拿，别的人就不要跑了，这样社会的成本会降到最低。

集体所有制（mutual property rights）

集体所有制是指某一个集体拥有某项资产的所有权利。每当这些集体所有的资源要发生买卖的时候，你必须要征得每一个成员的同意，而要达成一致的赞同，成本是非常高的。简单的如公司去哪里旅行的民主决议过程，总有人不满意而导致最后不欢而散的结果；复杂如村集体公共土地使用权之类的问题，到最后地区政府很多还路于民的行为，在某种程度上可视为是为了避免产生更高的成本而采取的保守策略。

学
习
笔记：

全员所有制（common property right）

全员所有制，是指某项资产的权利被法定为所有相关人员或公民都能行使同等权利。当一项资产，人人都可以无限制地使用的时候，其经济价值就会大幅损耗甚至下降为零，如大家都可以无限制地去鱼塘打鱼，鱼就从大鱼变小鱼最后变没鱼。但即便是全员所有制下可能会毁掉的资产，在人们知道这种情况会出现之后，也是会采取措施避免"下降为零"的情况持续出现。

人是会争取利益最大化的动物，这句话的另一种说法是：人是会争取损失最小化的动物，在这样的规律下，人们就会组织起来形成规则，尽量减少"公地悲剧"所造成的损失。而这个规则，也叫共识，是一个公共的约定。可能是潜规则，也可能是明规则。所以，公地并不一定悲剧。

私有制（private property right）

某个个人或有明确权利分配的小集体拥有某项资产的产权。劳工会为私有制业主提供服务，以获取资产权利的分配。而劳工的议价力等于你在别处的机会，你在别处的机会越大，你在原单位工资议价的能力就越强。你在别处的机会，决定你的议价能力。

政府所有制（governmental property right）

目标的多元是政府存在的价值，社会需要由一个德才兼备的人来统一管理资产并分配权利，而政府就是这个管理者的化身。政府所有制下，我们往往无法推测一项资产的使用效率会如何，因为政府的目标是多元的，也就是可能会考虑很多维度的利益，综合衡量以达至最大可能的平衡。

公用品和私用品（public goods and private goods）

私用品就是你用，别人就不能用的商品；而公用品就是一个人用，不影响别人用的商品。我们不能望文生义，以为公用品就是政府提供的，私用品就是私人提供的。公用品和私用品都既可以由政府也可以由私人来提供。有点远见的商人乐于提供公共物品，他们会充分地考虑各种公共空间能给公众带来的好处，也有办法从中收费，得到补偿。

学习笔记：

利益和理由（vested interest and excuse）

人是善于制造理由的，在不同的所有制下面，就会有不同的收益，不同的收益决定了他们说什么样的话，提供什么样的论据，营造什么样的文化，创造出什么样的规则和共识。所以，立场决定观念。

六、时间的价值

易耗品（perishable goods）

世界上所有的物品，都可以简单地划分为两种：一种叫易耗品，一种叫耐用品。易耗品，是一次性就能够把它消费完毕的；耐用品的价值，则需要在一个时间的维度上才能慢慢地散发出来。

耐用品（durable goods）

人们在做重大投资的时候，也恰恰是他们感觉到收入在高速增长的时候，是收入的高速增长让他们觉得未来的日子非常光明，值得做大量的耐用品投资。人在自信的时候，容易大手大脚。对耐用品而言，质量比数量更重要，比如你收入提高了，你会给自己买一辆小轿车，而不是给自己买十辆自行车。

期货（future goods）

通俗而言现货就是现有的资产，可以立刻交易；而期货是一个时期后支付的资产，可以在规定的某个时期交割，但条件通常是在确定期货交易的时候就定下（根据当前市场的预测），而不是按照到期的实际市场价格。

例如，当厂家提供的商品非常稀缺时，他会要求你先下定单，等他拿到你的费用后再生产，而一段时间后再给你交货，这批货就有期货的属性。如果交货的时候时常价格高于你下单时的价格，利益归你，反之如果价格下降，损耗也归你。对于现在和未来的消费，人们总是更多地偏向于现在的消费。人这种没有耐性、不想等待的自然倾向，就产生了现货和期货的区别。

保险（insurance）

保险本意是稳妥可靠保障，后延伸成一种保障机制，例如投保人根据合同约定，向保险人支付保险费用，保险人对于合同约定的可能发生的意外因其发生所造成的财产损失承担赔偿保险金责任。常见的有被保险人死亡、伤残、疾病或者达到合同约定的年龄、期限等条件时承担给付保险金责任的商业保险行为。从某种程度上看，保险是用来规划人生财务的一种工具，是市场经济条件下风险管理的基本手段，是金融体系和社会保障体系的重要组成方式。

购买保险的本质，就是购买"未来收入一致性"，哪怕你遭遇意外，也能通过保险机制保持一定的收入水平。风险厌恶型的人喜欢买保险，保险的核心之一，是人群细分，人群划分越细，风险越接近，被无关的人搭顺风车的情况就越少。所以人群划分得越细，商品化的保险产品就越让人感受到清晰。

回报率（rate of return）

简单的说可以将回报率理解为效益的百分比，投入后产出的比例。人总是趋利避害的，当一项资产的回报率特别高的时候，就会吸引更多人参与竞争，从而降低该项资产的回报率，因此长期而言，该项资产回报率必然趋同于其它资产。从更长久看，所有资产的回报率都趋于相等。

价格（price）的作用

有很多所谓的"秘密"，其实早就不是秘密了，早就有人泄露出来，并体现到资产价格中去了。所以表面上高回报率的事情，获取成本也会水涨船高。资产的价格已经反映了所有可得信息，只要知识是进步的，只要信息是变化的，我们就不可能完全预测人类未来的发展。过去的经验能用于未来，但未来不等于任何一个过去。

利息与利息率（the rate of interest）

利息是资金时间价值的表现形式之一，从其形式上看，是货币所有者因为发出货币资金而从借款者手中获得的报酬；从另一方面看，它是借贷者使用货币资金必须支付的代价，利息是人们对延迟消费、接受不确定性的一种补偿，只要把时间这个因素考虑在内，收入利息就是一种合情合理的行为。利息实质上是利润的一部分，是利润的特殊转化形式。利息率越高意味着人们对未来看得越轻、越没有信心，而未来才能兑现的债券其价值也就越低。利息率决定债券价值，你买了债券以后，市场的利率上升，就意味着你亏钱了。

学
习
笔记：

外部性（externality）

花自己的钱为自己办事效率最高，花别人的钱为别人办事浪费最大。所以，一人做事一人当的社会制度最有效，不同花钱模式带来不同的效果。

现值（present value）

简单的理解，现值就是现在这个资产的价值。资产现值的本质其实是预期的未来收入流的折现和，预期什么时候发生变化，现值就什么时候发生变化，资产现值等于预期未来收入流的折现和。物理由自然规律决定，经济的世界由信息披露程度决定，在期货市场上，对未来价格的预测越准确，就越有机会赚钱，所以人们会孜孜不倦地分析他们手头上的所有信息，做深入的研究，以便更准确地对未来价格做出预测。

七、生产与定价

分工与合作（division of labor and cooperation）

理想的分工是每个人都做自己有比较优势的部分，让整体价值产出最大化。分工的好处有三个：（1）减少工作之间往返的成本；（2）促进熟能生巧；（3）让机器替代成为可能。

善用比较优势原理：不要和别人比，只是自己跟自己比，看看自己有什么样的生产优势，就集中生产哪种商品，这样社会的饼就能做大，所以，分工与合作给人们带来更大财富。

失业（unemployment）

在经济学范畴中，一个人愿意并有能力为获取报酬而工作，但尚未找到工作的情况，即认为是失业。

失业保险和失业补贴：政府补贴什么，什么就会更多；政府向什么征税什么就会减少什么，这是一个普遍的经济规律。因此，政府补贴失业，失业率就会上升。

学习
笔记：

顺差和逆差（trade deficit and trade surplus）

顺差：国际收支平衡表上反映出来的贷方余额，即一国在一定时期内（通常为一年）对外经济往来的收入总额大于支出总额的差额。简单地说，就是卖的（出口）比买（进口）的多。

逆差：在对外贸易中，一定时期内（一般是一年）若一国的进口额大于出口额，称为入超，即贸易逆差，或叫贸易赤字。简单地说，就是买的（进口）比卖（出口）的多。

国家和人一样，不可能长期保持贸易顺差或者逆差，就像人不可能长期只工作不消费，或者只消费不工作。所以，每一个国家都要能够保持收支平衡。

选择（options）

从一群或一组中挑选就是选择，经济学就是学习如何做选择的学问。通过选择达到某个目标，这个选择承担的一定的假设前提，但有时候，这些选择是事与愿违的，所以我们才要去研究它。

有两种排队方案：一是所有人严格按先到先得排队；二是允许一部分人出钱走优先通道。前者看起来是更"公平"，但后者效率更高，且不损害他人。追求绝对的公平反而会降低效益而且可能会创造更大的问题，给人多一个不损害他人的更高效选择，最终对大家都有好处。所以，追求绝对公平不如实行"双轨制"。

医疗保险（health insurance）

医疗保险一般指基本医疗保险，是为了补偿劳动者因疾病风险造成的经济损失而建立的一项社会保险制度。

在中国是通过用人单位与个人缴费，建立医疗保险基金，参保人员患病就诊发生医疗费用后，由医疗保险机构对其给予一定的经济补偿。中国的基本医疗保险制度的建立和实施集聚了单位和社会成员的经济力量，再加上政府的资助，可以使患病的社会成员从社会获得必要的物资帮助，减轻医疗费用负担，防止患病的社会成员"因病致贫"。

事实上，资源总是有限的，当要求每个人都必须享受同等而且免费的待遇的时候，人们所享受到的医疗条件就必然下降。

自由贸易（free trade）

自由贸易是指国家取消对进出口贸易的限制和度碍，取消对本国进出口商品的各种特权和优惠，使商品自由地进出口，在国内外市场上自由竞争。自由贸易的对立面就是贸易保护，实行贸易保护不仅伤害了外国生产者，同时也伤害了本国的消费者；同理，实行贸易报复，在伤害外国生产者的同时，也会伤害本国消费者利益。自由贸易会增加人类社会的财富，但不会让工作机会减少，因为世界资源总是稀缺的，总是需要有人去提供新的劳动。

学习笔记：

供应（supply）

供应即供给所需的财物，亦指满足需要的物资。真正使得产品价格下降的原因，不是高价吓跑了顾客，而是生产能力的提高。生产能力提高体现为供应曲线向右移动，这将使得产品的价格下降。

价格歧视（price discrimination）

价格歧视实质上是一种价格差异，通常指商品或服务的提供者在向不同的接受者提供相同等级、相同质量的商品或服务时，在接受者之间实行不同的销售价格或收费标准。在部分国家或区域，价格歧视是违法的；而绝大部分情况，目前社会舆论对明显的价格歧视是反对的。

价格歧视未必不是好事，它能够帮助生产者尽量地生产、尽量地销售，同时帮助消费者尽量地满足他们的需求，价格歧视可以消除无谓的损失。对于那些不能转售的商品或者服务，商人就会大量进行价格歧视，所以，要实施价格歧视就要防止产品在顾客之间转售。

觅价者（price searcher）

觅价是寻找价格的意思，觅价者通常可以理解为有定价权的人，受价是接受价格的意思。觅价者就是对价格有调控能力，抬高价格不会吓跑所有顾客，降低价格也不会把产品完全卖掉，因此需要寻找使得自己利润最大化的价格水平的垄断者。

企业（firm）

企业一般是指以盈利为目的，运用各种生产要素（土地、劳动力、资本、技术和企业家才能等），向市场提供商品或服务，实行自主经营、自负盈亏、独立核算的法人或其他社会经济组织。

在商品经济范畴内，作为组织单元的多种模式之一，按照一定的组织规律，有机构成的经济实体，一般以营利为目的，以实现投资人、客户、员工、社会大众的利益最大化为使命，通过提供产品或服务换取收入。企业是社会发展的产物，因社会分工的发展而成长壮大。企业是市场经济活动的主要参与者；在社会主义经济体制下，各种企业并存共同构成社会主义市场经济的微观基础。企业存在三类基本组织形式：独资企业、合伙企业和公司，公司制企业是现代企业中最主要的最典型的组织形式。

现代经济学理论认为，企业本质上是"一种资源配置的机制"，其能够实现整个社会经济资源的优化配置，降低整个社会的"交易成本"。

学习笔记：

企业经营（management）

企业经营是指企业在物质生产和商品交换的经济活动中，搞好市场调查与预测，选定产品发展方向，制订长期发展规划，进行科学决策，达到预定的经营目标的过程。

事实上，只要整盘生意能够赚钱，具体哪个环节是免费的，哪个环节是优惠价卖出去的，哪个环节是赚取超额利润的，这都无所谓。我们会看到"免费"的商业模式大行其道，还有共享、租赁、信用免息免押、分期付款等让消费者占尽便宜的方式，所以，企业的盈亏要以通盘核算为准。

企业家精神（entrepreneurship）

企业家精神是指某些人所具有的组织土地、劳动及资本等资源用于生产商品、寻找新的商业机会以及开展新的商业模式的特殊意志和才能。从理论上的发明创造，到这些发明创造转化为真正能够商用得到产品，当中的转化过程也是非常漫长的，必须由有意志和才能的专业人士来完成，发明创造需要大量的投入才能转化为实用商品。

企业合并（merger）

企业合并，是指将两个或者两个以上单独的企业合并形成一个报告主体的交易或事项。企业合并分为同一控制下的企业合并和非同一控制下的企业合并。在一个企业内部，人与人之间不是竞争的，他们是合作关系，这种高度组织化的合作，目的只有一个，就是在别处展开更激烈的竞争，企业合并是为了应对更激烈的市场竞争。

投资（investment）加速器效应

为了满足一些新增的需要而追加的（大额度）投资，这种投资很有可能导致投资过度，而出现效益折损，这种现象叫做"投资加速器效应"。因此，各种各样看上去不够灵活、不够市场化的办法，其实是人用来抵消"投资加速器效应"的结果，而不是市场失灵。也就是说，大家不做追加投资不是因为犯傻，而是因为他们认为后面并不需要那么大的投资支撑，尤其是耐用品的投资。所以，增加库存、资产空置不是市场失灵，有些餐厅宁愿让客人排队也不急着扩张店面。

完全竞争（perfect competition）

完全竞争又称纯粹竞争，是一种不受任何阻碍和干扰的市场结构，指那些不存在足以影响价格的企业或消费者的市场。在完全竞争状态下，所有的商家都以同样的价格提供完全同样的产品和服务，而这样的市场并不值得追求。

学
习
笔记：

八、信任

信任（trust）

人与人之间本来是不存在互信的，人的脑子跟脑子之间是没有办法连接的，高品质的产品要跟低品质的产品区分开来，把自己彰显出来，需要很大的成本。所以，人际互信并不天然存在。

克服信息不对称的问题，重复交易是一个好办法，骗你一次、骗你两次，总不会骗你第三次，人们知道会重逢，就会减少欺骗。信任起源于重逢，熟人社会里信息不对称的程度低。

要建立信任不能仅仅靠那些可见的法律制度。契约条文，也要靠社会舆论和每个人内心的道德力量。所以，建立信任要靠制度，也要靠道德力量。

喝酒也是获取信任的办法之一，大量喝酒虽然是一种自残行为，但当一个人没有其他办法取信于陌生人的时候，就会通过大量喝酒发出这样的信号：为了和你交往、获得你的信任，连喝酒自残这样的沉没成本我就愿意付出，我是值得你交往和信任的。

信息不对称（asymmetric information）

在市场交易中，做出示弱姿态的商家，其实是强者，他们有更多机会欺负消费者，所以要做出示弱姿态，从而取信消费者。信息不对称程度决定公司融资与管理结构，很难看懂的行业只能吸引少数股东，这些股东一旦进来往往也参与经营和研发，这时候谁能够在边际上更妥善地解决信息不对称的问题，对产品的发展至关重要。

优质（high quality）

同一批产品当中，一件产品的质量，跟另外一件产品质量之间的差距越小越好，这是我们追求的一种优良品质，品质稳定就是优质。

质量（quality）

品质检验需要成本，实行产品三包，当产品出现质量问题的时候，再进行退换，等于由消费者做产品质检员。这样做可降低质检成本，对厂商和消费者都有利。品质三包可以替代品质检验，专业程度越高、信息不对称越严重的行业，产品生产的质检和监督成本越高，这时候只有通过垂直整合，才能更好地保障产品品质。因此在这些领域，产业的集中度往往会更高，所以，垂直整合保证产品质量。

学习笔记：

自由（freedom）

在劳资关系中，有些合约会对出资方或劳动者做出特定约束，减少其自由度。表面上看这不公正，但这恰恰只有这样的合同才能保障双方权益。让人们可以自由缔结这样的合同，比表面上的自由更重要。

定价（pricing）

是产品的最终需求、具体的情景决定了产品的售价，从而倒过来再决定产品生产要素的成本，因此，要确定一件产品的原价可能是一个伪问题，追问原价可能徒劳无功。

合同（contract）

在法律经济学者看来，一项合同就是一个承诺，一个承诺就好像一个产权一样，是一份资源，而违约就是对这项资源的侵害。所以，合同与承诺也是一种经济资源。

在任何一个合同关系当中，做出承诺的一方必须有所得；接受承诺的一方必须有所施，他必须付出一点什么，这样的话合同才算有效。所以，合同必须有约因或对价。

在履行合同过程中，如果稍有差池就要推翻重来的话，那么社会成本就会非常大。所以，具体履行合同的一切原定细节可能产生很大的社会成本。

婚姻（marriage）

婚姻泛指男女之间的结合、一方到另一方家落户成亲，形成人际间亲属关系的社会结合或法律约束。根据观念和文化不同，通常以一种亲密或性的表现形式被承认，以婚礼的方式来宣告成立。结婚的原因很多，如法律、社会、情感、经济、精神和信仰的需要。通常，婚姻是组成家庭的基础和根据，双方家长称"亲家"或"姻亲"。

婚姻很奇特，由于男女双方的责任、权利和义务太复杂了，所以他们签订的婚约只有一张纸那么简单，里面几乎没有任何其他条款。他们采用了社会习俗、社会舆论、双方的生活习惯来确定婚约的条款和履约。然而，婚姻既有情感的一面，也有商业的一面，婚姻法建立在商业合同的原则之上，婚姻具有合约和经济性质。

汉德公式（Learned Hand Formular）

在美利坚合众国政府诉卡罗尔拖轮公司一案中，法官汉德（Learned Hand）提出了著名的汉德公式：$B<PL$；B：预防事故的成本；L：一旦发生所造成的实际损失；P：事故发生的概率；PL：（事先来看）事故的预先损失。即只有在潜在的致害者预防未来事故的成本小于预期事故的可能性乘预期事故损失时，他才负过失侵权责任。在意外发生当中的任何一方当事人，只要避免意外发生的成本低于意外造成的损失，他就负有责任，他就要为避免意外采取适当的措施。

监管（regulation）

通过监管发现违规等问题，监管可以由制订规则者进行，也可以委托第三方进行。哪种监管会更有效呢？垄断性的、独此一家的监管机构，很难完成在信息高度复杂的社会里面，为广大消费者做出正确决定的任务。只有让监管机构之间也形成竞争态势，才是解决问题的思路。如果由制订者直接监管，那就是唯一机构，没有了竞争就会形成各种问题（比如权力寻租、监守自盗、内部交易、潜规则等），所以，监管机构也要有竞争机制。

责任（responsibility）

对责任的理解通常可以分为两个意义。一是指社会道德上、个体份内应做的事，如职责、尽责任、岗位责任等；二是指对没有做好自己工作应承担的不利后果或强制性义务。

生活中有很多不确定的事情，也会遇到不靠谱的人，只有让自己承担更多责任，才能让局面变被动为主动，让局面更可控。所以，我们要承担更多责任，让局面更加可控。我们也要保持边际收益和边际成本之间的平衡，任何事情都得有一个度，过分的安全和过大的责任也会带来事与愿违的结果。

规则（rule）

规则一般指由群众共同制订、公认或由代表人统一制订并通过的，由群体里的所有成员一起遵守的条例和章程。通常存在三种形式：明规则、潜规则、元规则。泛指各类运行、运作规律所遵循的法则、规矩。

对于有创造性的工作、可以通过自己的主观能动性创造价值的工作，人在规则越少的公司里面会越卖力；但创造性弱、员工主观能动性不强、人员流动性比较大的工作，只有规则多了才能更容易地保证产品整体的质量。

规则少能鼓励创新，规则多能保障品质。

学习
笔记：

九、老板经济学

激励（incentive）

管理学上认为，激励就是组织通过设计适当的外部奖酬形式和工作环境，以一定的行为规范和惩罚性措施，借助信息沟通，来激发、引导、保持和规范组织成员的行为，有效地实现组织及其个人目标的过程。

在企业里面，有些资源和劳力的支付容易衡量、观察，有些则难以衡量和观察。对于难以衡量其付出的资源和劳动力，则让他们当老板，让他们拿企业的剩余。这样更符合经济效益。剩余索取权能够激励难以监督的合作者，普通职员与企业老板不同的收入分配模式。

团队（team work）

管理学上认为，团队（Team）是由基层和管理层人员组成的一个共同体，它合理利用每一个成员的知识和技能协同工作，解决问题，达到共同的目标。

有一组资源，把它们凑在一块，它们能够带来的效用、带来的满足，比这一组资源、每一个成员单独所能带来的效益加起来还要大，那就是一个团队。团队的存在符合经济效益。

企业存在是因为团队效应，一个交响乐团成员一起演出比每个成员轮番上场表演效果好。

议价能力（bargaining power）

议价能力就是你对某个事物的成交价格的影响力。一个人在别处的机会已经用尽了，在当前的企业里面，他的收入已经是在众多选择里面最高的了，那么他就没有什么议价能力可言了，他只能老老实实地待在这个企业里面工作了。员工的议价能力取决于他在别处的机会，如果你已经在行业第一的企业里工作，那么不是想着找外面的机会，而是努力让自己变成专用资源。

资产（assets）

资产是指由企业过去经营交易或各项事项形成的，由企业拥有或控制的，预期会给企业带来经济利益的资源。资产指任何公司、机构和个人拥有的任何具有商业或交换价值的东西。资产的分类很多，如流动资产、固定资产、有形资产、无形资产、不动产等。

只有在特定的平台和企业中才能发挥更大作用的资源，被企业家称作专用资源。这些资源一旦离开特定的平台和企业，价值就会大降，因此他们更加在乎企业成败。

学习笔记：

罢工（strike）

罢工的行动，简称为罢工（Strikes），是工人为了表示抗议，而集体拒绝工作的行为。在以集体劳动为重的工作行业，如工厂、煤矿等，罢工往往能够迅速得到雇主、政府和公众的注意，从而工人所提出的要求就更可能获得保证。在西方国家，罢工在19世纪末期和20世纪初、工业革命发生期间产生了关键的作用，成功地迫使了政府修改政策、甚至倒台。

罢工是有经济后果的，他确实能够使得部分已经进入工会或者拿到执业许可的人增加收入，但同时它会使得其他的人，包括老板、投资者、消费者和没有得到雇佣的人蒙受损失。罢工的人不仅自己罢工，还要通过暴力的方式阻止别人替代自己，罢工会导致局部收益的增加和全局收益的损失。

劳动力（labor）

劳动力有广义和狭义之分。广义上的劳动力指全部人口，狭义上的劳动力则指具有劳动能力的人口（所能创造的价值）。企业的经营是一个"猜想与反驳"的过程，运气好的时候赚钱，不好就亏钱，企业主赚到的钱最后都得分出去，回报各种生产要素，没有多余的钱，所以，劳动力工资由市场决定，企业的每一分利润都会被归功于贡献者。

收入差距（income inequality）

收入差距是指以高低收入水平差别或占有收入比重的不同而表示的差距，它是与收入均等相对应的概念，只有终身收入这个维度才是更好的衡量人们收入差距的指标。不同的年龄、职业、生命预期、人力资本投资、运气，都会影响人和人之间收入的差距，所以刹那间的收入差距是不准确的。

不能以刹那间收入衡量终身财富，你看到的今天收入中上等水平的人群在10多年前，他们可能都是穷人。

同工同酬（equal work equal pay law）

同工同酬是指用人单位对于技术和劳动熟练程度相同的劳动者在从事同种工作时，不分性别、年龄、民族、区域等差别，只要提供相同的劳动量，就获得相同的劳动报酬。同工同酬体现着两个价值取向：确保贯彻按劳分配这个大原则，即付出了同等的劳动应得到同等的劳动报酬。同工同酬实际上就是劳动无差别原则。

弱者跟强者竞争最强有力的武器就是要一个合理的价格，而同工同酬法，很可能剥夺了弱者手上这把最强有力的武器。结果是事与愿违，让这些弱者连工作机会都失去了。如果男工和女工工钱都必须是80，通常没有人会用女工。

学习
笔记：

最低工资（minimum wage law）

最低工资，指劳动者在法定工作时间提供了正常劳动的前提下，其雇主或用人单位支付的最低金额的劳动报酬。但是，让穷人真正脱贫致富，最重要的不是直接给他们一份收入比较高的工作，也不是给他们一点补贴，而是让他们学会自立、自律和自强。虽然这需要一个过程，也很复杂，但这才是彻底解决这个问题的方法。

财富（wealth）

"财"指"储备金"、"金融积蓄"、"银行存款"；"富"指"家屋充实。""财"与"富"联合起来表示"吃、用的东西多，还有多余的金钱。"所有有价值（经济价值）的东西都能称之为财富，包括自然财富、物质财富、精神财富等。哪怕是穷人，只要社会在进步，只要整个社会的饼在做大，他们所得到的物质享受都比过去的一个中等家庭的人所获得的要更多。可以说，今天的穷人是历史上最富裕的穷人。

公司（corporation）

公司是依照公司法在中国境内设立的有限责任公司和股份有限公司，是以营利为目的的企业法人，它是适应市场经济社会化大生产的需要而形成的一种企业组织形式。

法人是具有民事权利能力和民事行为能力，依法独立享有民事权利和承担民事义务的组织。而法人，也可以说是公司的拟人化说法，把公司在法律意义上定义成一个叫做"法人"的人，行使对应权利和承担相应责任。法人不是人而是公司本身，法定代表人才是人。例如你要状告一个企业，企业法人就是你的诉讼对象，而法定代表人（或由法定代表人指定的法人代表）会代表法人（公司）出来应诉。

有了法人以后，投资者就可以躲到法人的背后，免于直接承担全数因为公司做错了事情而产生的责任。由于每位股东只需要承担有限的责任，这大大降低了成本和风险，公司就敢于追求更加远大的事业，符合经济效益和整体利益。所以，股份责任有限公司的兴起让公司可以追求非常远大的事业。

有限责任制是一项伟大的发明，但这个原则并不绝对。在一些特定情形下——比如一些个人为了转嫁风险而特意成立没有能力履行责任的公司，则应该由相关个人而不是法人承担最大责任。适当的区分是法人还是人的责任，以免让某些应该由人承担的责任由有限责任公司承担，从而大幅降低责任风险，而导致"做坏事"的成本大幅下降。

一家公司的价值取决于它赚钱、盈利的能力，而不取决于它融资的方式到底是股权还是债权，所以，公司价值与融资方式无关。一个公司，如果完全没有债权，利润将全由股东享受；如果有债权，利润就要先用作还债，这时候股票的相对价值就会更低。

学
习
笔记：

公司治理（corporate governance）

公司治理，从广义的角度理解，是研究企业权力安排的一门科学。从狭义的角度理解，是居于企业所有权层次，研究如何授权给职业经理人并针对职业经理人履行职务行为行使监管职能的科学。

经营者（职业经理人）所要追求的东西，跟所有者（老板）想要追求的东西存在着相当大的差距，这样的差距尤其会体现在一些会关乎公司未来的重大决策上。股份有限责任公司存在经营权和所有权分离的问题，企业经理有时候会得过且过，而有时候会拿股东的钱来冒险。

那些企业的所有者请了专业团队来管理公司日常的运作。你既然请了人家来，你就要信人家，别给人家添加不必要的障碍，要大胆地让人家放手干。如果你样样都过问，时刻都要人家汇报经营的业绩，那他们就没法做长远的规划。

收购（acquisition）

收购是指一个公司通过产权交易取得其他公司一定程度的控制权，以实现一定经济目标的经济行为。

公司之间的收购是解决一个老问题，经营权和管理权分离问题一个非常有力的、有效的办法。只有这样来理解公司之间的并购/收购才是合理的，公司之间的并购/收购才有意义。

敌意收购（hostile takeover）

敌意收购又称恶意收购，是指收购公司在未经目标公司董事会允许，不管对方是否同意的情况下，所进行的收购活动。恶意收购其实不是对整个公司存在恶意的，也许只是对股东、原董事会等利益方存在恶意，但没人规定被恶意收购后的公司会变得更差，历史上被恶意收购的公司在收购后更加强大、员工薪水变得更高、公司效益变得更好的并不少见。

制度（institution）

制度一般指要求大家共同遵守的办事规程或行动准则，也指在一定历史条件下形成的法令、礼俗等规范或一定的规格。在不同的行业不同的部门不同的岗位都有其具体的做事准则，目的都是使各项工作按计划按要求达到预计目标，达到更优质的结果。

如果没有奇思妙想、精心构造的制度安排，许多思想的火花只会一闪而过，许多财富资本也只会被挥霍殆尽。要把它们凑起来，把思想和资本结合起来，做出伟大的发明创造，背后是制度、法律和想法。

学习笔记：

职业经理人的责任（responsibility）

职业经理人唯一要遵守的职业规则，就是从事那些能够增加收益，而且是在没有阴谋诡计、没有欺诈、公开的、合法的情况下，追求最大利益的行为。

职业经理人到底应该更加关注企业的利益还是社会的利益，在不同的国家、不同的社会环境有不同的说法。

十、 竞争

法律判断（judicial judgment）

就某一件事情在法律的角度来看应该怎么理解，也包括释法权之类的事情，基于法律给出的最终判断。不同的判决思路和传统，会形成不同的营商环境，进而对企业界有不同的吸引力。

某些地区的法律判断会决定这个地区的经济发展，例如不同的区域对反垄断的理解不一样，对恶意竞争的理解不一样，他们的法律干涉的程度和范围不一样，严重影响甚至决定了该地区的经济发展。

反垄断法（antitrust law）

垄断作为经济学术语，一般分为卖方垄断和买方垄断。卖方垄断指唯一的卖者在一个或多个市场，通过一个或多个阶段，面对竞争性的消费者；买者垄断则刚刚相反。理论推断垄断者在市场上，可以根据自己的利益需求，调节价格与产量，但至今为止没有确切案例提供支持。

反垄断法则是为了预防和制止垄断行为，被认为是保护了市场公平竞争，提高经济运行效率，维护消费者利益和社会公共利益，促进市场经济健康发展的法律。但是，有经济学家分析过，一种行为是否有罪，判定重点不应该在证据，而在于判决的理论和视角。也就是说，是否存在垄断，看你从哪个角度来切入和理解。

市场（market）

市场是由那些具有特定的需要或欲望，而且愿意并能够通过交换来满足这种需要或欲望的人群构成。广义上的市场是指为了买和卖某些商品而与其他厂商或个人相联系的一群厂商和个人。寻找正确的相关市场是一种徒劳无功的游戏，它通常是你定了要什么样的结果才有什么样的论据，我们要尽量避免使用这种方法。

网络效应（network effect）

网络效应也称网络外部性或需求方规模经济、需求方的范围经济（与生产方面的规模经济相对应），是指产品价值随购买这种产品及其兼容产品的消费者的数量增加而增加。在互联网、传媒、航空运输、金融等行业普遍存在网络效应，随着用户数量的增加，这种不利于规模经济的情况将不断得到改善，所有用户都可能从网络规模的扩大中获得了更大的价值。此时，网络的价值呈几何级数增长。这种情况，即某种产品对一名用户的价值取决于使用该产品的其他用户的数量，在经济学中称为网络外部性或称网络效应。有些产品，用户越多，使用价值越大，这就是具有网络效应的产品。

创业综合词典汇 之

第三模块

团队建设词典汇

目录 CONTENTS

团队建设

团队建设

一、团队概述

1、关于团队

团队是由两个或两上以上相互依赖、承诺共同的规则、具有共同愿景、愿意为共同的目标而努力的、技能互补的成员组成的群体，通过相互的沟通、信任、合作和承担责任，产生群体的协作效应，从而获得比个体成员绩效总和大得多的团队绩效。

2、团队产生的背景原因

（1）企业外部竞争加剧

（2）对管理的差异化需求

（3）工作生活质量运动的结果

（4）其他原因，如增加生产力、改进品质、降低成本、降低人事流动和旷工率、减少纷争、促进革新、增加组织的适应能力和弹性等。

3、团队的五个构成要素

（1）目标（Purpose）

（2）人（People）

（3）团队的定位（Place）

（4）权限（Power）

（5）计划（Plan）

团队组建案例自述：

4、团队的特征

（1）团队成员相互依赖程度比较高，每个人的工作都和其他成员的工作密切相关。

（2）成员具有强烈的归属感和责任感

（3）团队成员为了达到目标而充分发挥自己的积极性与主动性

（4）团队成员之间具有充分的沟通和信任感

（5）团队支持成员个人的发展，同时成员也会将自己的发展融入团队的事业。

（6）团队成员之间可能存在积极的或消极的冲突

（7）团队成员有机会参与到团队的决策之中

（8）团队是有效的学习型群体

项目团队特征描述：

二、团队发展阶段

1、塔克曼团队发展阶段模型

（1）塔克曼团队发展阶段模型是组织行为学的一种，研究一定组织中的人的行为规律。

（2）可以用来辨识团队构建与发展的关键性因素

（3）对团队的历史发展阶段给予解释

2、团队发展的五个阶段与特点

（1）成立阶段：成员能力低，对管理者权威依赖。

（2）震荡阶段：期望与现实差距大，成员士气低。

（3）稳定阶段：团队冲突和派系出现

（4）高产阶段：管理者自满情绪蔓延

（5）调整阶段：团队缺乏共同的目标

团队问题检索与对策：

三、团队角色

1、团队八种角色与特点

（1）实干者：有责任感、高效率、守纪律，但比较保守。

（2）协调者：冷静、自信、有控制力。

（3）推进者：具有挑战性、好交际、富有激情。

（4）创新者：有创造力，不拘小节，难守规则。

（5）信息者：外向、热情、好奇、善于交际。

（6）监督者：冷静、不易激动、谨慎、精确判断。

（7）凝聚者：合作性强，性情温和，敏感。

（8）完善者：埋头苦干、守秩序、尽职尽责，易焦虑。

团队角色评估：

四、团队精神

1、关于团队精神

团队精神是指团队整体的价值观、信念和奋斗意识，它是团队成员们为了团队的利益和目标而相互协作，尽力完成的思想意识。

2、团队精神的内容

(1) 团队的凝聚力

(2) 团队成员的合作意识

(3) 团队成员的高昂士气

3、团队精神的培育

(1) 确立团队目标

(2) 建立团队价值观

(3) 建立规范的管理制度和激励机制

(4) 营造相互信任的团队氛围

团队精神提炼：

五、团队拓展

1、团队拓展的来源

拓展训练起源于第二次世界大战期间，1995年以"拓展训练"命名的体验式教育模式整合改造后进入中国。

2、团队拓展的意义

（1）增强应对困境的毅力

（2）建立合作共赢的意识

（3）提高成员的综合素质

团队拓展案例自述：

六、团队沟通

1、关于团队沟通

团队沟通即团队成员之间、团队成员与团队之间，以及团队间的思想与感情传递和反馈的过程。

2、团队沟通的类型

（1）按沟通的方向分，垂直沟通与水平沟通。

（2）按沟通的渠道分，正式沟通与非正式沟通。

（3）按沟通的方式分，书面沟通、口头沟通及非语言沟通。

3、团队沟通的影响因素

（1）团队规模

（2）团队规范

（3）团队成熟度及默契度

（4）团队文化

（5）沟通渠道

（6）个体因素

团队沟通案例自述：

4、团队沟通的决策和技巧

（1）明确角色与换位思考

（2）沟通方法因对象而异

（3）积极倾听

（4）清楚、适宜的语言表达

（5）善用反馈技术

（6）恰当地使用非语言沟通

（7）选择适当的沟通气氛和时机

团队沟通决策和技巧案例自述：

七、团队冲突

1、关于团队冲突

团队冲突指的是两个或两个以上的团队在目标、利益、认识等方面互不相容或互相排斥，从而产生心理或行为上的矛盾，导致抵触、争执或攻击事件。

2、冲突理论的发展

（1）第一阶段：传统观点

（2）第二阶段：人际关系观点

（3）第三阶段：互动观点

3、冲突的分类

（1）按冲突的性质分类，可以分为：建设性冲突和破坏性冲突

（2）按冲突所处层次分类，可以分为：角色冲突、团队冲突、关系冲突、任务冲突、过程冲突

4、团队冲突的处理方法

（1）破坏性冲突的处理方法：直面冲突；回避；沟通；强迫。

（2）建设性冲突的处理方法：培训；鼓励；人事调整；适当拖延时间，让冲突更加明朗化。

团队冲突案例自述：

八、团队激励

1、激励的含义

激励就是激发鼓励人的行为动机，使人作出努力行为，从而有效完成预定目标的过程。

2、激励的作用

（1）激励是实现组织目标的需要

（2）激励是充分发挥各种要素效用的需要

（3）激励可以提高员工的工作绩效和业绩

（4）激励有利于员工素质的提高

（5）减轻甚至消除紧张感

3、激励的原则

（1）基于团队成员个体的激励模式

● 因人而异原则

● 奖惩适度原则

● 公平合理原则

● 奖励积极行为

（2）基于团队整体的激励

● 愿景目标激励

● 精神文化激励

● 绩效管理激励

● 集体荣誉激励

4、激励理论简介及应用

（1）内容型激励理论

（2）过程型激励理论

（3）行为改造型激励理论

5、团队激励的方法

（1）物质激励

（2）精神激励

团队激励案例自述：

九、团队领导

1、领导的含义

领导是指在一定的社会组织和群体内，某些特定主体通过运用其法定权力和自身影响力影响其他成员并将其导向组织目标的行为过程。

2、领导与管理的关系

（1）领导侧重于宏观与未来，管理侧重于微观与现在。

（2）领导侧重于"人"的工作，管理侧重于"事"的工作。

（3）领导强调激励、授权和教练，管理强调指挥、控制和监督。

3、领导者的职能和素质

（1）领导者的职能：创立并传递变革意愿；激励员工；加工传递信息；业绩辅导；管理决策。

（2）领导者人格素质素养：心态素质修养；情商素质修养；毅力素质修养。

团队领导案例自述：

十、团队会议

1、会议三阶段

（1）会前准备阶段

（2）会中召开阶段

（3）会后追踪阶段

2、科学的团队会议法

（1）凡是可开可不开的会议，一般不开。

（2）明确会议的主题和要解决的问题

（3）控制会议的规模和人数

（4）会议时间不要过长

（5）明确会后责任，切实组织实施。

团队会议案例自述：

十一、团队学习

1、关于团队学习

团队学习是指通过成员之间的相互学习、互相交流、互相启发而将个体知识社会化或外化为团队或组织的知识，以达到提高成员合作能力和目标实现能力的过程。

2、团队学习的重要性和团队学习机制的构建

（1）团队学习的重要性：学习是团队的一项基本职能；团队学习为全面提升竞争力提供了良好途径；团队学习是知识经济时代的必然要求。

（2）团队学习机制的构建：营造良好的组织文化氛围；创建团队共同的愿景；建立团队学习的激励机制；建立完善的知识传播机制；构建完善的信息反馈机制和学习评估机制。

团队学习案例自述：

创业综合词典汇 **之**

第四模块

市场营销词典汇

目录 CONTENTS

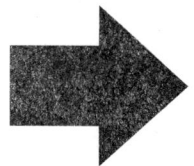

目录 CONTENTS

创业综合词典汇 之 第四模块

市场营销

第一部分　认识市场与市场营销

一、市场与市场营销

1、关于市场

美国营销大师菲利普·科特勒提出著明的市场三要素理论：市场是由那些具有特定的需要或欲望，而且愿意并且能够（即有货币支付能力的），通过交换来满足这种需求或欲望的全部潜在顾客所构成。

即，市场 = 人口 + 购买力 + 购买欲望

2、关于市场营销

（1）市场营销的含义

市场营销学产生和发展于美国。市场营销学作为一门学科，是研究以满足市场需求为中心的企业市场营销活动及其规律的科学，它是建立在经济科学、行为科学、现代管理理论基础之上的综合性应用科学。

（2）市场营销的核心概念

科特勒的市场营销概念包含了：需要、欲望和需求；产品、服务与体验；价值，交换、交易与关系；市场营销者和潜在客户。

二、市场营销观念

1、营销观念比较

（1）生产观念

生产观念产生于工业革命初期，它的基本假设是顾客总是喜欢那些随处买得到和买得起的产品。著名口号是"我生产什么，消费者就买什么。"如中国企业的"以产定销"。

（2）产品观念

产品观念是一种企业经营观念，它认为企业的主要任务就是提高产品质量。只要产品好，不怕卖不了；只要有特色产品，自然会顾客盈门。产品观念认为，消费者最喜欢高质量、多功能和具有某种特色的产品，企业应致力于生产高值产品，并不断加以改进。它产生于市场产品供不应求的"卖方市场"形势下，最容易滋生产品观念的场合，莫过于当企业发明一项新产品时。此时，企业最容易导致"市场营销近视"，即不适当地把注意力放在产品上，而不是放在市场需要上，往往造成虽然产品质量优良，但是产品单一，款式老旧，包装和宣传缺乏，在市场营销管理中缺乏远见，只看到自己的产品质量好，看不到市场需求在变化，致使企业经营陷入困境。

（3）推销观念

推销观念是指以推销现有产品为中心的企业经营思想。推销观念认为，消费者通常表现出一种购买惰性或抗拒心理，如果听其自然的话，消费者一般不会足量购买某一企业的产品，因此，企业必须积极推销和大力促销，以刺激消费者大量购买本企业产品。

推销观念在现代市场经济条件下被大量用于推销那些非渴求物品，即购买者一般不会主动想到要去购买的产品或服务。这些行业善于使用各种技巧来寻找潜在客户，并采用高压方式说服他们接受其产品。许多企业在产品过剩时，也常常奉行推销观念，它们的短期目标是销售其能生产的产品，而不是生产能出售的新产品。

（4）市场营销观念

市场营销观念的基本思想是以顾客为中心，以需求为导向，发现顾客需求，满足顾客需求，顾客永远是对的。

（5）社会营销观念

社会营销观念是企业提供产品或服务，要从消费者需要和企业自身的条件出发，既满足消费者的需要和欲望，又符合消费者利益、企业自身利益和社会长远利益，并以此作为企业的经营目标和责任。社会营销观念要考虑消费者和整个社会的长远利益，社会营销观念由生产观念、推销观念、市场营销观念、社会营销观念、大市场营销观念、全球营销观念的演变、推进和变革而成。

新旧营销观念比较

营销观念		重　点	方　法	目　标
旧观念	生产观念	产　品	提高生产效率	通过扩大销售量，增加利润。
	产品观念	产　品	提高产品质量	
	推销观念	产　品	加强推销	
新观念	市场营销观　念	市场需求	整体推销	通过满足消费者需要而获利。
		企业利益		
	社会营销观　念	市场需求	整体推销	通过满足消费者需要，增进社会福利而获利。
		企业利益		
		社会利益		

2、营销观念新发展

市场营销观念随着时代的发展而发展，与传统营销观念相比，相对比较新的营销观念有：创造需求营销观念、关系市场营销观念、绿色营销观念、文化营销观念、整体营销观念、顾客让渡价值观念等。

三、企业营销战略计划

1、企业营销战略计划

企业的营销战略计划是企业市场营销管理思想的综合体现，又是企业市场营销决策的基础。制订和选择最佳的市场营销组合，是战略计划的核心内容。企业在制订市场营销战略的过程中，4P到底怎样相互配合，才能达到最佳化？必须服从于公司的营销战略。

2、企业营销战略计划实施要点

（1）识别环境的发展趋势

（2）识别各种机会

（3）树立市场需求观念，把眼光放在广阔的市场上以适应市场变化。

（4）充分利用现有资源

（5）避免和声誉较高的名牌商品展开正面竞争

（6）加强企业商品在市场上的地位，增加商品的竞争能力。

（7）品牌引申。将成功商品的品牌用于新的优质商品，使顾客对新商品有良好的印象。

（8）明确规定企业发展的方向

学
习
笔记：

第二部分 市场营销环境

一、市场营销环境

1、关于市场营销环境

市场营销环境是指影响企业市场营销活动的所有外部力量与相关因素的总和，它是企业开展市场营销活动的根本依据，影响着企业的生存和发展。

根据市场营销环境对企业市场营销活动施加影响的方式和程度，可以将市场营销环境分为微观市场营销环境和宏观市场营销环境两大类。

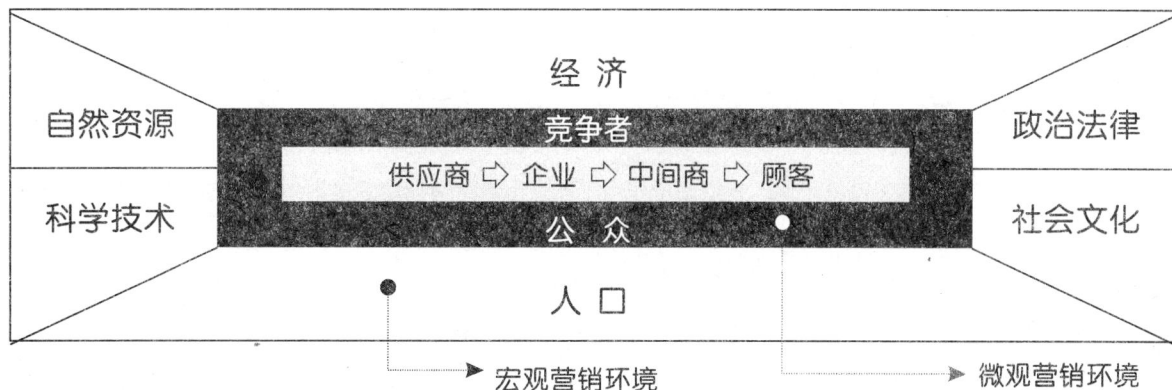

	经　济	
自然资源	竞争者 供应商 ⇨ 企业 ⇨ 中间商 ⇨ 顾客 公　众	政治法律
科学技术		社会文化
	人　口	

⤷ 宏观营销环境　　　⤷ 微观营销环境

2、市场营销环境特征

（1）客观性

企业无法摆脱和控制市场营销环境，特别是宏观市场营销环境，企业难以按自身的要求和意愿随意改变它。

（2）差异性

市场营销环境的差异性体现在两方面：一是不同的企业受到不同环境的影响；二是同一种环境对不同企业的影响也不尽相同。

（3）动态性

任何环境因素都不是静止不动、一成不变的，相反，它们始终处于变动，甚至是急剧的变动中。

（4）相关性

营销环境的各种因素是相互影响、互相制约的，某一环境因素的变化，会引起其他环境因素的相应变化，由此形成新的市场营销环境。

二、微观市场营销环境

1、微观市场营销环境

微观市场营销环境又称为直接营销环境，是指与企业紧密相连，对企业市场营销活动产生直接影响但同时又受企业市场营销活动反作用的各种力量与因素。

2、微观市场营销环境构成

企业的微观市场营销环境包括企业内部环境、供应商、营销中介、竞争者、目标顾客和各类公众，它们与企业关系密切，有着协作、服务、竞争与监督的关系，对企业市场营销活动产生直接的影响。

三、宏观市场营销环境

1、关于宏观市场营销环境

宏观市场营销环境又称为间接营销环境，是指通过作用于微观市场营销环境间接影响企业市场营销活动的各种社会力量。

2、宏观市场营销环境构成

宏观市场营销环境主要包括人口环境、经济环境、自然环境、技术环境、政治法律环境和社会文化环境等。

学习笔记：

四、营销环境SWOT分析

1、SWOT分析法

（1）SWOT分析法的含义

营销环境分析常用的方法为SWOT分析法，SWOT是：Strengths-优势、Weaknesses-弱势、Opportunities-机会、Threats-威胁四个英文单词的第一个字母的组合。通过SWOT分析，可以结合环境对企业的内部能力和素质进行分析，帮助企业把资源和行动聚集在自己的强项和有最多机会的地方，同时找出企业的优势劣势，使企业在营销活动中扬长避短；又能发现企业面临的机会和威胁，使企业在营销活动中趋利避害，从而将企业战略与企业内部资源、外部环境有机结合起来。

（2）SWOT分析法的主要变量

企业的优势和劣势：实质上就是企业内部经营条件分析，或称企业实力分析。环境机会和威胁：实质上就是对企业外部环境因素变化的分析。

2、SWOT分析的主要步骤

（1）分析环境因素

（2）构造SWOT矩阵

（3）制订营销战略

第三部分　信息系统与市场调研

一、市场营销信息系统

1、市场营销信息

市场营销信息是一种特定信息，是企业所处的宏观环境和微观环境的各种要素的特征及发展变化的客观反映，是反映市场各种要素的实际状况、特征、相关关系的资料、数据、情报等的统称。

2、市场营销信息系统特征

（1）时效性强；（2）更新快；（3）双向性；（4）针对性

二、市场调研

1、市场调研定义、内容、作用

市场调研是市场调查与市场研究的统称，是指个人或组织根据特定的决策问题，运用科学的方法，有目的地、有系统地搜集、记录、整理、分析及研究市场各类信息资料，了解市场现状和发展趋势，为市场预测和营销决策提供正确依据的信息管理活动。

（1）宏观市场调研的内容

● 社会购买总量及其影响因素

● 社会购买力投向及其影响因素

● 消费者人口状况

● 市场商品供给来源及其影响因素

● 市场商品供应能力

（2）微观市场调研内容

● 市场需求

● 产品

● 价格

● 促销

● 销售渠道

● 竞争

（3）微观市场调研的作用

● 是企业制订营销策略的基础

● 有利于企业满足目标顾客的需求

● 有利于增强企业的竞争能力

2、市场调研程序、方法、问卷设计

（1）市场调研的程序

●明确调查目标

●设计调查方案：调查目的和要求、调查对象、调查内容、调查表、调查地区范围、样本的抽取、资料的收集和整理方法

●制订调查工作计划：人力资源配置、工作进度和时间规划、经费预算等

●组织实地调查

●整理和分析调查资料

●撰写调查报告

（2）市场调研的方法

●访问法

●观察法

●实验法

（3）市场调查问卷的设计

●调查问卷的基本结构：前言、正文、结束语

●调查问卷设计的过程及应注意的问题：确定所需信息、确定问题的内容、确定问题的类型、确定问题的措辞、确定问题的顺序、问卷的排版和布局、问卷的预试、问卷的定稿、问卷的评价。

学
习
笔记：

三、营销预测

1、营销预测概念、分类、内容

（1）营销预测的概念

通过对市场营销信息的分析和研究，寻找市场营销的变化规律，并以此规律去推断未来的过程。

（2）营销预测的分类

● 总体预测和具体预测

● 长期预测、中期预测、短期预测和近期预测

● 全球市场预测、全国市场预测和区域市场预测

● 定性预测和定量预测

（3）营销预测的内容

● 市场需求潜量的预测

● 竞争状况预测

● 企业市场营销效果预测

● 企业销售的预测

● 市场占有率的预测

2、营销预测程序和方法

（1）营销预测的程序

● 确定预测目标

● 收集、整理、分析调查资料

● 选择预测方法

● 建立预测模型

● 做出预测判断

● 编写预测报告

（2）营销预测的方法

- 定性预测方法：集合意见法、专家预测法、市场试销法
- 定量预测方法：时间序列预测法、因果分析预测法、

第四部分 消费者购买行为分析

一、购买行为类型和模式

1、消费者购买行为

（1）消费者购买行为的含义

消费者购买行为是指消费者为满足其个人或家庭生活而发生的购买商品的决策过程。消费者购买行为是复杂的，其购买行为的产生受到其内在因素和外在因素的相互促进、交互影响。企业营销通过对消费者购买的研究，来掌握其购买行为的规律，从而制订有效的市场营销策略，实现企业营销目标。

（2）消费者购买行为的特征

- 购买者多而分散
- 购买量少，多次购买
- 购买的差异性大
- 大多属于非专家购买
- 购买的流动性大
- 周期性
- 时代特征
- 发展性

学习笔记：

2、消费者购买行为的类型

（1）依据消费者购买行为的介入程度和品牌差异分类

品牌差异	介入程度	
	高度介入	低度介入
大	复杂的购买行为	寻求多样化的购买行为
小	化解不协调的购买行为	习惯性购买行为

（2）依据消费者的购买目标分类

● 全确定型

● 半确定型

● 不确定型

（3）依据消费者的购买态度分类

● 习惯性

● 理智型

● 经济型

● 冲动型

● 疑虑型

● 情感型

● 不定型

3、消费者购买行为模式

对消费者购买行为规律的研究首先涉及消费者购买行为的基本模式，主要回答以下问题：

（1）形成购买群体的是哪些人？　　——购买者

（2）他们要购买什么商品？　　——购买对象

（3）为什么要购买这些商品？ —— 购买目的

（4）他们在什么时候购买？ —— 购买时间

（5）他们在哪里购买？ —— 购买地点

（6）他们以什么方式购买？ —— 购买方式

二、影响消费者购买行为的主要因素

1、影响消费者购买行为的外在因素

（1）文化因素 （2）社会因素

2、影响消费者购买行为的内在因素

（1）个人因素 （2）心理因素

三、消费者购买决策过程

1、消费者参与购买的角色

（1）发起者 （2）影响者 （3）决策者 （4）购买者 （5）使用者

2、消费者购买决策的内容

（1）购买对象：涉及消费者对产品和品牌的选择

（2）购买目的：消费者为何要购买

（3）购买组织：购买者

（4）购买时间：消费者的购买习惯上往往有时间上的特定性

（5）购买地点：在何处做出购买决定，在何处购买？

（6）购买方式：习惯型、忠诚型、理智型、经济型、冲动型、情感型等

学习

笔记：

3、消费者购买决策过程

（1）确认需要

（2）收集信息

（3）评价方案

（4）决定购买

（5）购买行为

第四部分　消费者购买行为分析

一、市场细分

1、市场细分的概念与作用

（1）市场细分的概念

市场细分指企业通过市场调研，根据市场需求的多样性和异质性，依据一定的标准，把整体市场即全部顾客和潜在顾客划分为若干个子市场的市场分类的过程。

（2）市场细分的作用

●有利于企业分析、挖掘和发现新的最好的市场机会

●有利于企业集中资源，提高经济效益，增强竞争能力。

●有利于企业制订和调整市场营销组合策略

2、市场细分的原则

（1）可衡量性原则

（2）可进入性原则

（3）可盈利性原则

（4）稳定性原则

（5）发展性原则

3、市场细分的标准

　　（1）消费者市场细分的标准：地理细分、人口细分、心理细分、行为细分

　　（2）生产者市场细分的标准：最终用户、用户规模、地理位置

二、目标市场选择

1、细分市场的分析与评价

　　（1）市场规模和增长潜力

　　（2）市场的吸引力

　　（3）企业本身的目标和资源

2、目标市场选择策略

　　（1）无差别性市场策略

　　（2）差异性市场策略

　　（3）集中性市场策略

3、影响目标市场选择的因素

　　（1）企业的实力

　　（2）产品性质

　　（3）市场需求的差异情况

　　（4）商品的生命周期

　　（5）竞争者的目标市场策略

学习笔记：

三、市场定位

1、市场定位的实质和步骤

（1）市场定位的实质就是差异化营销

（2）市场定位的步骤

● 明确优势

● 选择适当的竞争优势

● 准确地传播企业的定位概念

2、市场定位的策略

（1）避强定位策略

（2）迎头定位策略

（3）重新定位策略

3、市场定位的方法

（1）档次定位

（2）U.S.P定位即"独特的销售主张"

（3）使用者定位

（4）类别定位

（5）比附定位

（6）文化定位

（7）属性、利益定位

学
习
笔记：

第六部分　市场竞争

一、竞争者分析

1、识别竞争者

（1）从本行业角度发现竞争者

（2）从市场和消费者角度发现竞争者

（3）从市场细分角度发现竞争者

2、分析竞争者的目标和战略

（1）分析竞争者的市场目标

（2）判断竞争者的战略

3、评估竞争者

（1）收集信息

（2）分析评价

（3）评估优势和劣势

4、估计竞争者的反应模式

（1）从容型或迟钝型竞争者

（2）选择型竞争者

（3）强烈反应型竞争者

（4）随机型竞争者

二、企业的竞争战略

1、成本领先战略

成本领先战略指通过有效的途径，降低成本，以实现竞争优势的战略。

2、差异化战略

采用差异化战略的企业设法使自己的产品或服务有别于其他企业，在行业中呈现别具一格的经营特色，从而在竞争中获取有利地位。

3、集中或专一化战略

集中或专一化战略是指企业将经营范围集中于行业内某一有限的细分市场，使企业有限的资源得以充分发挥效力，在某一局部超过其他竞争对手，从而赢得竞争优势。

三、企业的竞争战略

1、市场领先者策略

（1）扩大需求总量策略

（2）保护原有市场占有率策略

（3）提高市场占有率策略

2、市场挑战者和市场跟随者策略

（1）确定策略目标和挑战对象

（2）选择进攻策略

（3）紧密跟随策略、距离跟随策略、选择跟随策略

3、市场补缺者策略

从自己的优势或专长出发，根据不同的分类进行专业化营销。

学习笔记：

第七部分　产品策略

一、产品与产品组合

1、产品及产品整体概念

（1）核心产品：主要关注的问题是用户到底需要什么？

（2）形式产品：指核心产品借以实现的形式

（3）期望产品：购买者在购买产品时期望得到的与产品密切相关的一整套属性和条件

（4）延伸产品：附加产品

（5）潜在产品：现有产品包括所有延伸产品在内的，可能发展成为未来最终产品的潜在状态的产品。

2、产品的分类

（1）非耐用品、耐用品和服务

（2）消费品分类

（3）产业用品分类

3、产品组合及相关概念

（1）产品组合的相关概念

（2）产品组合、产品线、产品项目

（3）产品组合的基本要素

（4）产品组合的宽度、长度、深度、关联度

4、产品组合的策略

（1）扩大原有的产品组合

（2）缩减原有的产品组合

（3）产品线延伸策略

（4）产品线特色化和现代化策略

二、产品生命周期理论

（1）关于产品生命周期

产品生命周期（product life cycle）观念，简称PLC，是把一个产品的销售历史比作象人的生命周期一样，要经历出生、成长、成熟、老化等阶段。

（2）产品生命周期阶段划分为：导入阶段、成长阶段、成熟阶段和衰退阶段

2、产品生命周期阶段特征

（1）导入期的市场特点和营销策略

● 市场特点：生产量小，制造成本高，产量不稳定，广告支出高，利润较少。

● 营销策略：快速（或缓慢）掠取策略；快速（或缓慢）渗透策略。

（2）成长期的市场特点和营销策略

● 市场特点：销售习惯基本形成，销售量迅速增长，竞争较激烈，消费者重视产品性能、质量、特色与品牌。利润开始较大幅度提高。

● 营销策略：改善产品品质，加强促销，拓展市场。

（3）成熟期的市场特点和营销策略

● 市场特点：销售量增长缓慢，市场需求量趋于饱和，销售费用不断提高，利润达到最高点后开始下降，竞争十分激烈。

● 营销策略：巩固市场地位，维持市场占有率并积极扩大销售量。

（4）衰退期的是市场特点和营销策略

● 市场特点：产品销量急剧下降，价格达到最低水平，无利可图甚至出现亏损。

● 营销策略：维持策略，集中策略，收缩策略，放弃策略。

学习笔记：

三、新产品的开发与扩散

1、新产品的概念和分类

（1）新产品的概念

新产品指在某个市场上首次出现的或者是企业首次向市场提供的，能满足某种消费需求的整体产品。产品整体概念中任何一部分的创新、变革和改良，都可视为新产品。

（2）新产品的分类

● 全新产品

● 换代产品

● 改进产品

● 模仿产品

2、新产品开发程序

（1）新产品构思

（2）构思的筛选

（3）新产品概念的形成与预测

（4）初拟营销规划

（5）商业分析

（6）新产品的研制

（7）市场试销

（8）批量上市

3、新产品的市场扩散

（1）新产品特征与市场扩散的匹配与融合

（2）消费者接受新产品需要一个过程

（3）全程跟进新产品的扩散过程

四、品牌与包装

1、品牌与品牌策略

（1）品牌策划的含义和作用

● 品牌，就其实质来说，它代表着销售者（卖者）对交付给买者的产品利益和服务的一贯性的承诺。

● 品牌的作用：一方面有助于促进产品销售，保护品牌所有者的合法权益，有利于约束企业的不良行为，有助于扩大产品组合。另一方面便于消费者辨认所需商品，有利于维护消费者利益，有利于促进产品改良。

（2）品牌策略

● 品牌有无策略

● 品牌归属策略

● 品牌名称策略

2、包装盒包装策略

（1）关于包装：包装指对某一商品设计并制作容器或包扎物的一系列活动

（2）包装的作用：保护商品、便于储运、促进销售、增加盈利

（3）包装策略

● 类似包装策略

● 等级包装策略

● 习惯性使用量包装策略

● 配套包装策略

● 再使用包装策略

● 附赠品包装策略

● 更新包装策略

学
习
笔记：

第八部分　价格策略

一、影响定价的因素

1、定价目标

（1）维持生存目标

（2）利润导向目标

（3）销售导向目标

（4）竞争导向目标

2、商品价值和商品成本

（1）商品价值＝C＋V＋M

C：生产资料消耗价值

V：劳动消耗的补偿价值

M：剩余产品价值

（2）商品成本

● 生产成本

● 销售成本

● 储运成本

● 机会成本

3、商品市场

（1）商品市场的供求状况；　　（2）商品市场的竞争状况

4、其他因素

（1）国家政策：企业定价的范畴；商品差价与商品比价

二、定价的程序和方法

1、定价的程序

（1）确定定价目标

（2）测定需求

（3）估算成本

（4）分析竞争状况

（5）选择定价方法

（6）选定最后价格

2、定价的方法

（1）成本导向定价法

（2）需求导向定价法

（3）竞争导向定价法

三、定价的基本策略

1、新产品定价策略

（1）撇脂定价

（2）渗透定价

（3）满意定价

2、折扣定价策略

（1）现金折扣

（2）数量折扣

（3）功能折扣

（4）季节折扣

（5）促销折扣

3、心理定价策略

　　（1）尾数定价

　　（2）整数定价

　　（3）声望定价

　　（4）招徕定价

4、差别定价策略

　　（1）顾客细分定价

　　（2）产品式样定价

　　（3）渠道定价

　　（4）地点定价

　　（5）时间定价

5、产品组合定价策略

　　（1）产品线定价

　　（2）选择特色定价

　　（3）附属产品定价

　　（4）两段定价

　　（5）副产品定价

　　（6）产品捆绑定价

学
习
笔记：

四、价格调整策略

1、价格调整策略

(1) 降价策略

(2) 提价策略

2、价格变动后的反应

(1) 顾客的反应

(2) 竞争者对价格变动的反应

3、竞争对手价格变动反应

(1) 维持原价

(2) 维持原价，同时改进产品、服务、沟通等。

(3) 降价

(4) 提价

(5) 推出廉价的产品线

学
习
笔记：

第九部分 分销渠道策略

一、营销渠道的含义

1、营销渠道的性质与作用

（1）营销的渠道就是销售的途径，也可以称之为销售通路。

（2）营销渠道作用：帮助企业收集和传播营销调研信息；可以帮助生产者和消费者之间加强信息沟通；可以帮助企业达成有关产品的最终协议，以实现所有权或持有权的转移等功能；帮助企业将产品实体输送到顾客手中的功能。

2、营销渠道的主要类型

（1）按照所有权的归属分类

● 经销中间商

● 代理中间商

● 辅助机构

（2）按商品流通途径中承担的角色和国际贸易角度分类

● 批发零售商

● 进口商

● 内外贸兼营

3、服务领域的渠道

营销渠道并不局限于实体商品的分配，提供服务和创意的生产商同样面临如何使其产品接近目标公众并为其采用的问题。

二、渠道的营销策略

1、渠道的长度策略

（1）零级渠道

（2）一级渠道

（3）二级渠道

（4）三级渠道

2、渠道的宽度策略

（1）独家分销

（2）广泛分销

（3）选择型分销

3、渠道的联合策略

（1）垂直营销系统的发展

（2）水平营销系统的发展

（3）多渠道营销系统的发展

三、中间商

1、零售商

（1）零售商特征

●销售对象是直接消费者

●商品一经出售就脱离了流通领域，进入消费领域。

●商品数量小于批发商的销售数量

（2）零售商的主要类型

●综合商店、专业商店、百货商店、超级市场、便利店、连锁商店等

2、批发商

（1）批发商的特征

●一般处于商品进入流通后运动的起点或中间阶段，始终表现为中间环节。

●较少注意促销、气氛和店址。

●交易通常大于零售交易

（2）批发商的类型

●经销商、代理商等

四、渠道设计策略与控制

1、渠道设计策略

（1）分析服务产出水平

（2）设置和协调渠道目标

（3）明确渠道的任务

（4）确立渠道结构方案

（5）确立影响渠道结构的因素

（6）选择"最佳"的渠道结构

2、营销渠道的控制与评估

（1）激励渠道成员

（2）评价渠道成员

（3）渠道控制

第十部分　促销策略

一、促销与促销组合

1、促销的含义、分类及作用

（1）促销的含义

促销指企业通过人员推销或非人员推销的方式，向目标顾客传递商品或劳务的存在、性能、特征等信息，帮助顾客认识商品或劳务所带来的利益，从而引起消费者兴趣，激发消费者的购物欲望，使其产生购买行为的活动。

学
习

笔记：

（2）促销的作用

● 沟通信息，密切关系

● 刺激需求，扩大市场

● 突出特色，提升能力

● 协调配合，稳定销售

2、促销组合及其策略

（1）促销组合的含义

促销组合是指企业根据促销的需要，对广告宣传（Advertising）、销售促进（Sales Promotion）、公共关系（Public relation）与人员推销（Personal selling）等各种促销方式进行的适当选择和配合。

企业在市场营销活动中有计划、有目的地把人员促销和非人员促销两大类中的人员推销、广告、营业推广和公共关系这些具体的促销方式结合起来，综合运用，形成一个完整的最佳促销策略。促销组合是一个有机的整体，是各种促销方式的正确选择、组合和运用。

（2）促销组合的策略

● 人员推销

● 广告促销

● 公关促销

● 营业推广

● 网络营销

学习 笔记：

五种主要促销方式优缺点比较

促销方式	优　点	缺　点
广　告	传播面广，速度快；形象生动，信息艺术化，吸引力强；可选择多种媒体；可重复多次使用。	说服力小；购买行为滞后；信息量有限。
人员推销	信息双向沟通，能及时反馈；信息传递的针对性较强；尤其适用于某些贵重品和特殊产品。	成本高；受推销人员素质的制约；接触面太窄。
营业推广	刺激快，吸引力大；在改变消费行为方面非常有效；与其他促销工具有很好的协同作用。	只能短期刺激；可能使顾客有顾虑和怀疑；可能损坏品牌形象；竞争对手容易模仿。
公关关系	可提高企业知名度、美誉度和信誉度；可信度高；绝对成本低。	见效较慢；难以取得媒体的合作；效果难以控制。
网络营销	信息可以在全球传播，传播范围广；信息表现手段多；信息可以双向传播，互动效果好；可以定制信息，针对性强。	有些产品不宜选择该媒体；被动传播多于主动传播。

第十一部分　服务营销

一、服务和服务营销概述

1、服务的特征

（1）服务的定义

服务是指一方向另一方提供的可以满足某种欲望、需求而不涉及所有权转移的、基本上是无形的任何行为或绩效。

一方能够向另一方提供的基本上是无形的任何活动或利益，并且不导致任何所有权的产生，它的产生可能与某种有形产品密切联系在一起，也可能毫无关系。

（2）根据服务划分产品类别

服务的分类按照产品中无形部分所占比例的大小，可以把产品分为五种类型：

● 纯粹有形产品，即产品中基本没有伴随服务。

● 伴随服务的有形商品，即附带有旨在提高对顾客的吸引力的一种或多种服务的有形商品。

● 有形商品与服务的混合，即产品既包含有形产品又包含无形服务。

● 主要服务伴随小部分实物，即由一项主要服务和某些附加的服务和辅助品组成。

● 纯粹服务，即全部是服务，不附加有形成分。

（3）服务的特征

● 可感知性

● 不可分离性

● 差异性

● 不可储存性

2、服务营销

服务营销是企业在充分认识满足消费者需求的前提下，为充分满足消费者需要在营销过程中所采取的一系列活动。服务作为一种营销组合要素，真正引起人们重视的是上世纪80年代后期，这个时期，由于科学技术的进步和社会生产力的显著提高，产业升级和生产的专业化发展日益加速，一方面使产品的服务含量，即产品的服务密集度日益增大；另一方面，随着劳动生产率的提高，市场转向买方市场。消费者随着收入水平提高，他们的消费需求也逐渐发生变化，需求层次也相应提高，并向多样化方向拓展。

二、服务营销组合的策略

1、产品策略

（1）服务产品的细分策略

（2）服务产品的差异化策略

（3）服务的有形化策略

（4）服务的标准化策略

（5）服务品牌策略

2、价格策略

（1）服务价格与有形产品价格的区别

（2）服务定价的方法

3、渠道策略

（1）直销渠道

（2）分销渠道

（3）代理人和经纪人

4、促销策略

（1）服务促销

（2）服务沟通的手段：服务企业要特别注意在传统的沟通或促销组合基础上进一步关注与顾客的交互营销。

学习笔记：

5、人员策略

在服务企业担任生产或操作性角色的人，在顾客看来其实就是服务产品的一部分，其贡献也和其他销售人员相同。

6、有形展示策略

有形展示包括服务供给得以顺利传送的服务环境，有形商品承载和表达服务的能力，当前消费者的无形消费体验，以及向潜在顾客传递消费满足感的能力。

7、过程策略

过程策略即服务通过一定的程序、机制及活动得以实现的过程（亦即消费者管理流程），是市场营销战略的一个关键要素。

三、服务质量管理

1、服务质量的含义和内容

服务质量（Service Quality）是指服务能够满足规定和潜在需求的特征和特性的总和，也指服务工作能够满足被服务者需求的程度。是企业为使目标顾客满意而提供的最低服务水平，也是企业保持这一预定服务水平的连贯性程度。

服务质量的内容主要包括：

（1）优良的服务水平

（2）有选择的服务对象（目标顾客）

（3）服务标准的连贯性

学习笔记：

2、服务质量的测定标准

（1）规范化和技能化

（2）态度和行为

（3）可亲近性和灵活性

（4）可靠性和忠诚感

（5）自我修复

（6）名誉和可信度

3、提高服务质量的方法

（1）定点超越

定点超越是指企业将自己的产品、服务、市场营销的过程等同市场上的竞争对手，尤其是与最强的竞争对手的标准进行对比，在比较和检验的过程中逐步提高自身的水平。

● 定点超越有四种基本类型：

● 产品或服务定点超越

● 过程定点超越

● 组织定点超越

● 战略定点超越

（2）流程分析

一个企业或组织强化服务质量管理，一是确定企业的质量方针和目标；二是确定岗位职能和权限；三是建立完善服务质量管理流程，并使其有效运行。质量方针和目标是企业为消费者服务的宗旨，服务质量管理流程涉及质量策划、质量控制、质量保证和质量改进活动，需要企业或组织内部的全体员工参与实施，需要最高管理者深入持久地领导，需要投入一定的人力、物力、财力，可以说质量管理水平是通过服务质量管理流程的健全和有效运行来实现的，整个质量体系是动态的。因此，服务质量管理流程是一项长期而持久的系统工程。通常按惯例，服务质量管理流程的设计需要经过人员培训、组织准备、质量职能分配、确定质量方针和目标、编制质量体系程序文件、编制质量手册、编制作业文件等七个步骤。

创业综合词典汇 **之**
第五模块

市场调查与预测词典汇

目录 CONTENTS

创业综合词典汇 之 第五模块

市场调查与预测

一、市场调查与预测概述

（一）市场调查与预测的特点和作用

1、现代市场调查的显著特点

(1) 调查目标的明确性

(2) 调查方法的科学性

(3) 资料收集的经济性

(4) 调查内容的保密性

(5) 市场调查报告的不确定性

2、市场调查与预测的作用

(1) 宏观方面：政府，社会，人民。

● 市场调查和预测为制订科学的计划和政策提供依据

● 市场调查和预测对社会生产的合理化起促进作用

● 市场调查和预测可以更好地促进和满足消费需求

(2) 微观方面：企业

市场调查和预测是企业单位管理决策和提高经济效益的必要条件，具体表现在：

● 有利于企业进行正确的市场定位。企业进行正确的市场定位的7个步骤：企业内部条件分析，外部营销环境分析，市场细分，发现市场机会，确定目标市场，确定目标营销策略，产品定位。任何一种定位都离不开有效的市场调研与预测。

● 有利于企业制订和实施正确的市场营销策略。市场营销策略包括：目标营销，进入市场策略，竞争策略，增长战略，市场扩张战略，营销组合战略等。任何一种营销策略的制订都要求制订者必须了解市场情况与影响因素，还要了解企业自身的条件，这些都离不开正确的市场调研与预测。

● 有利于企业实行正确的产品开发与产品策略。产品开发与产品策略包括：确定产品组合，设计产品的造型、体积、花样，选择品牌与包装，开发新产品等。企业实行正确的产品开发与产品策略要求企业必须了解目标市场消费者的需求特点，了解产品的生命周期，其他企业的产品开发，产品战略。这些都离不开正确的市场调研与预测。

学习笔记：

●有利于企业实行正确的产品定价与价格策略。产品定价与价格策略有：成本导向定价，需求导向定价，竞争导向定价；新产品的撇脂定价、渗透定价、满意定价等。企业实行正确的产品定价与价格策略要求企业必须了解供求关系，消费需求的类型、数量、消费习惯与偏好、购买力水平、竞争与垄断格局、政府干预、通货膨胀、互补品与替代品的价格等，这些都离不开正确的市场调研与预测。

●有利于企业选择正确的销售渠道和渠道策略。

A 要产销合一、产销分离、还是产销联合？

B 如何正确选择批发商、零售商、代理商或经纪商？

C 如何确定正确的渠道策略？是宽渠道还是窄渠道？是长渠道还是短渠道？

D 如何正确地建立自己的销售网络？企业选择正确的销售渠道和渠道策略要求企业必须了解历史因素、销售区域、竞争者情况、中间商情况、政策法律、交通运输情况等。这些都离不开正确的市场调研与预测。

●有利于企业开展有效的促销活动。促销活动包括广告宣传、营业推广、人员推销和公共关系，无论哪一种促销手段的应用都必须以掌握充分的市场信息为条件。

（二）市场调查与预测的产生与发展

1、市场调查与预测学科产生的原因

（1）买方市场的形成，促使企业去研究买方市场的运行特点、规律及其企业的市场营销策略。

（2）市场竞争日益激烈，迫使企业去研究市场竞争的规律和竞争对手的情况，以制订企业竞争策略。

（3）市场地理边界的扩展、国内市场和国际市场一体化。企业为了扩大市场范围，需要进行更大范围的市场研究。

（4）消费者需求的多样化和多变性促使企业不断获取市场信息，以决定为谁生产，生产什么、生产多少、何时何地生产、如何进行市场营销。

（5）管理决策的科学化、民主化，要求通过市场调查和市场预测提供更多的市场信息。

（6）市场调查和预测的实践活动客观上要求进行理论概括和提炼，以便为市场调查和市场预测提供理论指导。

2、市场调查与预测的发展阶段

（1）技术工具欠缺

（2）内部管理混乱

（3）行业规范不完善

（4）研究水准参差不齐

（5）不能提供策略性的建议

（6）无序竞争

3、我国市场调查与预测的现状及发展趋势

（1）中国的国家政策为市场调查预测业提供了巨大的市场

（2）国家对科技资讯业的扶持是市场调查与预测发展的直接动力

（三）市场调查与预测的定义

（1）市场：是指商品和劳务在流通和消费领域中所发生的一切交换行为和关系的总和

（2）市场信息：就是在市场的复杂关系中因不平衡所产生的一切差异的记载和传递

（3）市场调查：是运用科学的方法有目的地、系统地客观地收集、记录和整理市场信息，借以分析、了解市场变化的态势和过程，研究市场变化的特征和规律，为市场预测、经营决策提供依据的活动过程。

（4）市场预测：市场预测就是以市场调查所获得的信息资料为基础，运用科学的方法和手段对事物未来的演变规律和发展趋势进行预测和推断。

● 案例：某市居民轿车需求与用户反馈调查方案

轿车经销商A在C市从事轿车代理经销多年，有一定的经营实力，商誉较好，知名度较高。但近两年，C市又新成立了几家轿车经销商，这对经销商A的经营造成了一定的冲击，轿车销售量有所下降。为了应对市场竞争，经销商A急需了解C市居民私家车的市场普及率和市场需求潜力，了解居民对轿车的购买欲望、动机和行为，了解现有私家车用户有关轿车使用方面的各种信息，以便调整公司的市场营销策略。为此，经销商A要求市场调查部门组织一次关于C市居民轿车需求与用户反馈为主题的市场调查。

学
习
笔记：

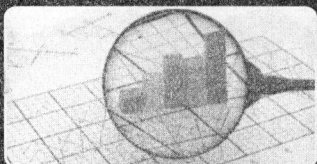

二、市场调查的类型与步骤

（一）市场调查的类型

1、探索性研究

探索性研究是企业对市场中可能遇到的问题一无所知，或对市场研究的问题或范围还不甚明确时，可采用探索性的调查研究。主要作用是：探索市场，发现市场；另一个作用是发现问题，查明问题产生的原因，找出问题的关键，为进一步深入研究打下基础。属于定性研究。

2、预测性研究

预测性研究与探索性研究很类似，也要通过搜集一些历史性资料和间接资料，或请教专家、内行，或参照类似问题的实际例子来进行研究。所不同的是需要作一些定量的预测计算，属于定量研究。

3、描述性研究

描述性研究是对研究的问题作如实的反映和具体的回答，如顾客的研究、市场情况的分析、产品的研究、销售渠道的研究、销售成本的分析、竞争情况的研究等，均属于描述性研究。

4、因果关系研究

主要目的是要弄清楚原因和结果之间的数量关系。

（二）市场调查的步骤

1、确立调查目的阶段

（1）分析问题所在及问题焦点，明确研究市场营销有关问题所需的信息。

（2）调查问题的明确化，确定市场调查的目以此来制订详细的调查计划。

（3）确立调查目的，调查的第一步就要求决策人员和调查人员认真地确定和商定研究的目标。

（4）设定调查假定，市场调查者应先分析有关资料，然后找出研究问题并进一步作出假设、提出研究目标。

2、调查前准备阶段

（1）决定调查方法。对企业提供的资料进行初步的分析，找出问题存在的征兆，明确调查课题的关键和范围，以选择最主要也是最需要的调查目标，制订出市场调查的方案。

（2）设计调查问卷。谁才是我们的客户，即用户特征、用户画像，包含性别、年龄、职业、收入水平、生活习惯等等。知道了客户是谁，才知道应该把有限的精力更多投入到谁的身上。

（3）设计抽样计划。抽样调查可以分为非概率抽样和概率抽样两类。非概率抽样不是按照等概率原则，而是根据人们的主观经验或其他条件来抽取样本，常用于探索性研究。概率抽样是根据随机原则来抽选样本，并从数量上对总体的某些特征作出估计推断，对推断出可能出现的误差可以从概率意义上加以控制。

（4）训练访问员。访问员的工作没有任何的推销目的，他们的工作只是负责采集数据、收集信息，而且这些工作大多可以利用他们的业余时间完成。

（5）试调查。向市场投放部分产品进行试销，看消费者的反应，以检验产品的品种、规格、花色款式是否对路、价格是否适中等。

3、实地调查阶段

（1）排列日程，排列调查行程、日期、时间。

（2）控制进度，按照行程安排控制调查顺序及进度。

（3）维护调查质量，在调查过程中对质量进行把握和监控。

4、综合分析阶段

（1）资料整理及统计。收集好已填写的调查表后，由调查人员对调查表进行逐份检查，剔除不合格的调查表，然后将合格调查表统一编号，以便于调查数据的统计。

（2）资料统计分析。调查数据的统计可利用Excel电子表格软件完成；将调查数据输入计算机后，经相关软件运行后，即可获得已列成表格的大量的统计数据，利用上述统计结果，就可以按照调查目的的要求，针对调查内容进行全面的分析工作。

（3）解释资料间相互关系。当统计分析研究和现场直接调查完成后，市场调查人员拥有了大量的一手资料。对这些资料首先要编辑，选取一切有关的、重要的资料，剔除没有参考价值的资料。然后对这些资料进行编组或分类，使之成为某种可供备用的形式。最后把有关资料用适当的表格形式展示出来，以便说明问题或从中发现某种典型的模式。

5、提出报告与追踪阶段

（1）提出结论与建议，即提出调查报告阶段。经过对调查材料的综合分析整理，便可根据调查目的写出一份调查报告，得出调查结论。

（2）口头报告。口头调查报告是市场调查的主持人或报告撰写者以口头陈述的形式向委托方汇报调查方法、报告结果以及结论、建议的活动。在很多情况下，需要将调查报告的结果向管理层或委托者作口头报告。口头报告可以帮助管理部门或委托方理解书面调查报告的内容并撰写书面报告，同时，可以针对委托人提出的问题及时作出解答、口头报告对于有关人士迅速掌握和理解报告内容具有重要作用。

（3）报告实施状况追踪及问题解析，对报告实施的状况进行追踪监视并找出其中问题进行分解解析。

（三）市场调查机构

1、市场调查公司

市场研究公司是专业从事市场研究、市场调查、营销研究、满意度调查的专业公司，根据全球市场研究者协会的定义，市场研究公司接受委托方（企业、组织）需求为实现决策所需要的信息目的而进行专业性的研究活动，包括将相应问题所需的信息具体化、设计信息收集的方法、管理并实施数据收集过程、分析研究结果、得出结论并确定其含义等。市场研究公司不是私人侦探公司，也不是营销策划、战略咨询公司，其市场研究职能是科学、有效的收集中立的市场信息。严格的市场研究只对消费者、用户市场做出分析，不对组织决策做出规划和指引，但可提出建议。

2、资料分析公司

独立公司负责收集到的各类信息资料，按照一定的程序和方法，进行分类计算、分析和选择等，使之成为适用的信息资料。

3、广告公司

广告公司是指专门经营广告业务活动的企业，是"广告代理商"（Advertising Agency）的俗称。

4、联合服务公司

这是由几个调研组织实行的联合服务。他们定期收集市场信息，并向他们的客户出售信息。例如，有关批发业和零售业销售的报告，电台收听率报告，家庭购买模式，耐用消费品的需求，文化娱乐和消费的趋向，食品的储备、加工和消费，以及其他消费行为的报告，都能采用订购的形式从联合服务公司购买。

学习
笔记：

5、营销顾问公司与企业咨询公司

营销顾问公司，源自美国营销管理专家科特勒的营销管理学科之一的营销策略横向执行和品牌纵向延伸，意思是曾在市场一线，做过业务，管理过渠道和团队，在基层磨炼多年的大区总监或区域负责人员。

咨询公司是指从事软科学研究开发、并出售"智慧"的公司，又称"顾问公司"。咨询公司属于商业性公司，主要服务于企业和企业家，从事软科学研究开发，运用专门的知识和经验，用脑力劳动提供具体服务。

6、调研产品公司

指通过有目的的对一系列有关产品设计生产和营销的资料、情报、信息的收集、筛选、分析来了解现有市场的动向，预测潜在市场，并由此做出生产与营销决策，从而达到进入产品市场、占有市场并实现预期目的。经营决策决定企业发展方向与目标，它的正确与否，直接关系到企业的生存与发展。只有通过市场调研，才能及时探明市场需求变化的特点，掌握市场供求之间平衡情况，从而有针对性地制订市场营销和企业经营发展策略，否则就会因盲目和脱离实际的决策而造成损失与失败。

7、企业本身的市场调查组织

市场调查机构是受企业委托，专门从事市场调查的单位或组织。

8、神秘购物提供者协会公司

神秘购物公司是指与商家签约，招聘神秘购物者进行市场调研的公司。神秘购物者应一些企业的要求到他们的商店踩点"购物"，通过实地观察体验，了解产品，发现问题。对商家来说，这种方式能及时发现、改进存在的问题，做到药到病除。神秘购物公司的出现是社会经济快速发展的一个标志。

（四）市场调查方案策划

市场调研正是从企业市场营销的问题与需求出发，通过系统、客观地信息收集和分析工作，得出所调研问题的结论，进而为提高企业市场营销水平提供帮助的全过程。科学的市场调研工作有助于企业正确识别和把握真正的机会，有助于企业抉择和优化自己的营销策略。

学
习
笔记：

三、市场调查内容

1、市场环境调查

包括市场需求情况、市场分布情况、以及市场占有情况等调查。

2、消费者市场调查

如消费者满意度研究：整体满意度；各方面满意度；意见与建议。

3、生产者市场调查

生产者市场也称生产资料市场，又称工业品市场，是指生产消费品持有者与相应的等价物（以货币为主）持有者之间各种交换关系的总和。生产消费品市场上交易的物品是为了制造其他产品，或者是为了某种业务上的使用，而不是为了个人、家庭以及社会团体的最终消费，所以也称之为生产消费品市场。

4、流通渠道调查

如批发市场、零售市场调查。

5、市场分析

是指根据市场调研的目的，运用多种分析方法对市场调查收集整理的各种资料进行对比研究，得出调研结论，并撰写调研报告的过程。

四、市场调查方法

（一）二手资料的收集方法

通过现有的文献资料有针对性地、有目标地搜集有关的信息，完成调查任务，用这种方法收集来的资料称为第二手资料。搜集第二手资料花时间少，费用也少，是市场调研中常用的方法。

案例：医药仪器的信息资料来源

某企业发明了一种能够对假牙在口腔中活动情况进行三维测定的仪器，将这种仪器批量生产推向市场之前需确定市场的销售潜力。因此决定开展市场调查，由于目的十分明确，所需的各种资料也就十分清楚了。主要所需资料有：

（1）国内牙医诊所的绝对数

（2）全国每10万人口拥有牙医的平均数

（3）即将开业的牙医诊所数

（4）未来10年新增牙医数

（5）现有牙医年龄结构

（6）全国牙医诊所在各省的分布情况

为获得上述有关资料，经分析确定出资料来源的途径为：

（1）全国卫生部门的年度统计

（2）全国牙医卫生状况普查资料

（3）有关牙医医学发展动态的学术会议、论文等

（4）行业协会的调查和研究报告

1、二手资料的来源：分为内部信息和外部信息

（1）内部信息

包括生产运营数据，顾客服务数据，服务记录，顾客投诉，出站物流数据，销售与营销数据，销售报表，订单输入系统，应收账款系统，进站物流数据，客户关系管理系统等。

（2）外部信息

包括商业信息来源：专业调研公司；政府信息来源：政府网站，人口普查报告；行业数据：行业期刊，行业协会，商会等。

2、筛选资料的基本原则

（1）资料的真实可靠是第一位的

（2）围绕调查主题，合则用，反之则弃。

（3）考虑成本

3、二手资料的优缺点

（1）优点

与收集第一手资料相比，第二手资料的获得要快得多；所需资料通常都可以找得到；能丰富已收集到的第一手资料；所需的费用要少得多。

（2）缺点

衡量尺度的不同；对数据分类的定义不同；并且缺乏评价数据可信度的相关信息。

（二）访问调查法

面谈访问：是指调查者与被调查者面对面地进行交谈，以搜集调查资料的方法，也称直接访问法。

案例：企业的成功来自于顾客的调查

纺织企业家乔·海曼于20世纪60年代接管了一家纺织厂。正当他对工厂进行改造时，收到了许多不同颜色、不同品种的订货单。当工厂经过改造快要投产时，他收到了政府部门的通知，必须减少2个染缸中的一个，因为排水系统承受不了。

这对企业来讲如同一场灾难：如果没有两个染缸就不能生产出那么多的颜色。在绝望之中，乔·海曼决定采用面谈访问的方式来了解顾客对改变颜色的看法，并希望通过当面的解释，使已订货的顾客接受现实。通过有效的面谈访问，已订货的顾客接受了解释，改选了其他颜色。而更多的顾客也接受了企业可以生产的这些颜色。这样企业不仅没有减少订单，反而由于只设一个染缸而大大降低了生产成本。

1、面谈访问的优点

调查有深度、直接性强、灵活性强、准确性强、拒答率低。

2、面谈访问的缺点

调查成本高、时间长；对访问员的要求高；调查质量无法保证。

3、面谈访问的适用范围

适用于调查范围较小而调查项目比较复杂的情况；了解顾客对某产品的构思或对某广告样本的想法；了解某类问题能否通过解释或宣传取得谅解的情况。

（三）实验调查法

是指在严格控制变量的条件下，有组织地操纵实验措施，根据观察、记录、测定与此相伴随的现象的变化，来确定条件与现象之间的因果关系。

案例：日本有家叫三叶的咖啡店，店主人发现不同的颜色能使人产生不同的感觉，于是他请来30多位顾客，让他们每人喝四杯浓度相同的咖啡，但咖啡杯却分别为咖啡色、青色、黄色和红色，最后请他们说出哪种颜色杯子里的咖啡浓度最适宜。得到的结果是：2/3的人认为咖啡色杯子中的咖啡太浓，所有的人都认为青色杯子的咖啡太淡了，红色杯中的咖啡也太浓，只有黄色杯中的咖啡不浓不淡。从此，店主人将咖啡浓度降低，使用黄色杯子，不仅节约了原料，多赚了钱，而且多数顾客也满意。

学习笔记：

1、实验调查法的优点

在经过严格的设计，尽量减少干扰变量的前提下进行的实验调查，可以帮助调查人员获得相对客观的信息资料；目的性明确，针对不同的调查项目进行合理的实验设计，可以探索不明确的因果关系；在实验室实验中，由于对各种变量进行了严格地控制，所以其内部有效性相当高。

2、实验调查法的缺点

实验对象和实验环境的选择难以具有充分的代表性，调查人员很难对实验过程进行充分有效的控制；实验调查法对实验者的要求较高；实验调查因为要做多次实验，所以会花费较长的时间。

（四）观察调查法

观察法，是由调查人员直接在现场观察被调查对象的行为，并加以记录而获取信息的一种方法。

案例：Domain Store 的总部设在马萨诸塞州的Norwood市，拥有23家连锁家具店，曾聘请过一家名为Grid Ⅱ 的市场调研公司，为其录制某个家具店中消费者的购买行为。经过分析录像带以后，可以把购买家具的消费者分成两类。总共有1034名顾客进入商店，其中954名是成对进来的；此外针对男性顾客的面部表情及其非语言行为分析显示，他们坐在柔软的枕头和羽绒被上并不是很舒服。"一般来讲，女性顾客需要在店里坐上至少9分钟才能感觉到很舒服，然后才会决定购买。"公司总裁解释道，"但是如果同伴或男友很快就把她拉出去了，我们将失掉这笔即将到手的生意。"根据观测调研的结果，该公司在23家连锁店里增设了娱乐中心，体育爱好者可以通过有线电视观看现场比赛。

1、观察调查法的种类

（1）直接观察法

调查人员置身于观察活动中进行观察，如非常有名的"神密顾客法"就是一种直接的观察。"神密顾客法"通常是指，一些调查人员伪装成消费者，他们直接到某一特定场所进行消费。通过在整个消费过程中与销售人员接触，对产品以及对消费环境的考察，清晰、直观地了解产品、服务和环境，以取得比较真实、深入的资料。

（2）间接观察法

间接观察法是指调查人员作为"旁观者"的身份对被调查对象进行观察。间接观察法接观察对象分为：店铺观察；流量观察；顾客观察。观察法经常使用的仪器设备有录像设备、受众测试仪、眼动仪等。

学习
笔记：

2、观察调查法的优点

直观性和可靠性，在不知情的情况下观察到的行为，就比较接近于实际；观察法通常是调查者单方面的活动。一般都不依赖语言交流，不与被调查者进行人际交往；观察法简便、易行、灵活性强，可随时随地进行调查。

3、观察调查法的缺点

要大量的观察员到现场做长时间观察，调查时间长，调查费用支出较大。因此，它比较适用于小范围的微观市场调研；对调查人员的业务水平要求较高；观察法只能用于描述性的市场调查。

五、问卷调查

问卷调查是社会调查里的一种数据收集手段。当一个研究者想通过社会调查来研究一个现象时（比如什么因素影响顾客满意度），他可以用问卷调查收集数据，也可以用访谈或其他方式收集数据。问卷调查假定研究者已经确定所要问的问题，这些问题被打印在问卷上，编制成书面的问题表格交由调查对象填写，然后收回整理分析，从而得出结论。

问卷又称调查表，是社会调查研究中收集资料的一种工具，其形式是以问题的形式系统的记载调查内容的一种印件，其实质是为了收集人们对于某个特定问题的态度、行为特征、价值观观点或信念等信息而设计的一系列问题。问卷调查也称问卷法，是设计者运用统一设计的问卷向被调查者了解情况或征询意见收集信息的调查方法。

问卷调查案例：为了解新型农村合作医疗的推进落实情况，我们于2014年4月12日至17日间，在**县**镇进行了问卷调查，通过调查发现99%的农户都听说过新型农村合作医疗制度。具体调查情况如下：

（1）调查情况

● 调查表明，在受调的43户农村中，绝大部分对新型农村合作医疗制度都有所了解，知晓率达到99%。

● 当地有92%的农户已经参加了新型农村医疗保险，从被调查的43户中可以看出，已参加合作医疗保险的有40户，占调查户的93%。在参加合作医疗保险的农户中有81%的农户是自愿参加的，7%的农户是在政府的相关政策下按规定参加的。

● 在调查中发现，有36家农户觉得医疗合作的费用是可以承担得起的，占参加农户的90%，有4户觉得勉强承担得起，占参加农户的10%，没有一户觉得承担不起。

● 有80%的农户认为新型农村合作医疗保险比其他的医疗保险更有价值，有10%的用户觉得差不多，另有10%的农户对其他的医疗保险不熟悉。

（2）原因分析

● 政策宣传还不够深入，农户对新型农村合作医疗制度还不是全面了解。

● 农民的自我保护意识还很薄弱。

（3）对进一步完善新型农村合作医疗的建议。建议还要继续加大宣传力度，加深新型农村的群众对新型农村合作医疗的了解。同时要加强群众的自我保护意识的教育，让农村的群众能够从社会发展的角度来看待医疗保障政策。

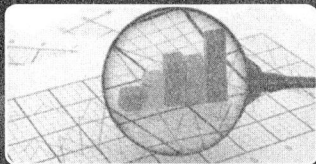

（一）问卷的含义与基本结构

1、问卷调查

　　是以书面提出问题的方式，搜集资料的一种研究方法。调查人员将所要研究的问题编制成问题表格，以邮寄、当面作答，或者追踪访问的方式让被试者填答，从而了解被访者对某一现象或问题的看法。

2、问卷调查的类型

　　问卷调查，根据载体的不同，可分为纸质问卷调查和网络问卷调查。纸质问卷调查就是传统的问卷调查，调查公司通过雇佣工人来分发这些纸质问卷，以回收答卷。这种形式的问卷存在一些缺点，分析与统计结果比较麻烦，成本比较高。

　　而另一种网络问卷调查，就是用户依靠一些在线调查问卷网站，这些网站提供设计问卷，发放问卷，分析结果等一系列服务。这种方式的优点是无地域限制，成本相对低廉，缺点是答卷质量无法保证。目前国外的调查网站surveymonkey提供了这种方式，而国内则有问卷网、问卷星、调查派提供了这种方式。

　　问卷调查，按照问卷填答者的不同，可分为自填式问卷调查和代填式问卷调查。其中，自填式问卷调查，按照问卷传递方式的不同，可分为报刊问卷调查、邮政问卷调查和送发问卷调查；代填式问卷调查，按照与被调查者交谈方式的不同，可分为访问问卷调查和电话问卷调查。这几种问卷调查方法的利弊，可简略概括如下表：

问卷种类	报刊问卷	邮政问卷	送法问卷	访问问卷	电话问卷
调查范围	很广	较广	窄	较窄	可广可窄
调查对象	难控制和选择，代表性差	有一定控制和选择，但回复问卷代表性难估计	可控制和选择，但过于集中	可控制和选择，代表性较强	可控制和选择，代表性较强
影响回答的因素	无法了解、控制和判断	难以了解、控制和判断	有一定了解、控制和判断	便于了解、控制和判断	不太好了解、控制和判断
回复率	很低	较低	高	高	较高
回答质量	较高	较高	较低	不稳定	很不稳定
投入人力	较少	较少	较少	多	较多
调查费用	较低	较高	较低	高	较高
调查时间	较长	较长	短	较短	较短

　　（1）个人访问

　　就是访问员和一个或者多个被访者之间，进行面对面交流的一种访问形式。访问员在被访者面前提出问题，要求被访者进行回答，并记录下被访者回答的内容。

　　（2）电话访问

　　电话访问中，访问员是通过电话来询问被访者关于某些问题的看法与态度的。由于这种方法非常高效、成本较低，而且得到的样本的范围也比较广，因此越来越受到重视。

（3）信件访问

将需要被访者回答的问卷，通过信件邮寄的方式寄给被访者，并要求被访者将填写完毕的问卷寄回给市场研究人员。优点：形式比较灵活，而且成本相对较低。缺点：拒访率比较高。

（4）互联网访问

是在互联网上发布问卷，被访者通过网络填写问卷完成调查的一种定量研究方法。互联网访问是一种比较常用的访问方法。

问卷调查案例：澳大利亚一家出版公司计划向亚洲推出一本畅销书，但是不能确定用哪一种语言，在哪一个国家推出。后来决定在一家著名的网站做一下市场调研，方法是请人将这本书的精彩章节和片断翻译成亚洲多种语言，然后刊载在网上，看一看究竟用哪一种语言翻译的摘要内容最受欢迎。过了一段时间，他们发现，网络用户访问最多的网页是用中国大陆的简化汉字和朝鲜文字翻译的内容。于是他们跟踪一些留有电子邮件地址的网上读者，请他们谈谈对这部书摘要的反馈意见，结果大受称赞。于是该出版公司决定在中国和韩国推出这本书。书出版后真的受到了广大读者的普遍欢迎，并获得了可观的经济效益。

学习 笔记：

3、问卷的基本结构

调查问卷通常由卷首语、指导语、主体等部分组成。

（1）卷首语包括以下内容：

自我介绍（让调查对象明白你的身份或调查主办的单位）

调查的目的（让调查对象了解你想调查什么）

回收问卷的时间、方式及其他事项（如告诉对方本次调查的匿名性和保密性原则，调查不会对被调查者产生不利的影响，真诚地感谢受调查者的合作，答卷的注意事项等）

指导语旨在告诉被调查者如何填写问卷，包括对某种定义、标题的限定以及示范举例等内容。

（2）问卷的主体，即问题，一般有开放式和封闭式两种。

开放式问题就是调查者不提供任何可供选择的答案，由被调查者自由答题，这类问题能自然地充分反映调查对象的观点，态度，因而所获得的材料比较丰富，生动，但统计和处理所获得的信息的难度较大。可分为填空式和回答式。

封闭式问题的后面同时提供调查者设计的几种不同的答案，这些答案既可能相互排斥，也可能彼此共存，让调查对象根据自己的实际情况在答案中选择。它是一种快速有效的调查问卷，便于统计分析，但提供选择答案本身限制了问题回答的范围和方式，这类问卷所获得的信息的价值很大程度上取决于问卷设计自身的科学性、全面性的程度。封闭式问题又可分为：是否式（把问题的可能性答案列出两种相矛盾的情况，请被调查人从中选择其一"是"或"否"、"同意"或"不同意"）、选择式（每个问题后列出多个答案，请被调查人从答案中选择自己认为最合适的一个或几个答案并作上记号）

（3）为了提高问卷的信度和效度，问卷设计时需要注意以下问题：

●问卷中所提的问题，应围绕研究目的来编制，力求简单、明了，含义准确，不要出现双关语，避免片面和暗示性的语言。如"太阳底下最光辉的职业是教师，你喜欢教师职业吗？"

●问题不要超过被调查者的知识、能力范围。如对小学生的问卷中不要出现"你认为哪家商场的营销比较疲软"的问题。

●问题排列要有一定的逻辑次序，层次分明。问卷的目的、内容、数据、卷面安排标准答案等都要认真地推敲和设计。

●调查表上应有留给供人填写答案的足够空间，并编有填写调查单位的名称、填表人的姓名和填表年月日的栏目。

●问卷形式可以封闭式和开放式相结合，问题数量要适度，一般应控制在30个问题以内，最好在20分钟内能答完。

●为使调查结果更为客观、真实，问卷最好采用匿名回答的方式。

一般来说，问卷设计前要摸底，对组内全体成员进行使用问卷调查的培训，并在小范围内进行试测，反复修改设计的问卷，以期与实际情况相符合，并便于对结果进行处理。

（二）问卷调查的主要优点

问卷易于操作，可不受人数限制，因此，使用范围较广。在时间，经费方面也比直接观察访问更为经济，所收集的数据比较可靠。问卷法可令被调查者有充分考虑的时间，不受别人的干扰，可以自由地表达意见，其结果将更为可靠。数据的编码、分析和解释都比较简单，因为样本是有代表性的，可以对总体的情况作较为合理的判断。

（三）问卷调查的主要缺点

被调查者可能不愿意，或者不能够提供所需要的信息；封闭性的问题限制被调查者选择答案的范围，有可能使某些类型的数据的有效性受到损失；问卷的设计需要很高的专业水平，问题的数量、措辞都会影响被调查者回答问题的态度，以及给出答案的质量。

（四）态度测量技术

态度测量就是调查人员根据被调查者的可能认识或认识程度，就某一问题列出若干答案，设计态度测量表，再根据被调查者的选择来确定其认识或认识程度（态度）。

1、态度测量表

就是通过一套事先拟定的用语、记号和数目，来测定测量人们心理活动的度量工具，它可将我们所要调查的定性资料进行量化。

2、态度测量表的分类

（1）类别量表，又称名义量表，是根据调查对象的性质作出的分类。

（2）顺序量表，又称次序量表，它能表示各类别之间不同程度的顺序关系。

（3）等差量表，又称差距量表，它比顺序量表更为精细，不仅能表示顺序关系，还能测量各顺序位置之间的距离。这种量表可以进行相加或相减计算，但不能相互做乘、除计算。

（4）等比量表，表示各个类别之间的顺序关系成比率的量表，比如对身高、体重、年龄等变量的测量。它可以做相互间的加、减、乘、除计算。

（五）问卷设计

问卷调查是目前调查业中所广泛采用的调查方式，即由调查机构根据调查目的设计各类调查问卷采取抽样的方式（随机抽样或整群抽样）确定调查样本，通过调查员对样本的访问完成事先设计的调查项目然后由统计分析得出调查结果的一种方式。

问卷设计严格遵循的是概率与统计原理，因而，调查方式具有较强的科学性，同时也便于操作。这一方式对调查结果的影响，除了样本选择、调查员素质、统计手段等因素外，问卷设计水平是其中的一个前提性条件。

六、抽样方法

（一）普查与抽样调查

　　普查是指一个国家或者一个地区为详细调查某项重要的国情、国力，专门组织的一次性大规模的全面调查，其主要用来调查不能够或不适宜用定期全面的调查报表来收集的资料，来搞清重要的国情、国力。普查是为了某种特定的目的而专门组织的一次性的全面调查。普查一般是调查属于一定时点上的社会经济现象的总量，但也可以调查某些时期现象的总量，乃至调查一些并非总量的指标。普查涉及面广，指标多，工作量大，时间性强。为了取得准确的统计资料，普查对集中领导和统一行动的要求最高。

　　抽样调查是一种非全面调查，它是从全部调查研究对象中，抽选一部分单位进行调查，并据以对全部调查研究对象做出估计和推断的一种调查方法。显然，抽样调查虽然是非全面调查，但它的目的却在于取得反映总体情况的信息资料，因而，也可起到全面调查的作用。根据抽选样本的方法，抽样调查可以分为概率抽样和非概率抽样两类。概率抽样是按照概率论和数理统计的原理从调查研究的总体中，根据随机原则来抽选样本，并从数量上对总体的某些特征作出估计推断，对推断出可能出现的误差可以从概率意义上加以控制。习惯上将概率抽样称为抽样调查。

1、市场普查

　　就是确定的调查对象（总体）的各个组成部分（个体）毫无遗漏地一一进行调查。普查只适用于一些小型总体的市场调查，因为成本费用太大、可靠性并不高且时效性差。由于时间过长，可能会使调查结果失效，或误导调查的需求者。

2、抽样调查

　　就是在全部研究对象中抽取一部分进行观察，并由此对所研究的全部对象的数量特征和规律性进行估计和推断。抽样调查常常会发生一定的误差，但是，这种误差可以通过统计的方法加以计算和控制。

（二）抽样程序

　　抽样程序步骤如下：

　　（1）界定总体

　　（2）制订抽样框

　　（3）实施抽样调查并推测总体

　　（4）分割总体

　　（5）决定样本规模

　　（6）决定抽样方式

　　（7）确定调查的信度和效度

（三）常用的抽样方法

1、随机抽样

（1）简单随机抽样

适用于样本差异不大的情况，对全体调查对象的任何一部分不作任何有目的的选择，用纯粹偶然的方法，去抽取个体。优点：母群体名册完整时，直接由母群体中随机抽出样本，方法简单；由于抽出机率均等，较易估计母群体总值及抽样误差。缺点：通常推算结果的精确度，较分层抽样、分段抽样法为低；由于抽出样本较为分散，所以调查人力费用较大；无法估计子母体特征。

（2）分层抽样：又称"分级抽样"或"分类抽样"

优点：当层间差异愈大，层内差异愈小，则抽出样本统计精确度愈高；适当分层抽样推定的误差一定比简单抽样为低；可得到对各层的估计值。缺点：分层后样本资料的整理推算工作较"简单抽样法"复杂。

（3）分群抽样

以"群体"为单位进行的随机抽样，而不是"单个"样本，要尽量使每一个群体都保持相同的特性。优点：当群集间差异愈小，群集内差异愈大，则抽出样本统计精确度愈高；群集内样本较为集中，调查员行动范围不大，可节省调查人力及费用。缺点：以群集为抽样单位时，各项整理统计费用将增加；群集内各单位如无什么差异时，将增加群集间差异，调查结果误差大；群集内含个体多寡不同时，亦使误差加大。

学习笔记：

（4）系统抽样法

按照某种顺序给总体中的单元排列编号，然后随机地抽取一个编号作为样本的第一个单元，样本的其他单元则按照某种确定的规则抽取。

（5）复合抽样法

综合上述某些方法的步骤混合抽样的方法，尽管这种方法在统计估计、推断上困难较大，但在一些实际的市场调查中，经常不得不多次利用不达同的抽样方法以到市场调查的目的。

（6）多阶抽样

也叫阶段抽样。例如先抽几个省，再从这几个省中抽市，这为两段抽样。

2、非随机抽样

非随机抽样方法，就是非随机抽样的样本（亦称任意样本）是运用调查人员的个人判断而抽取的样本。非随机抽样法的最大缺点是无法估测抽样误差；非随机抽样在对选择抽样总体和样本容量进行判断时，可能会有个人偏见。

（1）便利抽样法：是一种随意选取样本的方法，也叫随意抽样法。

（2）判断抽样法：由专家或经验丰富的调查人员依据其个人意志或判断而进行样本选择。

（3）意向抽样法：在调查人员想有目的地选择样本以符合总体某个相关方面的情况下，调查人员就要靠意向抽样法。

（4）配额抽样法：预先把具有一定"控制特征"的样本数目分配给调查员，由调查员按照规定的"控制特征"自由选择被调查的对象（样本）。配额抽样与分层抽样具有某些相似之处，与分层法不同的是对层内的抽样方法不同。分层抽样是采用随机抽样的方法抽取样本，配额抽样法是按判断抽样来抽取样本。

（四）样本容量的确定

案例：消费者固定样本持续调查

一次，一个美国家庭住进了一位日本客人。奇怪的是，这位日本人每天都在做笔记，记录美国人居家生活的各种细节，包括吃什么食物，看什么电视节目等。一个月后，日本人走了。不久，丰田公司推出了针对当今美国家庭需求而设计的物美价廉的旅行车。如美国男士喜欢喝玻璃瓶装饮料而非纸盒装的饮料，日本设计师就专门在车内设计了能冷藏并能安全防止玻璃瓶破碎的柜子。直到此时，丰田公司才在报纸上刊登了他们对美国家庭的研究报告，同时向收留日本人的家庭表示感谢。

七、市场调查实施与资料整理

案例：

约翰·史密斯和吉姆·布郎是两个高级中学的教师。在从事几年的教学工作后，两人对该工作厌倦了。每当两人在一起吃饭时，总是讨论如何经商的问题，但因他俩每人只有两千加元的积蓄，始终未能形成一个合理的投资方案。一场小型高尔夫球赛实况转播，唤起了他们的联想："我们为何不能在温泽建个小型高尔夫球场呢？"两人一拍即合。

温泽是加拿大第十大城市，要在超过20万人的重工业城市进行调查不是一件容易的事。于是他们进行了周密的策划，于1974年1月开始了市场调查。调查和分析情况如下：

（1）分析竞争者情况

温泽现有两个小型高尔夫球场，但球场的质量很差。因此，新的高尔夫球场如果根据普通规格比赛的要求，以优质材料建成，就会把所有的顾客都吸引过来。

（2）确定被选场所

丹德文希尔购物中心是温泽地区最大的商业中心，它拥有的顾客量在80-90万人次/月之间，且有巨大的停车厂，是非常理想的场所。约翰和吉姆拜见了该购物中心的总经理罗伯特，罗伯特对此事很感兴趣，建议他们把高尔夫球场建在停车场的入口处。罗伯特不打算亲自介入，但要收取全部球场收入的15%作为土地租用费。罗伯特希望约翰和吉姆先回去，完成了详细的财务估算后再行磋商。

（3）进行顾客分析

约翰和吉姆调查了顾客可能光顾小型高尔夫球场的动机，情况见表：

原因	少年儿童	成年男子	成年女子
个人娱乐	6	6	5
家庭娱乐	12	10	8
社交	5	10	8
地点方便	6	7	10
时间方便	7	3	5
总人数	36	36	36

初步调查分析表明，顾客光顾的动机主要是：家庭娱乐、社交和地点方便。在此基础上，他们进行了两项更深层次的顾客调查。

首先，他们对自己学校的学生进行了调查。下面是调查得出的一些具体数据（年龄14-18岁，人数300人）。

（1）性别：男144人，女156人，总数300人。

（2）你夏天去丹德文希尔购物中心吗？

去者253人，不去者47人，总数300人。

A、如果去，你会在那里玩高尔夫球吗？

	是	否	可能
男	99人	12人	7人
女	97人	24人	14人

B、如果不去购物，是否愿意专程到丹德文希尔购物中心去打高尔夫球？

	是	否	可能
男	4人	11人	11人
女	4人	10人	7人

（3）你的家人是否愿意与你一起去玩高尔夫球？

是	否	可能
126人	33人	141人

（4）你愿意与你的异性朋友一起玩高尔夫球吗？

	没回答	是	否	可能
男	23人	80人	14人	26人
女	32人	82人	10人	32人

（5）你认为每盘球75分钱是一个低价、合理价还是高价？

	过低	合理	过高
男	14人	96人	34人
女	4人	134人	18人

以上第一项调查表明，大部分学生愿意打高尔夫球：300人中有253人愿意去，其中约有50%的学生借此来约会；约76%的学生认为每盘75分钱是一个比较合理的价格；仅有17%的学生认为这一价格太贵。

第二项调查则访问了200名社会上的成年人。结果是：顾客愿意在购物中心顺便玩玩球的有42人，约占25%。

八、市场调查数据统计分析

（一）统计表

统计调查所得来的原始资料，经过整理，得到说明社会现象及其发展过程的数据，把这些数据按一定的顺序排列在表格中，就形成"统计表"。统计表是表现数字资料整理结果的最常用的一种表格，统计表是由纵横交叉线条所绘制的表格来表现统计资料的一种形式。

（二）统计图

1、线图

线图是线状图的一种特殊的表示形式，是按比例绘制的平面布置图或模型。在图上，用线条表示并衡量工人、物料或设备等在规定的活动中所走的路线。

2、直方图

直方图（Histogram）又称质量分布图，是一种统计报告图，由一系列高度不等的纵向条纹或线段表示数据分布的情况。一般用横轴表示数据类型，纵轴表示分布情况。

3、柱状图

柱状图（bar chart），是一种以长方形的长度为变量的表达图形的统计报告图，由一系列高度不等的纵向条纹表示数据分布的情况，用来比较两个或以上的价值（不同时间或者不同条件），只有一个变量，通常利用于较小的数据集分析。柱状图亦可横向排列，或用多维方式表达。

4、条形图

排列在工作表的列或行中的数据可以绘制到条形图中。条形图显示各个项目之间的比较情况。描绘条形图的要素有3个：组数、组宽度、组限。条形图分为垂直条形图、水平条形图和复合条形图等。

5、折线图

折线图是排列在工作表的列或行中的数据可以绘制到折线图中。折线图可以显示随时间（根据常用比例设置）而变化的连续数据，因此非常适用于显示在相等时间间隔下数据的趋势。

6、饼图

饼图显示一个数据系列（数据系列：在图表中绘制的相关数据点，这些数据源自数据表的行或列。图表中的每个数据系列具有唯一的颜色或图案并且在图表的图例中表示。可以在图表中绘制一个或多个数据系列。饼图只有一个数据系列。）中各项的大小与各项总和的比例。饼图中的数据点（数据点：在图表中绘制的单个值，这些值由条形、柱形、折线、饼图或圆环图的扇面、圆点和其他被称为数据标记的图形表示。相同颜色的数据标记组成一个数据系列。）显示为整个饼图的百分比。

7、圆面图

圆面图是指以圆形或圆内扇形的面积大小来显示统计资料的一种图形。它主要用于反映现象的内部结构及其变化。[1] 绘制圆形图时，每个圆的面积代表100%，然后分别绘制各部分所代表的百分比。其方法是用圆的总度数360度分别乘以各部分的比例，从而换算出相应部分在圆内的圆心角度数，据此分割圆内总面积。如果将不同时间或不同单位的圆形图绘制在一起，还应依据两者该项总量指标之间的比例关系来确定圆与圆之间的比例关系。圆形图要有图例说明

九、市场预测

市场预测：是对商品生产、流通、销售的未来变化趋势或状态进行的科学推测与判断。

（一）市场预测的种类

1、按预测活动的空间范围分类

（1）宏观市场预测：是指全国性的市场预测

（2）中观市场预测：是指地区性市场预测

（3）微观市场预测：以一个企业产品的市场需求量、销售量、市场占有率、价格变化趋势、成本与诸益指标为其主要目标，同时又与相关的其他经济指标的预测密不可分。

2、按预测对象的商品层次分类

（1）单项商品预测：对某种具体商品的市场状态与趋势的预测

（2）同类商品预测：对同类商品的市场需求量或销售量的预测

（3）目标市场预测：按不同的消费者与消费者群体的需要划分目标市场，是市场营销策略与经营决策的重要依据。

（4）市场供需总量预测：市场供需总量可以是商品的总量，也可以是用货币单位表示的商品总额。

3、按预测期限的时间长短分类

（1）近期预测 　（2）短期预测 　（3）中期预测 　（4）长期预测

4、按照预测方法的不同性质分类

（1）定性市场预测：根据一定的经济理论与实际经验，对市场未来的状态与趋势做出的综合判断。

（2）定量市场预测：基于一定的经济理论与系统的历史数据，建立相应的数学模型，对市场的未来状态与趋势做出定量的描述。

5、按照市场预测结果的条件分类

（1）条件预测　　（2）无条件预测

6、按照市场预测的空间层次分类

（1）国内市场预测：又可以分为城市市场预测和农村市场预测

（2）国际市场预测：又可以分为欧洲市场预测、南美市场预测、亚洲市场预测、非洲市场预测和北美市场预测等。

（二）市场预测的内容

市场预测的内容包括：市场环境预测、市场需求预测、市场供给预测、消费者购买行为预测、产品市场预测、产品销售预测、市场占有率预测、市场行情预测、市场竞争格局预测、企业经营状况预测等。

案例：杜邦公司的"市场嘹望哨"

杜邦公司创办于1802年，是世界上著名的大企业之一。经过近200年的发展，杜邦公司今天所经营的产品包括：化纤、医药、石油、汽车制造、煤矿开采、工业化学制品、油漆、炸药、印刷设备，近年来又涉足电子行业，其销售产品达1800种之多，多年的研究开发经费达10亿美元以上，研究出1000种以上的新奇化合物——相当每天有2件至3件新产品问世，而且每一个月至少从新开发的众多产品中选出一种产品使之商业化。

杜邦公司兴盛200多年的一个重要原因，就是围绕市场开发产品，并且在世界上最早设立了市场环境"嘹望哨"——经济研究室。成立于1935年的杜邦公司经济研究室，由受过专门培训的经济学家组成，以研究全国性和世界性的经济发展现状、结构特点及发展趋势为重点，注重调查、分析、预测与本公司产品有关的经济、政治科技、文化等市场动向。除了向总公司领导及有关业务部门做专题报告及口头报告，解答问题外，经济研究室还每月整理出版两份刊物。一份发给公司的主要供应厂家和客户，报道有关信息和资料；另一份是内部发行，根据内部经营全貌分析存在的问题，提出解决措施，研究短期和长期的战略规划、市场需求量，以及同竞争对手之间的比较性资料。另外每季度还会整理出版一期《经济展望》供总公司领导机构和各部门经理在进行经营决策时参考。

正是由于他们重视对调查资料的整理、分析和利用，才使得杜邦公司200多年兴盛不衰。

（三）市场预测的程序

市场预测就是在市场调查获得的各种信息和资料的基础上，通过分析研究，运用科学的预测技术和方法，对市场未来的商品供求趋势、影响因素及其变化规律所做的分析和推断过程。

所谓市场预测，就是运用科学的方法，对影响市场供求变化的诸因素进行调查研究，分析和预见其发展趋势，掌握市场供求变化的规律，为经营决策提供可靠的依据。

预测为决策服务，是为了提高管理的科学水平，减少决策的盲目性，需要通过预测来把握经济发展或者未来市场变化的有关动态，减少未来的不确定性，降低决策可能遇到的风险，使决策目标得以顺利实现。

1、确定预测目标，拟定预测计划

明确目标，是开展市场预测工作的第一步，因为预测的目标不同，预测的内容和项目、所需要的资料和所运用的方法都会有所不同。明确预测目标，就是根据经营活动存在的问题，拟定预测的项目，制订预测工作计划，编制预算，调配力量，组织实施，以保证市场预测工作有计划、有节奏地进行。

2、搜集和分析信息资料

进行市场预测必须占有充分的资料。有了充分的资料，才能为市场预测提供进行分析、判断的可靠依据。在市场预测计划的指导下，调查和搜集预测有关资料是进行市场预测的重要一环，也是预测的基础性工作。

3、选择预测方法，建立预测模型

根据预测的目标以及各种预测方法的适用条件和性能，选择出合适的预测方法，有时可以运用多种预测方法来预测同一目标。预测方法的选用是否恰当，将直接影响到预测的精确性和可靠性。运用预测方法的核心是建立描述、概括研究对象特征和变化规律的模型，根据模型进行计算或者处理，即可得到预测的结果。

4、确定预测结果，进行分析评价

分析判断是对调查搜集的资料进行综合分析，并通过判断、推理，使感性认识上升为理性认识，从事物的现象深入到事物的本质，从而预计市场未来的发展变化趋势。在分析评判的基础上，通常还要根据最新信息对原预测结果进行评估和修正。

学习笔记：

5、写出预测结果报告

预测报告应该概括预测研究的主要活动过程，包括预测目标、预测对象及有关因素的分析结论、主要资料和数据，预测方法的选择和模型的建立，以及对预测结论的评估、分析和修正等。

（四）市场预测的方法

市场预测方法是指在全面、系统、准确地占有有关资料的基础上，对预测目标进行定性分析和定量预测的各种方法的总称。

1、集合意见法

集体意见预测法，它是由企业领导人负责组织，精心挑选具有丰富经验和相关知识的企业内部和外部人员组成小组，开展座谈会，彼此交流意见，共同研究预测对象，对其发展趋势进行预测的一种方法。与个人经验判断法相比较，集体经验判断法能够利用集体的经验和智慧，克服个人经验不足或能力欠缺所造成的局限性，提高预测的质量。

2、德尔菲法（专家调查法）

是采用匿名的方式，用问卷的方法背靠背地征求专家各自的预测意见。德尔菲法的步骤：拟订调查表：设计十几个问题；选择专家：人数在15人左右；寄发调查表；反复征询和反馈；确定预测结果：写出预测结果报告。

德尔菲法的特征：匿名性：专家之间没有任何联系，只以书面形式与组织者进行联系。

反馈沟通性：要经过多次反馈征询意见，使预测结果更准确地反映专家集体的意见；统一性：经过几轮反馈，专家的意见会逐渐趋于一致，呈现出统一的趋势。

3、推销人员估计法

推销人员是通过征求企业推销人员的意见预测未来需求的方法。推销人员估计法的主要优点：这些推销人员对市场情况很熟悉，对购买者意向很了解，所以他们比其他人有更丰富的知识和更敏锐的洞察力；有利于调动各种积极因素；可获得较详细的销售量估计；可节省预测时间和预测费用。

推销人员估计法的主要缺点：推销人员的判断可能会过于乐观或过于悲观；不能正确地认识他们所面临的机会和威胁；可能会有意压低预测数字；对预测不感兴趣。

4、用户调查法

就是通过实际调查，在掌握第一手资料的情况下，对用户未来需求做出分析和判断的一种预测方法。

5、时间序列预测法

时间序列，也叫时间数列、历史复数或动态数列。它是将某种统计指标的数值，按时间先后顺序排到所形成的数列。时间序列预测法就是通过编制和分析时间序列，根据时间序列所反映出来的发展过程、方向和趋势，进行类推或延伸，借以预测下一段时间或以后若干年内可能达到的水平。其内容包括：收集与整理某种社会现象的历史资料；对这些资料进行检查鉴别，排成数列；分析时间数列，从中寻找该社会现象随时间变化而变化的规律，得出一定的模式，以此模式去预测该社会现象将来的情况。

（1）简单算术平均法

简单序时平均数法也称算术平均法，即把若干历史时期的统计数值作为观察值，求出算术平均数作为下期预测值。这种方法基于下列假设："过去这样，今后也将这样"，把近期和远期数据等同化和平均化，因此只能适用于事物变化不大的趋势预测。如果事物呈现某种上升或下降的趋势，就不宜采用此法。

（2）加权算术平均法

加权序时平均数法就是把各个时期的历史数据按近期和远期影响程度进行加权，求出平均值，作为下期预测值。

（3）一次移动平均法（简单移动平均法）

移动平均法是用一组最近的实际数据值来预测未来一期或几期内公司产品的需求量、公司产能等的一种常用方法，移动平均法适用于近期期预测。当产品需求既不快速增长也不快速下降，且不存在季节性因素时，移动平均法能有效地消除预测中的随机波动，是非常有用的。移动平均法根据预测时使用的各元素的权重不同，可以分为：简单移动平均和加权移动平均。

移动平均法是一种简单平滑预测技术，它的基本思想是：根据时间序列资料、逐项推移，依次计算包含一定项数的序时平均值，以反映长期趋势的方法。因此，当时间序列的数值由于受周期变动和随机波动的影响，起伏较大，不易显示出事件的发展趋势时，使用移动平均法可以消除这些因素的影响，显示出事件的发展方向与趋势（即趋势线），然后依趋势线分析预测序列的长期趋势。

（4）二次移动平均法

加权移动平均法，是对观察值分别给予不同的权数，按不同权数求得移动平均值，并以最后的移动平均值为基础，确定预测值的方法。采用加权移动平均法，是因为观察期的近期观察值对预测值有较大影响，它更能反映近期市场变化的趋势。所以，对于接近预测期的观察值给予较大权数值，对于距离预测期较远的观察值则相应给予较小的权数值，以不同的权数值调节各观察值对预测值所起的作用，使预测值能够更近似地反映市场未来的发展趋势。

（5）指数平滑法

指数平滑法即根据历史资料的上期实际数和预测值，用指数加权的办法进行预测。此法实质是由内加权移动平均法演变而来的一种方法，优点是只要有上期实际数和上期预测值，就可计算下期的预测值，这样可以节省很多数据和处理数据的时间，减少数据存储量，方法简便，是国外广泛使用的一种短期预测方法。

6、趋势延伸法

根据市场发展的连续资料，寻求市场发展与时间之间的长期趋势变动规律，用恰当方法找出长期变动趋势增长规律的函数表达式，据此预测市场未来发展的可能水平。如商品的销售（或需求）增长规律、耐用产品的发展和更新换代过程等，均可用其趋势增长线来描述，进行预测。趋势研究法研究的是事物发展与时间的长期变化关系。

7、因果分析法

市场变量之间的因果关系，主要回答"为什么"的问题，它涉及事物的本质及影响事物发展变化的内在原因。因果关系研究的目的：确定自变量（原因）和因变量（结果）；确定变量之间相互联系的特征。特征：需有一套预先设计好的计划；有明确而具体的假设。

8、经济计量法

经济计量法，是经济分析与数学方法相结合的一种预测方法，它是根据客观经济规律，利用预测对象有关因素之间存在的复杂的相互依存关系，以数学和统计手段，把其主要变量归纳在一组联立方程式中，抽象地描述它们之间的相互关系，然后进行演算，以便根据过去和现在的各种变量，推测未来时期的数值。通常将描述预测对象有关主要变量相互关系的一组联立方程式，称为经济计量模型。

十、市场研究报告

市场研究报告书的结构

（1）标题页：标题、客户、调研、日期

（2）执行性摘要（Executive Summary）

（3）内容目录

（4）引言：实施调研的背景、参与人员及其职位、致谢

（5）调查方法

（6）分析与结果（正文详细内容）

（7）局限（样本规模的局限、抽样误差等）

（8）结论与建议

（9）调研感悟

（10）参考文献

（11）附录（调研计划书、调查问卷，地图或专业化的资料）

创业综合词典汇 **之**

第六模块

质量管理词典汇

目录 CONTENTS

质量管理词典汇

一、质量管理概述

（一）公司的本质属性

1、公司存在的目的

消费者为什么不购买你的产品与服务？在企业运营中，常常会出现同质产品激烈竞争的情形，消费者为什么不购买你的产品？为什么购买竞争对手的产品？这不仅是产品的本质满足了他的基本需求，他还关心你的企业是否讲诚信？你的企业是不是本行业中的龙头企业？你的产品是不是本行业中的第一品牌？而这一系列的问题归根结底还是质量问题。

企业只有生产高质量的产品来满足顾客的需求，才能有长期发展的机会及存在的价值和意义。

（二）质量及质量管理

1、质量的定义与相关术语

质量的定义在不同时期有不同的内涵，按 ISO9000 的标准，质量是一组固有特性满足要求的程度。

（1）关于"固有特性"

① 特性指"可区分的特征"。可以有各种类别的特性，如物的特性（如机械性能）；感官的特性（如：气味、噪音、色彩等）；行为的特性（如礼貌）；时间的特性（如：准时性、可靠性）；人体工效的特性（如生理的特性或有关人身安全的特性）和功能的特性（如飞机的最高速度）。

② 特性可以是固有的或赋予的。"固有的"就是指某事或某物中本来就有的，尤其是那种永久的特性。例如，螺栓的直径、机器的生产率或接通电话的时间等技术特性。

③ 赋予特性不是固有的，不是某事物中本来就有的，而是完成产品后因不同的要求而对产品所增加的特性，如产品的价格、硬件产品的供货时间和运输要求（如：运输方式）、售后服务要求（如：保修时间）等特性。

④ 产品的固有特性与赋予特性是相对的，某些产品的赋予特性可能是另一些产品的固有特性，例如：供货时间及运输方式对硬件产品而言，属于赋予特性；但对运输服务而言，就属于固有特性。

学习笔记：

（2）关于"要求"

要求指"明示的、通常隐含的或必须履行的需求或期望"。

①"明示的要求"可以理解为是规定的要求，如在文件中阐明的要求或顾客明确提出的要求。

②"通常隐含的要求"是指组织、顾客和其他相关方的惯例或一般做法，所考虑的需求或期望是不言而喻的。例如：化妆品对顾客皮肤的保护性等。一般情况下，顾客或相关方的文件（如：标准）中不会对这类要求给出明确的规定，组织应根据自身产品的用途和特性进行识别，并做出规定。

③"必须履行的"是指法律法规要求的或有强制性标准要求的。如食品卫生安全法、GB8898 "电网电源供电的家用和类似用途的电子及有关设备的安全要求"等，组织在产品实现的过程中必须要执行这类标准。

④要求可以由不同的相关方提出，不同的相关方对同一产品的要求可能是不相同的。例如：对汽车来说，顾客要求美观、舒适、轻便、省油，而社会要求对环境不产生污染。组织在确定产品要求时，应兼顾顾客及相关方的要求。

要求可以是多方面的，当需要特指时，可以采用修饰词表示，如产品要求、质量管理要求、顾客要求等。从质量的概念中，可以理解到：质量的内涵由一组固有特性组成，并且这些固有特性是以满足顾客及其他相关方所要求的能力加以表征。质量具有经济性、广义性、时效性和相对性。

①质量的经济性：由于要求汇集了价值的表现，价廉物美实际上是反映人们的价值取向，物有所值，就是表明质量有经济性的表征。虽然顾客和组织关注质量的角度是不同的，但对经济性的考虑是一样的。高质量意味着最少的投入，获得最大效益的产品。

②质量的广义性：在质量管理体系所涉及的范畴内，组织的相关方对组织的产品、过程或体系都可能提出要求。而产品、过程和体系又都具有固有特性，质量不仅指产品质量，也可指过程和体系的质量。

③质量的时效性：由于组织的顾客和其他相关方对组织和产品、过程和体系的需求和期望是不断变化的，例如：原先被顾客认为质量好的产品会因为顾客要求的提高而不再受到顾客的欢迎。因此，组织应不断地调整对质量的要求。

④质量的相对性：组织的顾客和其他相关方可能对同一产品的功能提出不同的需求；也可能对同一产品的同一功能提出不同的需求；需求不同，质量要求也就不同，只有满足需求的产品才会被认为是质量好的产品。

质量的优劣是满足要求程度的一种体现。它须在同一等级基础上做比较，不能与等级混淆。等级是指对功能用途相同但质量要求不同的产品、过程或体系所做的分类或分级。

2、质量管理的定义与相关术语

质量管理是指确定质量方针、目标和职责，并通过质量体系中的质量策划、质量控制、质量保证和质量改进来使其实现的所有管理职能的全部活动。

3、与质量管理相关的术语

●质量方针：指的是由组织的最高管理者正式发布的该组织总的质量宗旨和方向，通常质量方针与组织的总方针相一致并为制订

●质量目标：是指组织在质量方面所追求的目的。质量目标一般依据组织的质量方针制订，通常是对组织的相关职能和层次分别规定质量目标。质量目标提供框架。

● 质量策划：Quality planning（ISO9000：2005）质量管理的一部分，致力于制订质量目标并规定必要的运行过程和相关资源以实现质量目标。

● 质量控制：是为使产品或服务达到质量要求而采取的技术措施和管理措施方面的活动。质量控制的目标在于确保产品或服务质量能满足要求（包括明示的、习惯上隐含的或必须履行的规定）。质量保证（Quality Assurance）也是质量管理的一部分，它致力于提供质量要求会得到满足的信任。质量保证是指为使人们确信产品或服务能满足质量要求而在质量管理体系中实施并根据需要进行证实的全部有计划和有系统的活动。质量保证一般适用于有合同的场合，其主要目的是使用户确信产品或服务能满足规定的质量要求。

● 质量改进：质量改进是质量管理的一部分，它致力于增强满足质量要求的能力。当质量改进是渐进的并且组织积极寻找改进机会时，通常使用术语"持续质量改进"。

● 质量管理体系（Quality Management System，QMS）：是指在质量方面指挥和控制组织的管理体系。质量管理体系是组织内部建立的、为实现质量目标所必需的、系统的质量管理模式，也是组织的一项战略决策。

（三）质量管理的发展历程

1、质量检验阶段

20世纪前，产品质量主要依靠操作者本人的技艺水平和经验来保证，属于"操作者的质量管理"。20世纪初，以F.W.泰勒为代表的科学管理理论的产生，促使产品的质量检验从加工制造中分离出来，质量管理的职能由操作者转移给工长，是"工长的质量管理"。随着企业生产规模的扩大和产品复杂程度的提高，产品有了技术标准（技术条件），公差制度（见公差制）也日趋完善，各种检验工具和检验技术也随之发展，大多数企业开始设置检验部门，有的直属于厂长领导，这时是"检验员的质量管理"。上述几种做法都属于事后检验的质量管理方式。

学习笔记：

2、统计质量控制阶段

1924年，美国数理统计学家W.A.休哈特提出控制和预防缺陷的概念。他运用数理统计的原理提出在生产过程中控制产品质量的"6σ"法，绘制出第一张控制图并建立了一套统计卡片。与此同时，美国贝尔研究所提出关于抽样检验的概念及其实施方案，成为运用数理统计理论解决质量问题的先驱，但当时并未被普遍接受。以数理统计理论为基础的统计质量控制的推广应用始自第二次世界大战。由于事后检验无法控制武器弹药的质量，美国国防部决定把数理统计法用于质量管理，并由标准协会制订有关数理统计方法应用于质量管理方面的规划，成立了专门委员会，并于1941～1942年先后公布了一批美国战时的质量管理标准。

3、全面质量管理阶段

20世纪50年代以来，随着生产力的迅速发展和科学技术的日新月异，人们对产品的质量从注重产品的一般性能发展为注重产品的耐用性、可靠性、安全性、维修性和经济性等。在生产技术和企业管理中要求运用系统的观点来研究质量问题。在管理理论上也有了新的发展，突出重视人的因素，强调依靠企业全体人员的努力来保证质量以外，"保护消费者利益"运动的兴起，企业之间市场竞争越来越激烈。在这种情况下，美国A.V.费根鲍姆于60年代初提出全面质量管理的概念。他提出，全面质量管理是"为了能够在最经济的水平上、并考虑到充分满足顾客要求的条件下进行生产和提供服务，并把企业各部门在研制质量、维持质量和提高质量方面的活动构成为一体的一种有效体系。"中国自1978年开始推行全面质量管理，并取得了一定成效。

（四）全面质量管理

1、全面质量管理的意义

全面质量管理，即TQM（Total Quality Management）就是指一个组织以质量为中心，以全员参与为基础，目的在于通过顾客满意和本组织所有成员及社会受益而达到长期成功的管理途径。在全面质量管理中，质量这个概念与全部管理目标的实现有关。

2、全面质量管理的特点

（1）内容与方法的全面性。不仅要着眼于产品的质量，而且要注重形成产品的工作质量。注重采用多种方法和技术，包括科学的组织管理工作、各种专业技术、数理统计方法、成本分析、售后服务等。

（2）全过程控制。即对市场调查、研究开发、设计、生产准备、采购、生产制造、包装、检验、贮存、运输、销售、为用户服务等全过程都进行质量管理。

（3）全员性。即企业全体人员包括领导人员、工程技术人员、管理人员和工人等都参加质量管理，并对产品质量各负其责。

3、全面质量管理的原则

（1）预防原则

（2）经济原则

（3）协作原则

（4）按照PDCA循环组织工作

二、质量管理与改进的基本工作

（一）质量改进的老七种工具与技术

1、分层法

分层法又叫分类法，是分析影响质量（或其他问题）原因的方法。我们知道，如果把很多性质不同的原因搅在一起，那是很难理出头绪来的。其办法是把收集来的数据按照不同的目的加以分类，把性质相同，在同一生产条件下收集的数据归在一起。这样，可使数据反映的事实更明显、更突出，便于找出问题，对症下药。

企业中处理数据常按以下原则分类：

（1）按不同时间分类：如按不同的班次、不同的日期进行分类。

（2）按操作人员分类：如按新、老工人、男工、女工、不同工龄分类。

（3）按使用设备分类：如按不同的机床型号，不同的工夹具等进行分类。

（4）按操作方法分类：如按不同的切削用量、温度、压力等工作条件进行分类。

（5）按原材料分类：如按不同的供料单位不同的进料时间，不同的材料成份等进行分类。

（6）其他分类：如按不同的工厂、使用单位、使用条件、气候条件等进行分类。

总之，因为我们的目的是把不同质的问题分清楚。便于分析问题找出原因，所以，分类方法多种多样，并无任何硬性规定。

2、检查表

又称统计分析表法，用于将收集的数据进行规范化的表格，对生产过程中的原始质量数据的统计分析十分重要，为此必须根据本班组、本岗位的工作特点设计出相应的表格。

3、因果图

因果分析图又叫特性要因图。按其形状，有人又叫它为树枝图或鱼刺图。它是寻找质量问题产生原因的一种有效工具。画因果分析图的注意事项：

（1）影响产品质量的大原因，通常从五个大方面去分析，即人、机器、原材料、加工方法和工作环境。每个大原因再具体化成若干个中原因，中原因再具体化为小原因，具体的问题分解越细越好，直到可以采取措施为止。

（2）讨论时要充分发挥技术民主，集思广益。别人发言时，不准打断，不开展争论。各种意见都要记录下来。

4、排列图

排列图法是找出影响产品质量主要因素的一种有效方法，制作排列图的步骤：

（1）收集数据，即在一定时期里收集有关产品质量问题的数据。例如，可收集1个月或3个月或半年等时期里的废品或不合格品的数据。

（2）进行分层，列成数据表，即将收集到的数据资料，按不同的问题进行分层处理，每一层也可称为一个项目；然后统计一下各类问题（或每一项目）反复出现的次数（即频数）；按频数的大小次序，从大到小依次列成数据表，作为计算和作图时的基本依据。

（3）进行计算，即根据相关栏的数据，相应地计算出每类问题在总问题中的百分比，计入相应栏，然后计算出累计百分数，计入相应栏。

（4）作排列图，即根据上表数据进行作图。需要注意的是累计百分率应标在每一项目的右侧，然后从原点开始，点与点之间以直线连接，从而作出帕累托曲线。

5、直方图

直方图（Histogram）是频数直方图的简称，它是用一系列宽度相等、高度不等的长方形表示数据的图。长方形的宽度表示数据范围的间隔，长方形的高度表示在给定间隔内的数据数。

6、散布图

散布图法，是指通过分析研究两种因素的数据之间的关系，来控制影响产品质量的相关因素的一种有效方法。在生产实际中，往往是一些变量共处于一个统一体中，它们相互联系、相互制约，在一定条件下又相互转化。有些变量之间存在着确定性的关系，它们之间的关系，可以用函数关系来表达，如园的面积和它的半径关系：$S = \pi r^2$；有些变量之间却存在着相关关系，即这些变量之间既有关系，但又不能由一个变量的数值精确地求出另一个变量的数值。将这两种有关的数据列出，用点子打在坐标图上，然后观察这两种因素之间的关系，这种图就称为散布图或相关图。

7、控制图

控制图法是以控制图的形式，判断和预报生产过程中质量状况是否发生波动的一种常用的质量控制统计方法。它能直接监视生产过程中的过程质量动态，具有稳定生产，保证质量、积极预防的作用。

（二）质量改进的新七种工具与技术

1、关联图

对具有原因—结果，或手段—目的等逻辑关系的一系列有关问题的要素用箭线连接起来并找出主要因素的方法，可以用于分析整理各种复杂因素交织一起的多目的情形。

关联图主要用途有：

（1）制订企业方针计划和实施措施

（2）制订生产过程不良品对策

（3）制订工序管理故障对策

（4）制订QC小组目标规划

（5）改善各部门质量工作

（6）改善企业各项工作质量

关联图的绘制步骤：

（1）针对问题收集资料

（2）用短句词汇归纳要素

（3）根据关系连接要素

（4）改进图形表明问题要因

2、系统图

　　系统图就是倒立状态的因果图，是根据目的找出手段，而又将上一级手段作为目的找出手段，按顺序层层展开的树状图。 系统图有从左到右单侧展开型与自上而下宝塔型两种形式。

学
习
笔记：

系统图主要用途有：

　　（1）用于措施展开

　　（2）用于因果分析

　　（3）矩阵图配合使用

3、矩阵图

　　矩阵图是针对复杂问题找出成对的因素群，分别排成行和列，在其交点上表示成对因素间相关程度的定性分析图形。主要类型有：

　　（1）L型矩阵图；

　　（2）T型矩阵图；

　　（3）Y型矩阵图；

　　（4）X型矩阵图；

　　（5）C型矩阵图

4、网络图

　　网络图（Network planning）是一种图解模型，形状如同网络，故称为网络图。网络图是由作业（箭线）、事件（又称节点）和路线三个因素组成的。

　　在工程管理中，经常使用到网络图的概念。网络图是用箭线和节点将某项工作的流程表示出来的图形。

5、过程决策程序图

　　是指为达到预期目的，事先预测过程可能发生情况，采取相应预防纠正措施，提出实施方案以达到目标的一种动态管理程序方法。

　　过程决策程序图主要用途有：

　　（1）制订方针目标实施计划

学
习
笔记：

（2）制订新产品开发的实施计划

（3）制订重大事故防范措施

（4）制订生产质量问题防止措施

（5）提出选择处理质量纠纷的方案

6、亲和图

亲和图是KJ法的主体，是日本川喜田二郎首创的，是一种收集信息、按相互亲近程度用图形进行归纳整理并找出解决问题思路的图示技术。

亲和图不象关联图用逻辑推理来明确因果关系，而是按情理性归类。只适用需要时间慢慢解决、不易解决而非解决不可的问题，不适用速战速决或简单的问题。

主要用于归纳整理收集到的意见、观点和想法等语言资料。

亲和图的绘制步骤：

（1）确定主题

（2）收集资料

（3）资料卡片化

（4）汇总整理卡片

（5）制作标签卡片

（6）作图

7、流程图

流程图是将一个过程步骤用图的形式表示出来的一种图示技术。通过研究一个过程中各个步骤之间的关系，就可能发现故障的潜在原因和需要进行质量改进的环节。流程图符号有：（1）端点符；（2）活动符；（3）判断符；（4）流线符；（5）注释符；（6）省略符……

学习
笔记：

三、ISO9000标准及其质量认证

（一）ISO9000的产生与发展

1、ISO9000的产生与发展

ISO9000品质体系认证机构是经过国家认可的权威机构，对企业的品质体系的审核要求非常严格。食品企业可按照经过严格审核的国际标准化的品质体系进行品质管理，确保了食品质量的合格率，为企业增加经济效益和社会效益。实行ISO9000国际标准化的品质管理，可以稳定地提高产品品质，使企业在竞争中永远立于不败之地。

（1）1980年，"质量"一词被定义为企业动作及绩效中所展现的组织能力。导致一些行业标准与国家标准的产生，而由于跨国贸易的逐渐形成，跨行业、跨国度的新标准也呼之欲出。

（2）1987年，国际标准化组织（ISO）成立TC176技术委员会，联系53个国家，致力于ISO9000系列标准的发展。颁布ISO9000系列质量保证体系标准。

（3）1992年，中国等同采用ISO9000系列标准，形成GB/T19000系列标准。欧共体提出欧共体内部各国企业按照ISO9000系列标准完善质量体系，美国把此作为"进入全球质量运动会的规则"。

（4）1994年国际标准化组织ISO修改发布ISO9000-1994系列标准。世界各大企业如：德国西门子公司、日本松下公司、美国杜邦公司等纷纷通过了认证，并要求他们的分供方通过ISO9000认证。

（5）1996年，中国政府部门如：电子部、石油部、建设部等逐步将通过ISO9000认证作为政府采购的条件之一，从而推动了中国ISO9000认证事业迅速发展。2000年国际标准化组织ISO修改发布ISO9000系列-2000系列标准，更适应新时期各行业质量管理的需求。

公司通过取得ISO9001认证能带来如下的益处：

（1）强调以顾客为中心的理念，明确公司通过各种手段去获取和理解顾客的要求，确定顾客要求，通过体系中各个过程的运作满足顾客要求甚至超越顾客要求，并通过顾客满意的测量来获取顾客满意程序的感受，以不断提高公司在顾客心中的地位，增强顾客的信心。

（2）明确要求公司最高管理层直接参与质量管理体系活动，从公司层面制订质量方针和各层次质量目标，最高管理层通过及时获取质量目标达成情况以判断质量管理体系运行的绩效，直接参与定期的管理评审掌握整个质量体系的整体状况，并及时对于体系不足之处采取措施，从公司层面保证资源的充分性。

（3）明确各职能和层次人员的职责权限以及相互关系，并从教育、培训、技能和经验等方面明确各类人员的能力要求，以确保他们是胜任的，通过全员参与到整个质量体系的建立、运行和维持活动中，以保证公司各环节的顺利运作。

（4）明确控制可能产生不合格产品的各个环节，对于产生的不合格产品进行隔离、处置，并通过制度化的数据分析，寻找产生不合格产品的根本原因，通过纠正或预防措施防止不合格发生或再次发生，从而不断降低公司发生的不良质量成本，并通过其他持续改进的活动来不断地提高质量管理体系的有效性和效率，从而实现公司成本的不断降低和利润的不断增长。

（5）通过单一的第三方注册审核代替累赘的第二方工厂审查，第三方专业的审核可以更深层次地发现公司存在的问题，通过定期监督审核来督促公司的人员按照公司确定的质量管理体系规范来开展工作。

（6）获得质量体系认证是取得客户配套资格和进入国际市场的敲门砖，也是企业开展供应链管理很重要的依据。

ISO9001：2008标准为企业申请认证的依据标准，在标准的适用范围中明确本标准是适用于各行各业，且不限制企业的规模大小，国际上通过认证的企业涉及到国民经济中的各行各业。

2、ISO9000组织申请认证须具备以下基本条件：

（1）具备独立的法人资格或经独立的法人授权的组织

（2）按照ISO9001：2008标准的要求建立文件化的质量管理体系

（3）已经按照文件化的体系运行三个月以上，并在进行认证审核前按照文件的要求进行了至少一次管理评审和内部质量体系审核；ISO9000：2008体系里有22个标准和3个指导性文件，从1987年到目前为止ISO9000体系一直都在增加标准，最新的标准是2008年版本，整体条文并未改变，细节有所加强。

（二）ISO9000族标准

ISO9000：2008族标准核心标准为下列四个：

（1）ISO9000：2008《质量管理体系－基础和术语》：标准阐述了ISO9000族标准中质量管理体系的基础知识、质量管理八项原则，并确定了相关的术语。

（2）ISO9001：2008《质量管理体系－要求》：标准规定了一个组织若要推行ISO9000，取得ISO9000认证，所要满足的质量管理体系要求。组织通过有效实施和推行一个符合ISO9001：2000标准的文件化的质量管理体系，包括对过程的持续改进和预防不合格，使顾客满意。

（3）ISO9004：2008《质量管理体系－业绩改进指南》：标准以八项质量管理原则为基础，帮助组织有效识别能满足客户及其相关方的需求和期望，从而改进组织业绩，协助组织获得成功。

（4）ISO19011：2008《质量和环境管理体系审核指南》：标准提供质量和（或）环境审核的基本原则、审核方案的管理、质量和（或）环境管理体系审核的实施、对质量和（或）环境管理体系审核员的资格等要求。

（三）ISO9000-2008标准的构成和特点

1、ISO9000-2008的文件结构

质量体系文件包括：

（1）形成文件的质量方针和质量目标

（2）质量手册

（3）本标准所要求的形成文件的程序和记录

（4）组织确定的为确保其过程有效策划、运营和控制所需的文件、包括记录。

2、ISO9000-2008族标准的特点

（1）ISO9000标准是一个系统性的标准，涉及的范围、内容广泛，且强调对各部门的职责权限进行明确划分、计划和协调，而使企业能 有效地、有秩序地开展给各项活动，保证工作顺利进行。

（2）强调管理层的介入，明确制订质量方针及目标，并通过定期的管理评审达到了解公司的内部体系运作情况，及时采取措施，确保体系处于良好的运作状态的目的。

（3）强调纠正及预防措施，消除产生不合格或导致不合格的潜在原因，防止不合格的再发生，从而降低成本。

（4）强调不断的审核及监督，达到对企业的管理及运作不断地修正及改良的目的。

（5）强调全体员工的参与及培训，确保员工的素质能够满足工作的要求，并使每一个员工有较强的质量意识。

（6）强调文化管理，以保证管理系统运行的正规性，连续性。如果企业有效地执行这一管理标准，就能提高产品（或服务）的质量，降低生产（或服务）成本，建立客户对企业的信心，提高经济效益，最终大大提高企业在市场上的竞争力。

（四）质量管理体系要求

1、质量管理体系总要求

组织应按标准的要求建立质量管理体系，形成文件，加以实施和保持，并持续改进其有效性。组织应：

（1）识别质量管理习题所需的过程及其在组织中的应用，确定这些过程的顺序和相互作用。

（2）确定为确保这些过程的有效运营和控制所需的准则和方法

（3）确保可以获得的资源和必要信息，以支持这些过程的运行和对这些过程的监视，并测量和分析这些过程。

（4）实施必要的措施，以实现对这些过程策划的结果和对这些过程的持续改进。

2、文件要求

质量管理体系文件应包括：（1）形成文件的质量方针和质量目标；（2）质量手册；（3）质量管理标准所要求的形成文件的程序；（4）组织为确保其过程的有效策划、运营和控制所需的文件；（5）质量管理标准所需要的记录；（6）其他文件：质量计划、规范、标准、作业指导书、管理制度等；文件的多少、详略程度与组织规模、活动特点、过程的复杂程度、员工素质相关；文件可以以任何形式出现。

3、质量管理体系四大过程

（1）人、财、物、信息等资源管理过程

（2）管理职责过程（方针目标的确定，组织结构，内部沟通，职责权限、内部评审）

（3）产品实现过程（策划、销售、市场、设计和开发、采购、生产、检验与监测职能的实现）

（4）测量、分析和改进。针对企业关注的管理要点，进行监视所得的数据和收集了来自不同过程、活动　区域的反馈信息，对这些大量进行分析，得出一个合理的分析报告，指明改进方向，实现改进。

（五）质量审核与认证

1、质量审核涵义及类型

　　质量审核是指企业为确定质量活动和有关结果是否符合计划安排，以及这些安排是否得到了有效的实施、能否达到预定的目标而做的系统的、独立的检查和审查。

　　质量审核有狭义和广义之分。狭义的质量审核是对产品的审核，它从用户使用的观点出发对产品定期进行复查，以判断能否符合用户的需求并提出改进产品质量的建议。

　　学
　　习
　　笔记：

质量审核按审核的对象分类，可分为以下3种：

（1）产品质量审核，指对准备交给用户使用的产品的适用性进行审核。

（2）工序质量审核，指对工序质量控制的有效性进行审核。

（3）质量体系审核，指对企业为达到质量目标所进行的全部质量活动的有效性进行审核。

质量审核按目的分，又可分为内部和外部质量审核两种。

按审核人分类：（1）社内审核，俗称内审；（2）第二方审核，指客户对公司的QSA、QPA（3）第三方审核。指具有资质的第三方机构的审核，也就是俗称的外审。

2、质量认证涵义及程序

质量管理体系认证是"在质量方面指挥和控制组织的管理体系"。

质量管理体系认证是指由取得质量管理体系认证资格的第三方认证机构，依据正式发布的质量管理体系标准，对企业的质量管理体系实施评定，评定合格的由第三方机构颁发质量管理体系认证证书，并给予注册公布，以证明企业质量管理和质量保证能力符合相应标准或有能力按规定质量要求提供产品的活动。

（六）质量管理体系的建立与实施

1、质量管理体系的建立

质量体系的建立主要包括：组织策划、总体分析和设计、落实以及编制体系文件三步。

（1）质量体系的策划与设计该阶段主要是做好各种准备工作，包括教育培训，统一认识，组织落实，拟定计划。

（2）总体分析与设计。该阶段主要做好质量现状调查与评价，确定质量方针，制订质量目标；调整组织结构，配备资源等方面。

学习笔记：

（3）编制体系文件

（4）质量体系试运行。质量体系文件编制完成后，质量体系将进入试运行阶段。其目的，是通过试运行，考验质量体系文件的有效性和协调性，并对暴露出的问题，采取改进措施和纠正措施，以达到进一步完善质量体系文件的目的。

（5）质量体系的审核与评定

以上工作完成后，企业可根据需要申请第三方认证。

2、审核与评审的主要内容

审核与评审的主要内容一般包括：

（1）规定的质量方针和质量目标是否可行

（2）体系文件是否覆盖了所有主要质量活动，各文件之间的接口是否清楚。

（3）组织结构能否满足质量体系运行的需要，各部门、各岗位的质量职责是否明确。

（4）质量体系要素的选择是否合理

（5）规定的质量记录是否能起到见证作用

（6）所有职工是否养成了按体系文件操作或工作的习惯，执行情况如何。

学习笔记：

（七）新企业如何建立质量管理体系?

1、确定贯标认证的小组人员（2~3）人，人可以来自办公室、技术、车间等部门。

2、选派人员去进行内审员培训（可以包含贯标认证的小组，人数至少2人，看公司规模，自己是不能审核自己的工作的），通过内审员学习培训，一方面取得证书，另一方面对标准有所深入理解。

3、在学习标准的基础上，按照过程的方法，根据本企业的产品实现流程（包括服务），以及组织结构和职责，编写质量手册和程序文件；制订质量方针、质量目标；任命管理者代表。

4、联系认证公司签订认证合同。提供资料：营业执照，认证范围必须是经营范围内；组织机构代码证，有效、正常年检；经营资质证书；产品相关法律法规或标准。质量管理体系文件（认证机构负责审查）按审查意见修改有关文件。

5、按《质量手册》运行体系3个月；资料：运行记录（程序文件，作业指导书等规定）。

6、按标准要求，组织内审。对审查中发现的不符合项进行整改。资料：内审记录，整改记录。

7、按标准要求，组织管理评审。 资料：管理评审记录。

8、联系认证公司确定初次审核的第一阶段现场审核（外审）。

9、初次审核的第一阶段现场审核，对审查发现的不符合项进行纠正，按改进建议改进。并确定第二阶段审核时间。

10、初次审核第二阶段现场审核，对审查发现的不符合项进行纠正，并分析原因，采取纠正措施。

11、如整改完毕，无重大不符合项，经认证公司核准，发认证证书。

学习笔记：

创业综合词典汇 **之**
第七模块

经济法词典汇

目录 CONTENTS

经济法词典汇

一、我国法律体系构成

在我国，法律是由享有立法权的立法机关（全国人民代表大会和全国人民代表大会常务委员会）行使国家立法权，依照法定程序制定、修改并颁布，并由国家强制力保证实施的基本法律和普通法律总称。包括基本法律、普通法律。

（一）我国法律形式

我国法律体系按法律效力可以分为以下几个层次：

1、中华人民共和国宪法

宪法具有最高的法律效力

2、法律

由全国人民代表大会及其常务委员会制定的调整特定社会关系的法律文件，是特定范畴内的基本法。根据所调整的社会关系不同，法律一般可分为行政法、财政法、经济法、民法、刑法、诉讼法等。

3、行政法规

在我国，行政法规专指国务院制定的行政法律规范，是国务院在领导和管理国家的各项行政工作中，根据宪法和法律而制定有关经济、建设、教育、科技、文化、外交等各类法规的总称。国务院是国家行政的最高机关，制定行政法规是国务院领导全国行政工作的一种重要手段。

4、地方性法规

地方性法规是地方各级人民代表大会及其常务委员会根据宪法和《中华人民共和国地方人民代表大会和地方各级政府组织法》的规定制定的法律规范。我国有三级地方人民代表大会及其常务委员会可以制定地方性法规：一是省、自治区、直辖市的人民代表大会及其常务委员会；二是省、自治区人民政府所在的人民代表大会及其常务委员会；三是经国务院批准的较大城市的人民代表大会及其常务委员会。地方性法规主要规范地方行政管理问题，是地方各级人民政府从事行政管理工作的依据。

学习笔记：

5、部门规章

国务院各部、委员会等具有行政管理职能的机构，可以根据法律和国务院的行政法规（以及决定和规定），在本部门的全县范围内制定部门规章。部门规章规定事项的目的在于执行法律活国务院行政法规特定事项。

6、地方政府规章

省、直辖市和自治区以及省、自治区人们执法所在城市或由国务院指定城市的人民政府，可以根据法律、行政法规和本省、自治区、直辖市的地方性法规，制定在其行政区范围内普遍适应的规则。

7、技术标准（规范）

我国实行技术标准（规范）的管理，技术标准（规范）的制定属于技术立法的范畴。技术标准（规范）包括国家标准（规范）、地方标准（规范）和行业标准（规范）。

（二）我国法律部门

我国的法律部门主要包括：

1、宪法

宪法包括：宪法、国家机关组织法、选举法和代表法、国籍法、国旗法、特别行政区基本法、民族区域自治法、公民基本权利法、法官法、检察官法、立法法和授权法。

2、行政法

行政法包括：国家安全法、城市居民委员会组织法、村民委员会组织法、监狱法、高等教育法、食品卫生法、药品管理法、海关法。

3、民商法

民商法是调整平等民事主体的自然人、法人及其他非法人组织之间人身关系和财产关系的法律规范的总称。是调整平等主体之间商事关系的法律规范的总称，包括：物权、债权、知识产权、婚姻、家庭、收养和继承方面的法律法规以及公司破产、证券、期货、保险、票据、海商等方面的法律法规。

4、刑法

刑法规定犯罪、刑事责任和刑罚的法律，是掌握政权的统治阶级为了维护本阶级政治上的统治和经济上的利益，根据自己的意志，规定哪些行为是犯罪并应当负何种刑事责任，给予犯罪人何种刑事处罚的法律规范的总称。

5、经济法

经济法包括关于国民和社会发展规划、计划和政策的法律，关于经济体制改革的原则、方针和政策的法律，如：预算法，审计法，会计法，农业法，企业法，银行法，市场秩序法，税法，土地管理法等。

6、程序法

程序法是正确实施实体法的保障，审判活动则是实体法和程序法的综合运用。作为实体法的对称，不能简单地把程序法与诉讼法或者审判法相等同，因为程序法是一个大概念，既包括行政程序法、立法程序法和选举规则、议事规则等非诉讼程序法，也包括行政诉讼法、刑事诉讼法、民事诉讼法等（包括：刑事诉讼法、民事诉讼法、行政诉讼法、仲裁法、律师法、公证法、调解法等）。

7、社会法

社会法包括：保护弱势群体的法律规范，如未成年人保护法、老年人权益保障法等；维护社会稳定的法律规范，如劳动法与社会保障法；保护自然资源和生态环境的法律规范，如环境保护法、能源法、自然资源保护法、生态法等；促进社会公益的法律规范，如社区服务法、彩票法、人体器官与遗体捐赠法、见义勇为资助法等；促进科教、文卫、体育事业发展的法律规范，如教师法、科技进步法、义务教育法、教育法、卫生法等。

8、军事法

军事法即有关军事管理和国防建设的法律、法规，包括《兵役法》《国防法》《解放军军官军衔条例》、《军事设施保护法》《中国人民解放军现役军官服役条例》《中国人民解放军现役士兵服役条例》、《香港特别行政区驻军法》以及《军人抚恤优待条例》等。军事法是调整国防建设和军事方面法律关系的法律规范的总和。

与企业运营密切相关的法律主要包括：根本大法–宪法，市场经济基础法律–民商法，市场经济保护法–经济法，包含合法权益–刑法，依法行政、公平执法–行政法，公平与正义的保障–诉讼法，调整劳资关系—劳动法，保护资源–环境法。

学习笔记：

二、市场主体相关法律法规

（一）公司创办、运行的法律规定

1、公司与公司法

公司是指依法设立的，承担有限责任的企业法人。

公司的特征：依法成立、具有法人资格、财产独立、有一定的组织形式、有股东。

公司的分类：按股东对公司承担的责任可分为：有限责任公司、股份有限公司、无限公司、两合公司和股份两合公司。我国公司现有公司形态中，以有限责任公司为主。

什么是公司法？公司法是调整、规范公司在设立、变更与终止过程中的组织行为及组织形式，确立公司法律地位的法律规范的总称。狭义公司法就是指《中华人民共和国公司法》（下简称公司法）。广义公司法，除《公司法》外，还包括其他有关公司的法律、法规、行政规章、司法解释等。例如，《公司登记管理条列》等。

2、有限责任公司的设立和组织机构

（1）发起设立：发起人认足公司全部资本而设立公司。各种类型公司都可采用这种形式，特别是有限责任公司。

（2）募集设立：发起人认购公司资本总额的一部分，其余部分向社会公开募集而设立公司。

各国对发起人认购的股份比例均有限制性规定；我国：不得低于35％，其余股份向社会公众募集。

（3）设立公司需要具备的基本条件：

① 股东必须符合法定人数：一般是对有限责任公司设上限要求，对股份有限公司设下限要求。

有限责任公司：50人以下，并允许一人有限责任公司和国有独资公司。

股份有限公司：2人以上，200人以下，须半数以上发起人在中国境内有住所。

② 必须具备法定最低资本数额：

除法律、行政法规另有较高规定者外，有限责任公司3万元；股份有限公司500万元。

可用货币或实物、知识产权、土地使用权等可以用货币估价且依法转让的非货币财产。首次出资额不得低于注册资本的20％，其余由成立起2年内缴足。

③ 必须订立章程：章程是记载投资人、公司组织、活动基本准则的公开性法律文件。设立有限公司必须由股东共同制定公司章程。股东应当在公司章程上签名、盖章。公司章程对公司、股东、董事、监事、高级管理人员具有约束力。

根据《公司法》规定，有限责任公司章程应当记载下列事项：（1）公司名称和住所；（2）公司经营范围；（3）公司注册资本；（4）股东的姓名或者名称；（5）股东的出资方式、出资额和出资时间；（6）公司的机构及其产生办法、职权、议事规则；（7）公司法定代表人；（8）股东会会议认为需要规定的其他事项。

3、股份有限公司的设立

股份公司的设立需要具备以下条件

（1）发起人符合法定人数

（2）发起人认缴和社会公开募集的股本达到法定资本最低限额

（3）股份发行及筹办事项符合法律规定

（4）发起人制定公司章程，并经创立大会通过

（5）有公司名称，建立符合股份有限公司要求的组织机构

（6）有固定的生产经营场所和必要的生产经营条件

4、董事、监事、高级管理人员的任职资格及其义务

在公司的董事、监事、高级管理人员的任职和义务方面，公司法相应有相应条款要求。具体如下：

公司法第一百四十七条 有下列情形之一的，不得担任公司的董事、监事、高级管理人员：

（1）无民事行为能力或者限制民事行为能力

（2）因贪污、贿赂、侵占财产、挪用财产或者破坏社会主义市场经济秩序，被判处刑罚，执行期满未逾五年，或者因犯罪被剥夺政治权利，执行期满未逾五年。

（3）担任破产清算的公司、企业的董事或者厂长、经理，对该公司、企业的破产负有个人责任的，自该公司、企业破产清算完结之日起未逾三年。

（4）担任因违法被吊销营业执照、责令关闭的公司、企业的法定代表人，并负有个人责任的，自该公司、企业被吊销营业执照之日起未逾三年。

（5）个人所负数额较大的债务，且到期未清偿。

公司违反前款规定选举、委派董事、监事或者聘任高级管理人员的，该选举、委派或者聘任无效。董事、监事、高级管理人员在任职期间出现本条第一款所列情形的，公司应当解除其职务。董事、高级管理人员不能有的行为有：

（1）挪用公司资金

（2）将公司资金以其个人名义或者以其他个人名义开立账户存储

（3）违反公司章程的规定，未经股东会、股东大会或者董事会同意，将公司资金借贷给他人或者以公司财产为他人提供担保。

5、公司在财务、会计方面应遵守的规定

在公司的财务、会计管理方面，公司应遵守哪些规定？

（1）公司应当依照法律、行政法规和国务院财政部门的规定建立本公司的财务、会计制度。

（2）公司应当在每一会计年度终了时编制财务会计报告，并依法经会计师事务所审计。财务会计报告应当依照法律、行政法规和国务院财政部门的规定制作。

（3）有限责任公司应当依照公司章程规定的期限，将财务会计报告送交各股东。股份有限公司的财务会计报告应当在召开股东大会年会的二十日前置备于公司，供股东查阅；公开发行股票的股份有限公司必须公告其财务会计报告。

（4）公司分配当年税后利润时，应当提取利润的百分之十列入公司法定公积金。公司法定公积金累计额为公司注册资本的百分之五十以上的，可以不再提取。公司的法定公积金不足以弥补以前年度亏损的，在依照前款规定提取法定公积金之前，应当先用当年利润弥补亏损。

（5）公司的公积金用于弥补公司的亏损、扩大公司生产经营或者转为增加公司资本。但是，资本公积金不得用于弥补公司的亏损。法定公积金转为资本时，所留存的该项公积金不得少于转增前公司注册资本的百分之二十五。

（6）公司聘用、解聘承办公司审计业务的会计师事务所，依照公司章程的规定，由股东会、股东大会或者董事会决定。公司股东会、股东大会或者董事会就解聘会计师事务所进行表决时，应当允许会计师事务所陈述意见。

（7）公司应当向聘用的会计师事务所提供真实、完整的会计凭证、会计账簿、财务会计报告及其他会计资料，不得拒绝、隐匿、谎报。

（8）公司除法定的会计账簿外，不得另立会计账簿。

（9）对公司资产，不得以任何个人名义开立账户存储。

（二）合伙企业创办、运行的相关法律规定

1、合伙协议应当载明的事项

（1）合伙企业的名称和主要经营场所的地点

（2）合伙目的和合伙经营范围

（3）合伙人的姓名或者名称、住所

（4）合伙人的出资方式、数额和缴付期限

（5）利润分配、亏损分担方式

（6）合伙事务的执行

（7）入伙与退伙

（8）争议解决办法

（9）合伙企业的解散与清算

（10）违约责任

2、合伙企业解散和清算的规定

（1）合伙期限届满，合伙人决定不再经营。

（2）合伙协议约定的解散事由出现

（3）全体合伙人决定解散

（4）合伙人已不具备法定人数满三十天

（5）合伙协议约定的合伙目的已经实现或者无法实现

（6）依法被吊销营业执照、责令关闭或者被撤销

（7）法律、行政法规规定的其他原因

学习笔记：

三、市场交易行为规范篇

（一）订立、履行合同的一般法律规定

1、合同与合同法

（1）什么是合同？

一般来讲合同是一种协议，可从三个层面理解合同：

第一个层面，合同是一种协议，我国合同法第二条规定了合同的定义，合同必须具备双方当事人，一方当事人不能构成合同。

第二个层面，合同必须要有双方的意思表示。

第三个层面，双方意思必须表述一致，才能构成一项合同，这种合同是最常见的，如买卖、租凭、承揽。我国合同法规定，单方行为能不能构成一项合同。但英、美、法的理论单方行为也可以构成一项合同；英、美、法中所讲的合同是一种允诺，即承诺，答应人家什么事情，就构成一项合同。因此买卖合同是双方允诺：买方答应付钱，卖方答应将标的物给买方。单方的合同如赠与合同。这个允诺可以构成一项合同。

（2）什么是合同法？

合同法是调整平等主体之间交易关系的法律规范的总称。

2、合同订立的一般规定

根据《合同法》，合同订立应包含一定的内容，应用一定形式。根据《合同法》第十二条：合同的内容由当事人约定，一般包括以下条款：

● 当事人的名称或者姓名和住所

● 标的

● 数量

● 质量

● 价款或者报酬

● 履行期限、地点和方式

● 违约责任

● 解决争议的方法

3、合同的成立、生效及效力

（1）合同成立的条件有什么？与合同生效有区别吗？

合同成立的两个要素是要约和承诺。要约是指一方当事人向另一方做出的希望以一定条件订立合同的意思表示，即指一方当事人将自己的要求告诉另一当事人。承诺是指受要约人同意要约的要求，同意成交的意思表示，如果该意思表示有效，双方的合同即成立。《合同法》第二十五条规定：承诺生效时合同成立。

承诺在什么时候生效呢？合同法规定：承诺通知在到达要约人时生效。但是，这又可分两种情况：

第一种情况，承诺在要约规定的时间内到达要约人处，或者到达法律规定的地方都能生效。如在我们公司很多合同采用数据电子形式订立合同，当数据电文进入指定的系统，即使收件人并不一定立即收到，合同也算成立。

第二种情况，承诺在要约规定之外的时间到达要约人处，这时候的承诺一般而言不生效，也有很多学者把它理解为一种新的要约。但这是一种待定效果：如果要约人仍然愿意接收这个承诺，那么合同则可以成立；如果要约人否认这个承诺，那么，这份承诺即变成新的要约，以前的要约人如果可以提出新的条件，同时他的地位转变为承诺人。

（2）合同的生效

在我们日常签订合同时，一般会在结尾添上一条：本合同（协议）自双方签字盖章时成立生效。从法律角度而言，双方签字盖章，表示对合同的内容达成一致的意思表示。但是这样的合同是不是生效呢？如果双方都自觉履行，直至合同履行完毕，没有发生法律纠纷，那么这份合同是完美的（但不能算有效）。但一旦发生纠纷，想通过法律来保护自己的利益，那么，法律首先就要考虑合同是否生效。

（3）合同生效应具备什么条件？

●当事人具有相应订立合同的能力，即合同主体据以独立订立合同并独立承担合同义务的主体资格。这就要求签订合同的法人必须具备法律或章程规定的业务活动能力，而公司的代理人必须具备完全的民事行为能力。

●意思表示真实。合同双方签订合同时，必须处于自身真实的意思在合同上签字，没有重大误解，没有欺诈、胁迫等情况。

●不违反法律和社会公共利益。要求合同签订的目的符合法律规定，有利于社会公共利益，如签订买卖毒品的合同就违反法律和社会公共利益，是无效合同。

（4）合同生效应具备什么条件？

《合同法》第五十二条规定了以下情况下签订的合同无效：

●一方以欺诈、胁迫的手段订立合同，损害国家利益。

●恶意串通，损害国家、集体或者第三人利益。

●以合法形式掩盖非法目的

●损害社会公共利益

●违反法律、行政法规的强制性规定

4、合同的履行

合同履行，指的是合同规定义务的执行。任何合同规定义务的执行，都是合同的履行行为；相应地，凡是不执行合同规定义务的行为，都是合同的不履行。因此，合同的履行，表现为当事人执行合同义务的行为。当合同义务执行完毕时，合同也就履行完毕。

合同履行是当事人的履约行为，由于合同的类型不同，履行的表现形式也不尽一致。但任何合同的履行，都必须有当事人的履约行为，这是合同债权得以实现的一般条件，也是债权与所有权在实现方式上的基本区别。合同的履行通常表现为义务人的作为，由于合同大多是双务合同，当事人双方一般均须为一定的积极作为，以实现对方的权利。但在极少数情况下，合同的履行也表现为义务人的不作为。无论是作为还是不作为，都是义务人的履约行为。

5、合同变更

合同签订后是可以修改的，修改合同有两种方式，第一，解除原合同重新订立新的合同；第二，签署补充协议。在修改合同时需要以下几个方面的内容：

（1）需要主合同双方当事人签署

（2）需要双方当事人之间就修改事项协商一致

（3）如果是重新签署合同，原合同内容不变，只是将需要修改的条款改正后，直接引用到新合同中就可以。

（4）如果是签署补充协议，需要在补充协议中明确主合同的内容，或者将主合同作为附件的形式。

（5）双方签字确认，并填写日期。

 学习笔记：

6、合同权利与义务的终止

《合同法》第九十一条规定有下列情形之一的，合同的权利义务终止：

（1）债务已经按照约定履行

（2）合同解除

（3）债务相互抵销

（4）债务人依法将标的物提存

（5）债权人免除债务

（6）债权债务同归于一人

（7）法律规定或者当事人约定终止的其他情形

7、违约责任

违约责任是指当事人违反合同义务所承担的民事责任。违约方承担违约责任的方式有：继续履行、补救措施、赔偿损失、支付违约金、定金制裁。

（二）工商企业经济交往、交易的常见合同

1、买卖合同

买卖合同的主要内容包括：

（1）产品的名称、品种、规格和质量

（2）产品的数量和计量单位、计量方法

（3）产品的包装标准和包装物的供应与回收。

（4）产品的交货单位、交货方法、运输方式、到发地点

（5）产品的交（提）货期限

（6）产品的价格与货款的结算

（7）验收方法

（8）对产品提出异议的时间和办法

（9）乙方的违约责任

（10）甲方的违约责任

（11）合同争议的解决方式

（12）合同生效时间

2、租赁合同

租赁物须为法律允许流通的动产和不动产。租赁合同包括房产租赁合同、融资租赁合同、租赁合同范本、房屋租赁合同、汽车租赁合同、厂房租赁合同、土地租赁合同、商铺租赁合同等。

（1）租赁期限有什么限制？

我国《合同法》第二百一十四条：租赁期限不得超过20年。超过20年的，超过部分无效。租赁期间届满，当事人可以续订合同，但约定的租赁期限自续订之日起不得超过20年。

我国《合同法》二百一十五条：租赁期限为六个月以上的，合同应当采用书面形式。当事人未采用书面形式的合同，视为不定期租赁。

（2）租赁合同内容包含哪些？

租赁合同的内容包括租赁物的名称、数量、用途、租赁期限、租金及其支付期限和方式、租赁物维修等条款。

四、市场主体行为规范

（一）反不当竞争法

1、反不正当竞争的法律规定

经营者不得实施下列混淆行为，引人误认为是他人商品或者与他人存在特定联系：具体包括：

（1）擅自使用与他人有一定影响的商品名称、包装、装潢等相同或者近似的标识

（2）擅自使用他人有一定影响的企业名称（包括简称、字号等）、社会组织名称（包括简称等）、姓名（包括笔名、艺名、译名等）。

学习笔记：

（3）擅自使用他人有一定影响的域名主体部分、网站名称、网页等

（4）其他足以引人误认为是他人商品或者与他人存在特定联系的混淆行为

经营者不得采用财物或者其他手段贿赂下列单位或者个人，以谋取交易机会或者竞争优势：包括：

（1）交易相对方的工作人员

（2）受交易相对方委托办理相关事务的单位或者个人

（3）利用职权或者影响力影响交易的单位或者个人

经营者不得对其商品的性能、功能、质量、销售状况、用户评价、曾获荣誉等作虚假或者引人误解的商业宣传，欺骗、误导消费者。

2、消费者权益保护的法律规定

消费者有哪些权利？

（1）消费者在购买、使用商品和接受服务时享有人身、财产安全不受损害的权利。消费者有权要求经营者提供的商品和服务，符合保障人身、财产安全的要求。

（2）消费者享有知悉其购买、使用商品或者接受服务真实情况的权利。消费者有权根据商品或者服务的不同情况，要求经营者提供商品的价格、产地、生产者、用途、性能、规格、等级、主要成份、生产日期、有效期限、检验合格证明、使用方法说明书、售后服务，或者服务的内容、规格、费用等有关情况。

（3）消费者享有自主选择商品或者服务的权利。消费者有权自主选择提供商品或者服务的经营者，自主选择商品品种或者服务方式，自主决定购买或者不购买任何一种商品、接受或者不接受任何一项服务。消费者在自主选择商品或者服务时，有权进行比较、鉴别和挑选。

（4）消费者享有公平交易的权利。消费者在购买商品或者接受服务时，有权获得质量保障、价格合理、计量正确等公平交易条件，有权拒绝经营者的强制交易行为。

（5）消费者因购买、使用商品或者接受服务受到人身、财产损害的，享有依法获得赔偿的权利。

（6）消费者享有依法成立维护自身合法权益的社会组织的权利。

（7）消费者享有获得有关消费和消费者权益保护方面的知识的权利。消费者应当努力掌握所需商品或者服务的知识和使用技能，正确使用商品，提高自我保护意识。

（8）消费者在购买、使用商品和接受服务时，享有人格尊严、民族风俗习惯得到尊重的权利，享有个人信息依法得到保护的权利。

（9）消费者享有对商品和服务以及保护消费者权益工作进行监督的权利。消费者有权检举、控告侵害消费者权益的行为和国家机关及其工作人员在保护消费者权益工作中的违法失职行为，有权对保护消费者权益工作提出批评、建议。

经营者有哪些义务？

（1）经营者向消费者提供商品或者服务，应当恪守社会公德，诚信经营，保障消费者的合法权益；不得设定不公平、不合理的交易条件，不得强制交易。

（2）经营者应当听取消费者对其提供的商品或者服务的意见，接受消费者的监督。

（3）经营者应当保证其提供的商品或者服务符合保障人身、财产安全的要求。对可能危及人身、财产安全的商品和服务，应当向消费者作出真实的说明和明确的警示，并说明和标明正确使用商品或者接受服务的方法以及防止危害发生的方法。宾馆、商场、餐馆、银行、机场、车站、港口、影剧院等经营场所的经营者，应当对消费者尽到安全保障义务。

（4）经营者发现其提供的商品或者服务存在缺陷，有危及人身、财产安全的，应当立即向有关行政部门报告和告知消费者，并采取停止销售、警示、召回、无害化处理、销毁、停止生产或者服务等措施。采取召回措施的，经营者应当承担消费者因商品被召回支出的必要费用。

（5）经营者向消费者提供有关商品或者服务的质量、性能、用途、有效期限等信息，应当真实、全面，不得做虚假或者引人误解的宣传。经营者提供商品或者服务应当明码标价。

（6）经营者应当标明其真实名称和标记

（7）经营者提供商品或者服务，应当按照国家有关规定或者商业惯例向消费者出具发票等购货凭证或者服务单据；消费者索要发票等购货凭证或者服务单据的，经营者必须出具。

（8）经营者应当保证在正常使用商品或者接受服务的情况下，其提供的商品或者服务应当具有的质量、性能、用途和有效期限。

（9）经营者提供的商品或者服务不符合质量要求的，消费者可以依照国家规定、当事人约定退货，或者要求经营者履行更换、修理等义务。没有国家规定和当事人约定的，消费者可以自收到商品之日起七日内退货；七日后符合法定解除合同条件的，消费者可以及时退货，不符合法定解除合同条件的，消费者可以要求经营者履行更换、修理等义务。依照前款规定进行退货、更换、修理的，经营者应当承担运输等必要费用。

学习

笔记：

3、广告的法律规定

根据我国《广告法》，广告内容不得有下列情形：

（1）使用或者变相使用中华人民共和国的国旗、国歌、国徽，军旗、军歌、军徽

（2）使用或者变相使用国家机关、国家机关工作人员的名义或者形象

（3）使用"国家级"、"最高级"、"最佳"等用语

（4）损害国家的尊严或者利益，泄露国家秘密。

（5）妨碍社会安定，损害社会公共利益。

（6）危害人身、财产安全，泄露个人隐私。

（7）妨碍社会公共秩序或者违背社会良好风尚

（8）含有淫秽、色情、赌博、迷信、恐怖、暴力的内容

（9）含有民族、种族、宗教、性别歧视的内容

（10）妨碍环境、自然资源或者文化遗产保护

（11）法律、行政法规规定禁止的其他情形

（二）食品安全的法律规定

1、食品与食品安全法

食品安全法是调整食品生产者、经营者因食品生产、销售、关于安全生产的各种法律规范的总称。在我们国家以下活动要遵守《食品安全法》：

（1）食品生产和加工（以下称食品生产），食品销售和餐饮服务（以下称食品经营）。

（2）食品添加剂的生产经营

（3）用于食品的包装材料、容器、洗涤剂、消毒剂和用于食品生产经营的工具、设备（以下称食品相关产品）的生产经营

（4）食品生产经营者使用食品添加剂、食品相关产品

（5）食品的贮存和运输

（6）对食品、食品添加剂、食品相关产品的安全管理

2、食品安全标准

食品安全标准应包括哪些内容?

（1）食品、食品添加剂、食品相关产品中的致病性微生物，农药残留、兽药残留、生物毒素、重金属等污染物质以及其他危害人体健康物质的限量规定。

（2）食品添加剂的品种、使用范围、用量

（3）专供婴幼儿和其他特定人群的主辅食品的营养成分要求

（4）对与卫生、营养等食品安全要求有关的标签、标志、说明书的要求

（5）食品生产经营过程的卫生要求

（6）与食品安全有关的质量要求

（7）与食品安全有关的食品检验方法与规程

（8）其他需要制定为食品安全标准的内容

3、生产经营食品企业应遵守的法律规定

（1）具有与生产经营的食品品种、数量相适应的食品原料处理和食品加工、包装、贮存等场所，保持该场所环境整洁，并与有毒、有害场所以及其他污染源保持规定的距离。

（2）具有与生产经营的食品品种、数量相适应的生产经营设备或者设施，有相应的消毒、更衣、盥洗、采光、照明、通风、防腐、防尘、防蝇、防鼠、防虫、洗涤以及处理废水、存放垃圾和废弃物的设备或者设施。

（3）有专职或者兼职的食品安全专业技术人员、食品安全管理人员和保证食品安全的规章制度。

（4）具有合理的设备布局和工艺流程，防止待加工食品与直接入口食品、原料与成品交叉污染，避免食品接触有毒物、不洁物。

（5）餐具、饮具和盛放直接入口食品的容器，使用前应当洗净、消毒，炊具、用具用后应当洗净，保持清洁。

（6）贮存、运输和装卸食品的容器、工具和设备应当安全、无害，保持清洁，防止食品污染，并符合保证食品安全所需的温度、湿度等特殊要求，不得将食品与有毒、有害物品一同贮存、运输。

学习笔记:

（7）直接入口的食品应当使用无毒、清洁的包装材料、餐具、饮具和容器

（8）食品生产经营人员应当保持个人卫生，生产经营食品时，应当将手洗净，穿戴清洁的工作衣、帽等；销售无包装的直接入口食品时，应当使用无毒、清洁的容器、售货工具和设备。

（9）用水应当符合国家规定的生活饮用水卫生标准

（10）使用的洗涤剂、消毒剂应当对人体安全、无害

4、食品安全事故处置及监督管理

（1）刑事责任。食品安全违法行为涉嫌犯罪的，由公安机关侦查追究刑事责任。因食品安全犯罪被判处有期徒刑以上刑罚的，终身不得从事食品生产经营管理工作，也不得担任食品生产经营企业食品安全管理人员。

（2）行政责任。食品安全违法行为，最高可处罚三十倍货值的罚款；对于多次重复的违法行为，一年内累计三次被罚、警告的食品经营者，将被责令停产停业乃至吊销许可证。

（3）民事责任。确立消费者赔偿的首付责任制，即消费者可向生产者或销售者要求赔偿损失，接到赔偿请求不得推诿责任。

（三）产品质量的法律规定

1、产品质量与产品质量法

《产品质量法》适用的主体是在我国境内从事产品生产、销售活动的公民、企业、事业单位、国家机关、社会组织、个体工商经营者等。

2、产品质量监督

产品质量应当检验合格，不得以不合格产品冒充合格产品。可能危及人身健康和人身财产安全的工业产品，必须符合保障人体健康和人身、财产安全的国家标准、行业标准；未制定国家标准、行业标准的，必须符合保障人体健康和人身、财产安全的要求；禁止生产、销售不符合人体安全和人身、财产安全的标准和要求的工业产品。

学习

笔记：

3、生产者、销售者对产品质量的责任和义务

（1）生产者对产品质量有哪些责任和义务？产品质量应当符合下列要求：

① 不存在危及人身、财产安全的不合理的危险，有保障人体健康和人身、财产安全的国家标准、行业标准的，应当符合该标准。

② 具备产品应当具备的使用性能

③ 符合在产品或者其包装上注明采用的产品标准，符合以产品说明、实物样品等方式表明质量状况。

（2）生产者应当遵守《产品质量法》关于产品标识的规定：

① 有产品质量检验合格证明

② 有中文标明的产品名称、生产厂厂名和厂址。根据产品的特点和使用要求，需要标明产品规格、等级、所含主要成份的名称和含量的，用中文相应予以标明。

③ 限期使用的产品，标明生产日期和安全使用期或者失效日期。

④ 使用不当，容易造成产品本身损坏或者可能危及人身、财产安全的产品，应当有警示标志或者中文警示说明。裸装的食品和其他根据产品的特点难以附加标识的裸装产品，可以不附加产品标识。生产者应当遵守《产品质量法》关于产品包装的要求。易碎、易燃、易爆、有毒、有腐蚀性、有放射性等危险物品以及储运中不能倒置和其他有特殊要求的产品，其包装质量必须符合相应要求，依照国家有关规定作出警示标志或者中文警示说明，标明储运注意事项。

（3）销售者的责任和义务

① 销售者应当建立并执行进货检查验收制度，验明产品合格证明和其他标识。

② 销售者应当采取措施，保持销售产品的质量。

③ 销售者销售的产品的标识应当符合《产品质量法》第二十七条的规定，包括：有产品质量检验合格证明；有中文标明的产品名称、生产厂厂名和厂址；根据产品的特点和使用要求，需要标明产品规格、等级、所含主要成分的名称和含量的，用中文相应予以说明；需要事先让消费者知晓的，应当在外包装上标明，或者预先向消费者提供有关资料；限期使用的产品；应当在显著位置清晰地标明生产日期和安全使用期或者失效日期；使用不当，容易造成产品本身损坏或者可能危及人身、财产安全的产品，应当有警示标志或者中文警示说明。

学
习
笔记：

（4）销售者不得违反《产品质量法》的禁止性规范，不得伪造产地，不得伪造或者冒用他人的厂名、厂址。

（5）不得伪造或者冒用认证标志等质量标志；不得掺杂、掺假，不得以假充真、以次充好，不得以不合格产品冒充合格产品。

（6）不得销售国家明令淘汰并停止销售的产品和失效、变质的产品。

4、产品质量的法律责任

产品质量责任是指因产品质量不符合国家的有关法规、质量标准以及合同规定的产品适用范围、安全和其它特性的要求，给用户造成损失后，由产品的生产者和经销者所承担的民事责任。这里的损失既包括不合格产品对用户的经济效益的影响，也包括不合格产品给用户及他人的人身和财产造成的损害。因此，这种民事责任既包括了违反合同的民事责任，又包括了因产品质量问题而引起的一种特殊的损害赔偿责任。

（四）知识产权保护法

1、知识产权法概述

知识产权法是指因调整知识产权的归属、行使、管理和保护等活动中产生的社会关系的法律规范的总称。包括：（1）知识产权法律，如著作权法、专利法、商标法。（2）知识产权行政法规。其主要有著作权法实施条例、计算机软件保护条例、专利法实施细则、商标法实施条例、知识产权海关保护条例、植物新品种保护条例、集成电路布图设计保护条例等。（3）知识产权地方性法规、自治条例和单行条例，如深圳经济特区企业技术秘密保护条例。（4）知识产权行政规章，如国家工商行政管理局关于禁止侵犯商业秘密行为的规定。（5）知识产权司法解释，如《最高人民法院关于审理专利纠纷案件适用法律问题的若干规定》、《最高人民法院关于诉前停止侵犯注册商标专用权行为和保全证据适用法律问题的解释》。

2、有关著作权的法律规定

著作权保护的作品包括以下列形式创作的文学、艺术和自然科学、社会科学、工程技术等作品：

（1）文字作品

（2）口述作品

（3）音乐、戏剧、曲艺、舞蹈、杂技艺术作品

（4）美术、建筑作品

（5）摄影作品

（6）电影作品和以类似摄制电影的方法创作的作品

（7）工程设计图、产品设计图、地图、示意图等图形作品和模型作品

（8）计算机软件

（9）法律、行政法规规定的其他作品

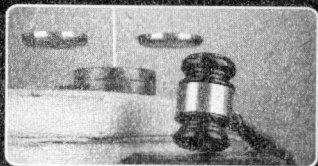

创作作品的公民是作者。由法人或者其他组织主持，代表法人或者其他组织意志创作，并由法人或者其他组织承担责任的作品，法人或者其他组织视为作者。如无相反证明，在作品上署名的公民、法人或者其他组织为作者。

3、有关专利的法律规定

（1）专利保护的对象：专利法保护发明、实用新型和外观设计。

（2）专利权的保护期限：发明专利期限20年，外观设计专利和实用新型专利权期限为10年，均自申请日起计算。

4、有关商标的法律规定

（1）关于商标。商标是商品的生产者、经营者在其生产、制造、加工、拣选或者经销的商品上或者服务的提供者在其提供的服务上采用的，用于区别商品或服务来源的，包括文字、图形、字母、数字、三维标志、颜色组合和声音等，以及上述要素的组合，具有显著特征的标志，是现代经济的产物。

（2）商标构成要素。在商业领域而言，商标包括文字、图形、字母、数字、三维标志和颜色组合，以及上述要素的组合，均可作为商标申请注册。经国家工商总局商标局核准注册的商标为"注册商标"，受法律保护。商标通过确保商标注册人享有用以标明商品或服务，或者许可他人使用以获取报酬的专用权，而使商标注册人受到保护。在标注商标时应在其右上角加注 ®，是"注册商标"的标记，意思是该商标已在国家商标局进行注册申请并已经商标局审查通过，成为注册商标。圆圈里的 R 是英文 register 注册的开头字母。

（3）商标申请的禁忌

商标法规定，下列标志不得作为商标使用：

① 同中华人民共和国的国家名称、国旗、国徽、军旗、勋章相同或者近似的，以及同中央国家机关所在地特定地点的名称或者标志性建筑物的名称、图形相同的。

② 同外国的国家名称、国旗、国徽、军旗相同或者近似的，但该国政府同意的除外。

学习笔记：

3 同政府间国际组织的名称、旗帜、徽记相同或近似的，但经该组织同意或者不易误导公众的除外。

4 与表明实施控制、予以保证的官方标志、检验印记相同或者近似的，但经授权的除外。

5 同"红十字"、"红新月"的名称、标志相同或者近似的。

6 带有民族歧视性的

7 夸大宣传并带有欺骗性的

8 有害于社会主义道德风尚或者有其他不良影响的

9 比较有名的旅游地也不能用于商标注册

（五）消费者权益保护法

1、消费者权益保护法概述

　　消费者权益保护法是调整在保护公民消费权益过程中所产生的社会关系的法律规范的总称。该法包括的主要内容有消费者的权利和经营者的义务。

2、消费者权益保护法的适用对象

　　（1）消费者为生活消费需要购买、使用商品或者接受服务的，适用消费者保护法。

　　（2）农民购买、使用直接用于农业生产的生产资料时，参照消费者保护法执行。

　　（3）经营者为消费者提供其生产、销售的商品或者提供服务，适用消费者保护法。

3、消费者权利

　　（1）安全保障权。消费者在购买、使用商品和接受服务时享有人身、财产安全不受损害的权利。

　　（2）知悉真情权。消费者享有知悉其购买、使用的商品或者接受的服务的真实情况的权利。

　　（3）自主选择权。消费者享有自主选择商品和服务的权利，包括：

　　1 有权自主选择提供商品或者服务的经营者

　　2 有权自主选择商品品种或者服务方式

　　3 有权自主决定是否购买任何一种商品或是否接受任何一项服务

　　4 有权对商品或服务进行比较、鉴别和选择，经营者不得以任何方式干涉消费者行使自主选择权。

（4）公平交易权。公平交易是指经营者与消费者之间的交易应在平等的基础上达到公正的结果。公平交易权体现在两个方面：第一，交易条件公平，即消费者在购买商品或接受服务时，有权获得质量保证、价格合理、计量正确等公平交易条件；第二，拒绝强制交易，即消费者有权按照真实意愿从事交易活动，对经营者的强制交易行为有权拒绝。

（5）获取赔偿权。获取赔偿权也称作消费者的求偿权，依照消费者权益保护法第11条的规定，消费者因购买、使用商品或者接受服务受到人身、财产损害的，享有依法获得赔偿的权利。享有求偿权的主体包括：①商品的购买者、使用者；②服务的接受者；③第三人，指消费者之外的因某种原因在事故发生现场而受到损害的人。求偿内容包括：①人身损害的赔偿，无论是生命健康还是精神方面的损害均可要求偿；③财产损害的赔偿，依照消费者权益保护法及合同法等相关法律的规定，包括直接损失及可得利益的损失。

（6）结社权。消费者享有依法成立维护自身合法权益的社会组织的权利。目前，中国消费者协会及地方各级消费者协会已经成立。实践证明，消费者组织的工作对推动我国消费者运动的健康发展，沟通政府与消费者的联系，解决经营者与消费者的矛盾，充分地保护消费者权益，起到了积极的作用。

（7）获得相关知识权。消费者享有获得有关消费和消费者权益保护方面的知识的权利。消费知识主要指有关商品和服务的知识；消费者权益保护知识主要指有关消费者权益保护方面及权益受到损害时如何有效解决方面的法律知识。

（8）受尊重权。消费者在购买、使用商品和接受服务时，享有其人格尊严、民族风俗习惯得到尊重的权利。人格权是消费者人身权的主要组成部分。尊重他人的人格尊严和不同民族的风俗习惯，是一个国家和社会文明进步的重要标志，也是法律基本要求。我国是一个多民族国家，尊重各个民族尤其是少数民族的风俗习惯，关系到全国的安定团结，关系到各民族的长久和睦。消费者权益保护法将人格尊严和民族风俗习惯专条加以规定，是对消费者精神权利的有力保障，也是党和国家民族政策在法律上的体现。

（9）监督批评权。消费者享有对商品和服务以及保护消费者权益工作进行监督的权利。监督权是前述消费者各项权利的必然延伸，对消费者权利的切实实现至关重要。这种监督权的表现，一是有权对经营者的商品和服务进行监督，在权利受到侵害时有权提出检举或控告；二是有权对国家机关及工作人员进行监督，对其在保护消费者权益工作中的违法失职行为进行检举、控告；三是对消费者权益工作享有批评权、建议权。

（10）个人信息权。又称消费者隐私权，指消费者的姓名、性别、职业、学历、住所、联系方式、婚姻状况、亲属关系、财产状况、血型、病史、消费习惯等所有私人信息不被非法收集和非法披露的权利。

学
习
笔记：

五、企业合法经营篇

（一）有关票据的法律规定

1、票据与票据法律介绍

我国的票据法所规范的对象，仅为狭义的票据，即汇票、本票和支票三种票据。它们的共同特点是，在票据规定的期限内，持票人或收款人可向出票人或指定付款人无条件地支取确定金额的货币；它们都属于反映一定债权债务关系的、可流通的、代表一定数量货币请求权的有价证券。

2、汇票、本票、支票

（1）汇票是出票人签发的，委托付款人在见票时或者在指定日期无条件支付确定的金额给收款人或者持票人的票据。

（2）本票是出票人签发的，承诺自己在见票时无条件支付确定的金额给收款人或者持票人的票据。

（3）支票是出票人签发的，委托办理支票存款业务的银行或者其他金融机构在见票时无条件支付确定的金额给收款人或者持票人的票据。

（二）会计及审计法律制度

1、会计相关法律制度

我国会计法律制度体系包括会计法律、会计行政法规和会计规章。其基本构成如下：会计法律、行政法规、部门规章、地方性行政法规等。以上法律法规调整规范了企业会计工作，会计法主要做了以下规范：

（1）会计核算的范围

（2）公司、企业会计核算的特别规定

（3）会计监督的内容与注意事项

（4）会计机构和会计人员工作事项

（5）违反会计法相应的法律责任

学习笔记：

（三）税收法律制度

1、税法概述

税法指的是国家制定的用以调整国家与纳税人之间在纳税方面的权利及义务关系的法律规范的总称，税法是税收制度法律化的表现形式。

2、中国现行主要税种

自2018年1月1日起，我国现行18个税种分别是：增值税、消费税、企业所得税、个人所得税、资源税、城市维护建设税、房产税、印花税、城镇土地使用税、土地增值税、车船使用税、船舶吨税、车辆购置税、关税、耕地占用税、契税、烟叶税、环保税。

我国从事工业、商业和服务业的单位和个人为纳税人是我国现行税制的主体部分，具体包括增值税、消费税、资源税、企业所得税等。

3、税收征收管理

税收是以国家为主体的特殊分配形式，所以征税主体只能是国家，而不是其他主体。在我国，征税主体的具体部门有：税务部门，财政部门和海关。纳税主体概念，即纳税主体仅指纳税人，是指依照税法规定直接负有纳税义务的自然人、法人和其他组织。

4、违反税法的法律责任

违反税法的法律责任可参考《税收征管法》相关条款。

（1）违反税务登记规定的法律责任

（2）违反帐簿、凭证管理的法律责任

（3）违反纳税申报规定的法律责任

（4）违反发票管理的法律责任

（5）违反税款缴纳规定的法律责任

（6）拒绝接受税务检查和执行税务决定的法律责任

学习笔记：

六、公司末路篇

（一）破产法的相关法律规定（参考《破产法》）

1、破产的概念

当债务人不能清偿到期债务时，法院根据当事人的申请或依职权，以债务人的所有财产公平清偿给全体债权人的一种概括性执行程序。

2、破产的特点

（1）破产是一种特殊的偿债手段

（2）破产适用的前提即破产原因是债务人不能清偿到期债务

（3）破产的主要目的在于使债权人获得公平清偿

（4）破产是一种概括性执行程序

3、公司破产程序

（1）申请的提出

（2）申请的受理

（3）和解与整顿

（4）破产清算

学习笔记：

4、破产债务清偿顺序

破产财产在优先清偿破产费用和共益债务后，依照下列顺序清偿：

（1）破产人所欠职工的工资和医疗、伤残补助、抚恤费用，所欠的应当划入职工个人账户的基本养老保险、基本医疗保险费用，以及法律、行政法规规定应当支付给职工的补偿金。

（2）破产人欠缴的除前项规定以外的社会保险费用和破产人所欠税款

（3）普通破产债权。破产财产不足以清偿同一顺序的清偿要求的，按照比例分配。

（4）破产企业的董事、监事和高级管理人员的工资按照该企业职工的平均工资计算。

（5）破产费用，一般包括：

① 破产案件的诉讼费用

② 管理、变价和分配债务人财产的费用

③ 管理人执行职务的费用、报酬和聘用工作人员的费用

（6）共益债务，一般包括：

① 因管理人或者债务人请求对方当事人履行双方均未履行完毕的合同所产生的债务

② 债务人财产受无因管理所产生的债务

③ 因债务人不当得利所产生的债务

④ 为债务人继续营业而应支付的劳动报酬和社会保险费用以及由此产生的其他债务

⑤ 管理人或者相关人员执行职务致人损害所产生的债务

⑥ 债务人财产致人损害所产生的债务

笔记：

创业综合词典汇 **之**

第八模块

产品设计与研发词典汇

目录 CONTENTS

产品设计与研发词典汇

第一模块　产品设计

一、产品设计方法的演进

1、产品设计

（1）产品

产品是用来满足人们需求的物体或无形的载体。产品通常是一种有形的物品，有时无形的服务也是一种产品。

（2）产品设计

凭借训练、技术知识、经验及视觉感受而赋予材料、结构、形态、色彩、表面加工及装饰以新的品质和资格，叫做产品设计。

（3）传统的产品设计方法

传统的设计方法包括问题概念化、概念可视化以及设计商品化。

2、产品设计方法的演进

提出设计问题，确定设计项目–调查与分析–产品构思与设计展开–设计方案的评价与优化–设计方案的确定与后期跟进。

自述
案例：

二、以用户为中心的产品设计

1、UCD

（1）UCD的概念

UCD是指以用户为中心的设计，主张产品设计应将重点放在用户身上，使其能依照现有的认知习性，自然地接受产品，而不是强迫用户按照设计师设定的模式来使用产品。

以用户为中心的产品设计要求设计人员在进行产品设计前，做好充分的用户需求分析、背景研究，在进行产品设计时，应从用户的使用需求和心理感受出发，站在用户的角度，围绕用户设计出适合用户习惯的产品，而不是让用户去适应产品。

（2）UCD方法的过程

UCD方法的过程包括：需求分析、可用性设计、可用性测试与评估、用户反馈四个相互关联的环节，也称ADEF环。这四个环节贯穿了整个产品设计的始终，不断循环往复，螺旋式上升，形成完整的以用户为中心的产品设计过程。

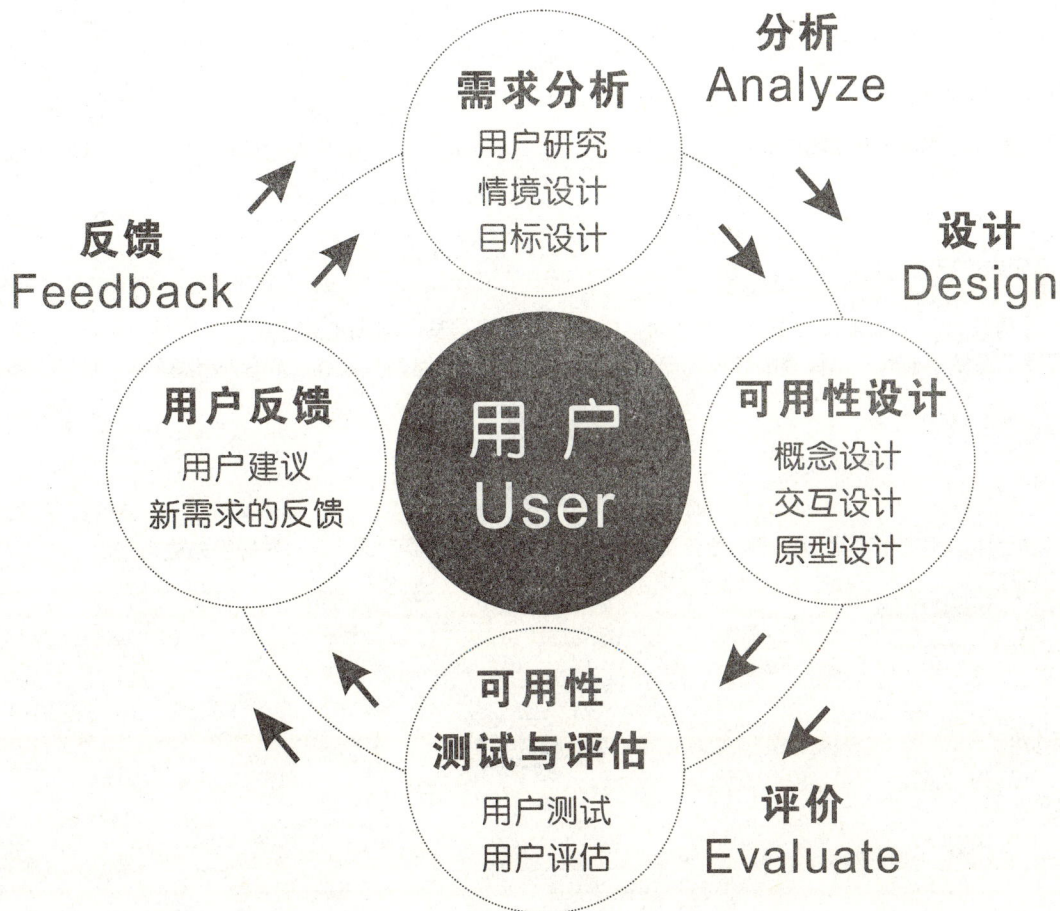

2、用户研究

（1）用户研究在产品设计中的描述

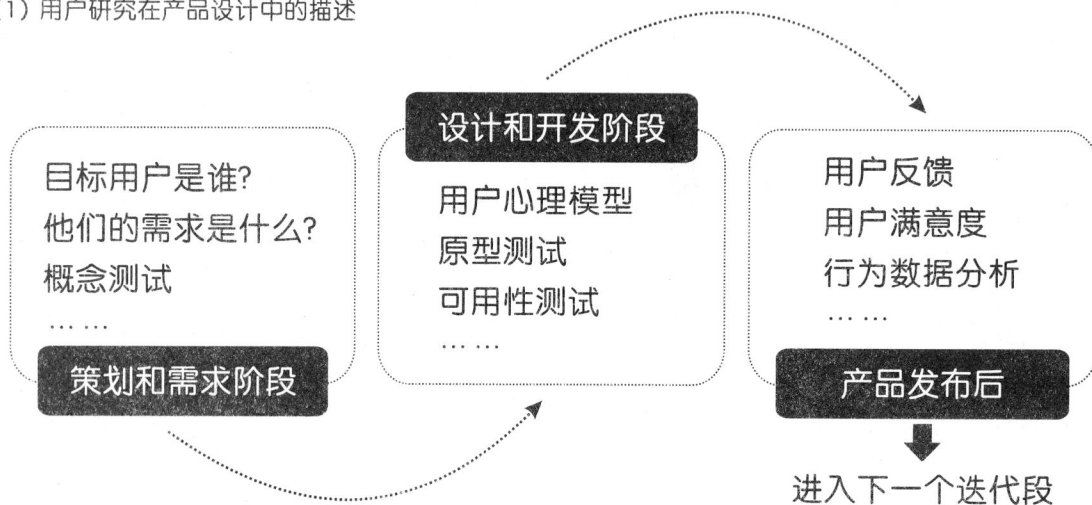

目标用户是谁？ 他们的需求是什么？ 概念测试 ……	设计和开发阶段 用户心理模型 原型测试 可用性测试 ……	用户反馈 用户满意度 行为数据分析 ……
策划和需求阶段		产品发布后

进入下一个迭代段

（2）用户研究的对象

典型用户：指使用产品的所有用户中处于正态分布曲线中间部分的人，这部分人的数量往往最多，同时也是最稳定的用户。

（3）共同领域产品

与目标产品有共通的"心理/文化基础"的产品，比如：顶级高档餐厅与高尔夫球场或奢侈品牌等。寻找的用户可以不限于在目标产品使用上有丰富体验的领先用户，也可以是与目标产品有共通的"心理/文化基础"的产品资深用户或专家。

（4）用户研究的原则

设计师不是用户，用户也不是设计师。设计师不是用户，是指设计师不要以自己为角度来进行设计。

自述
案例：

（5）用户研究的基本方法

① 定性研究

② 用户访谈

③ 现场调查

④ 角色构建

产品设计中的角色构建是一种对用户信息进行高效整理与整合的方式，也是利用用户研究的信息来生成一种描述性的用户模型，即"角色用户"。

3、用户为中心的设计方法

（1）剧本导引法

剧本导引法也叫情景故事法。借鉴剧本（脚本）撰写的方式，将产品开发前期涉及的用户研究、市场背景分析、用户使用情境等多种因素和调研结果转化为剧本的各要素，然后通过"透过观察—说故事—写剧本—显现情境—设计体验—沟通与传达"的过程导引设计概念的产生。

① 剧本导引法的优缺点

● 优点：以用户为中心、促进团队交谈、降低成本、关注细节、适用面广。

● 缺点：对操作者要求高、易偏主观、易产生庞大的剧本、过度关注细节。

② 剧本导引法的应用流程

● 宏观与微观环境（用户研究，细分用户）— 目标族群特点（角色问题、角色期望）— 用户需求 — 设计展开（设计要点、设计概念、原型制作、剧本评估）

● 活动地图：活动地图也称"动态地图"，主要是以人的活动范围为基础来构建的，以便设计者在情景互动过程中不会遗漏一些重要的信息。

● 问题剧本：问题剧本实际上就是用户需求的发现与定义。用户需求往往不能从用户口中直接得到，它需要观察用户的行为习惯，而通过问题剧本的描述可以复原用户的行为，有助于引导设计者关注细节，发现潜在问题。

③ 剧本导引法的表现形式

● 草图：用以分析与整理用户需求为主，是设计者最初的思想呈现。

● 文字描述：是最常规的，来自于对草图和情境片段的描述和整理，这类剧本也是剧本引导法的主要发展形式。把视觉化的内容提炼为文字需要更为谨慎，另外整理成文字后的剧本更经得起逻辑性的推敲，从而可以深化设计的主题。

③ 故事板：情境就是创造了一个人物角色使用产品的故事，而故事板是情境中的细节刻画，以及视觉化的情境。文字的剧本虽然严禁但过于抽象，在必要的时候也要借助故事板的视觉表现。

④ 拼贴板：和故事板一样是一种将剧本内容视觉化的工具，也是文字剧本很好的补充内容。我们在构建用户角色时用到的人物角色意象拼图就是一种拼贴板，它对于呈现用户意象、情绪或者色彩偏好这类较模糊的概念要比淡出的文字描述更贴切，同时也为未来产品的风格定性提供有益的参考。

⑤ 视频：是剧本表现中较为高级的表现形式，它借助音频和视频等媒介，更详细和直观地演绎产品使用情境。视频一般基于原型的辅助，用以完成一定的测试或者对设计概念起到传播的作用。

（2）原型法

原型法是一种以原型构建为核心的产品设计方法。通常协助我们与未来产品进行交互，从而获得第一手体验，并发掘新思路的装置，称之为"原型"，这个构建与完善的过程，称为"原型构建"。

注意：原型是创意过程中辅助思考的综合性工具，不是一件成型的产品；它渗透在创意的各个方面，并且是不断演变的；要求快速且廉价的创建。

① 原型法的特点：是一种在做中学的方法，即边探索边学习的方法，是一种团队合作的方法。

② 原型法的原则

●快速原则：在观察与理解用户需求和设计目标过程中，快速制作原型。

●迭代原则：即允许通过不断的调查、测试和调整设计来改良复杂的结构。

●焦点原则：是指必须有的放矢，每个原型都必须切实解决一个被设计团队所关注的焦点问题。

●有限性原则：在原型构建形成过程中，我们基于不同的原因，需要构建不同的原型，不能指望在一个原型构建过程中解决所有的问题，要认识到这种局限性。

自述
案例：

三、以用户为中心的产品设计方法在产品中的应用

1、产品交互设计

（1）产品交互设计的概念

产品交互设计是指为用户与产品之间的交流和互动进行设计，所有的交互行为都是由用户参与和主导的，是一种典型的以用户为中心的产品设计。

（2）产品交互设计的目标

设计出用户真正满意的产品。用户对产品的真正满意是物质层面的使用和精神层面的愉悦使用，为用户设计出"可用、可靠、可爱"的产品。

2、可用性设计研究

（1）用户任务模型

产品的设计并不是一个静态的过程，产品在被使用的过程中，需要不断地与用户进行交互，因而优秀的设计必须考虑到用户使用产品的全过程，即用户任务模型。

（2）可用性设计的方法与程序

可用性设计强调产品设计开发过程中用户的参与，用户可以在现场研究中作为被观察与采访的对象，或者直接参与产品的概念制定与原型设计，它包括用户需求分析、可用性设计、可用性测试与评估与用户反馈。

3、通用性设计（UD）研究

通用性设计（UD）是指尽最大可能地为更多人设计产品和环境，而不需要进行调整和专门的设计。

（1）通用性设计的原则

平等使用、弹性使用、简单化和直觉化操作、可识别的信息、容错、低本能需要、尺寸和空间。

4、产品体验设计

（1）用户体验

用户体验是用户在使用产品过程中所建立起来的一种心理感受，是一种纯主观的感受，并带有一定的不确定因素。

四、寻找最佳卖点的产品研发设计

1、面向市场的产品功能卖点设计

（1）市场空白点：市场上没有能够完全满足用户需求的产品

（2）市场调查的内容：消费需求调查、企业商品状况调查、市场竞争状态调查

（3）市场细分：市场细分（market segmentation）是企业根据消费者需求的不同，把整个市场划分成不同的消费群体的过程。这一概念的提出，对于企业的发展具有重要的促进作用。其客观基础是消费者需求的异质性。进行市场细分的主要依据是异质市场中需求一致的顾客群，实质就是在异质市场中求同质。市场细分的目标是为了聚合，即在需求不同的市场中把需求相同的消费者聚合到一起。

（4）市场需求：市场需求（market demand）指一定的顾客在一定的地区、一定的时间、一定的市场营销环境和一定的市场营销计划下对某种商品或服务愿意而且能够购买的数量，市场需求是消费者需求的总和。市场需求的构成要素有两个，一是消费者愿意购买，即有购买的欲望；二是消费者能够购买，即有支付能力，两者缺一不可。

（5）产品功能的分类：实现功能、调节功能、反馈功能

（6）U.S.P：U.S.P是卖点主张的缩写，主要包含的含义是：任何产品应该向消费者传播一种主张、一种忠告、一种承诺；这种主张应该是竞争对手无法提出或未曾提出的，应该独具特色；这种主张应该是以消费者为核心，易于理解与传播，具有极大的吸引力。

2、面向市场的产品质量卖点设计

（1）质量卖点设计：是指在产品设计中，根据市场的需求，提出质量要求，确定产品的质量水平，选择主要的性能参数，规定多种性能参数经济合理的容差，或指定公差标准和其他技术条件。

（2）质量螺旋上升图：质量螺旋图也称为朱兰质量螺旋，是美国质量管理专家朱兰率先采用表达产品质量产生、形成、发展的客观规律的一条螺旋上升曲线，该曲线对品质管理有重要的指导作用。

①产品的质量形成过程包括市场研究，产品开发、设计，制定产品规格、工艺，采购，仪器仪表及设备装置，生产，工序控制，产品检验、测试，销售及服务等共13个环节。各个环节之间相互依存，相互联系，相互促进。

②产品质量形成的过程是一个不断上升，不断提高的过程。为了满足人们不断发展的需要，产品质量要不断改进，不断提高。

③要完成产品质量形成的全过程，就必须将上述各个环节的品质管理活动落实到各个部门以及有关的人员，要对产品质量进行全过程的管理。

④品质管理是一个社会系统工程，不仅涉及企业内各部门及员工，还涉及企业外的供应商、零售商、批发商以及用户等单位及个人。

⑤ 品质管理是以人为主体的管理。朱兰螺旋曲线所揭示的各个环节的品质活动，都要依靠人去完成。人的因素在产品质量形成过程中起着十分重要的作用，品质管理应该提倡以人为主体的管理。此外，要使"回圈"顺着螺旋曲线上升，必须依靠人力的推动，其中领导是关键，要依靠企业领导者做好计划、组织、控制、协调等工作，形成强大的合力去推动质量回圈不断前进，不断上升，不断提高。

3、面向市场的产品造型卖点设计

（1）基本法则：统一与变化、配套和谐、对称与均衡、节奏与韵律、主从与重点、富有人情味

（2）主要要素：用户感性空间、设计感性空间、造型设计要素空间、用户感性空间到设计感性空间的映射、感性设计空间到造型设计要素空间的映射。

4、面向市场的产品包装卖点设计

（1）卖点包装策略：类似包装、组合包装、赠品包装、再使用包装、分组包装、改变包装

自述
案例：

第二模块　产品创新设计

1、结构性创新

产品研发设计中，新技术的引进是对旧生产系统的否定，这些新技术往往能塑造产品、市场、企业和用户之间新的联结方式，它可以创造出新的产品，或者重塑原有企业。

2、根本性创新

根本性创新最大的特点就是企业使用新技术，首次向市场推出可以对经济产生重大影响的新产品、新技术等。

3、空缺创造式创新

是指用已开发的现有技术，以开创新的产品市场机会为目的的一种活动。

4、渐进性创新

它对产品的成本和性能具有巨大的累积性效果，它所涉及的变化是建立在现有技术和生产能力之上的变化和现有的市场和顾客的变化。

自
述
案例：

第三模块 产品研发成本计算

1、产品成本概念

产品成本通常是以产品为成本核算对象，核算企业在生产产品过程中所支出的物质消耗、劳动报酬以及有关费用支出。

2、影响产品成本的因素

（1）材料消耗数量的变动

（2）产品产量的变动

（3）人工成本和劳动生产率的变动

3、产品成本的计算与分析

（1）制造成本

（2）功能成本

（3）质量成本

（4）目标成本

4、产品设计研发成本投入与控制

（1）成本计划：成本计划主要有单位产品成本计划、生产费用预算以及降低成本措施计划组成

（2）成本控制：狭义的成本控制主要是指成本计划执行过程所进行的日常管理与费用控制

（3）成本控制的程序：包括制定成本控制标准、监督成本形成过程、纠正偏差

自
述
案例：

创业综合词典汇 之

第九模块

人力资源管理词典汇

目录 CONTENTS

人力资源管理词典汇

一、人力资源管理概述

1、人力资源管理的概述

　　人力资源指的是对组织中"人"的管理，即对组织（企业）所拥有的人力资源这一特殊的资源，通过计划、组织、协调和控制等活动进行处理的一种管理形式。

2、人力资源管理的职能

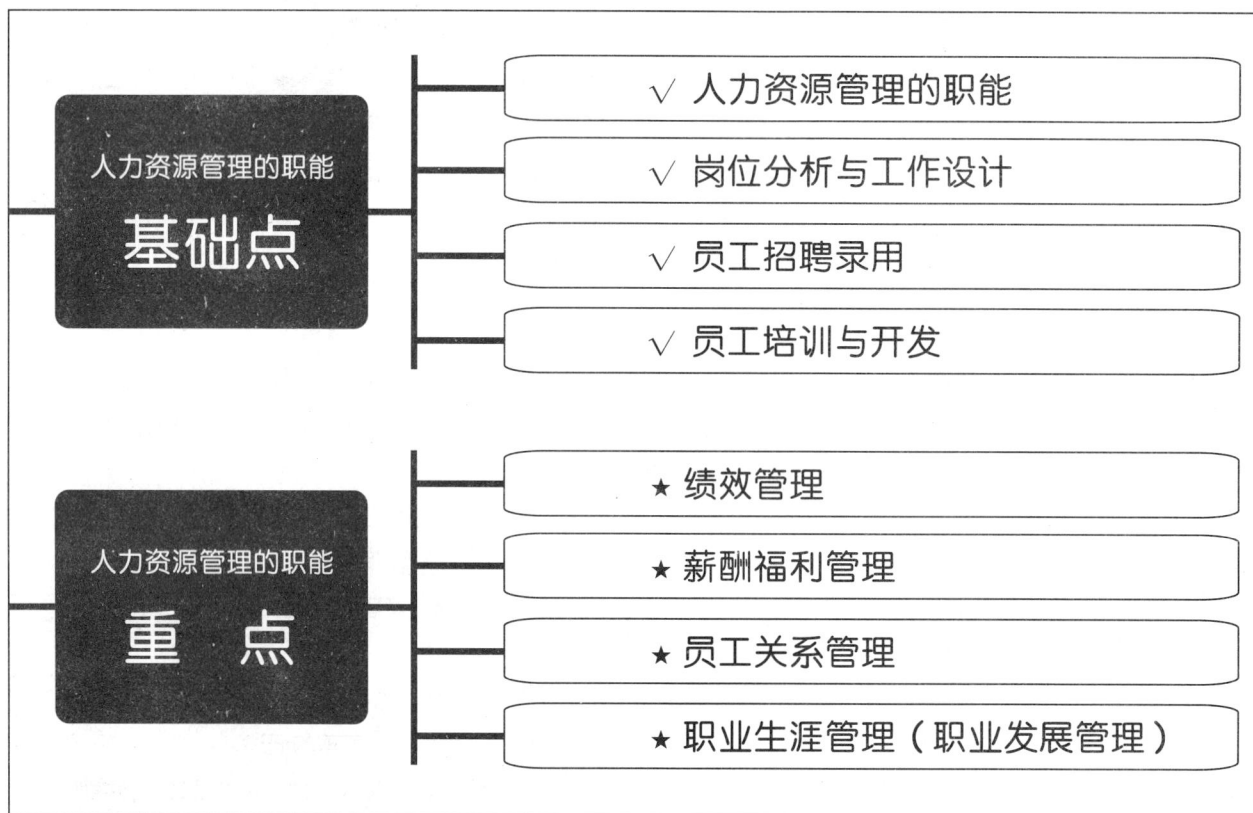

人力资源管理的职能 **基础点**	√ 人力资源管理的职能
	√ 岗位分析与工作设计
	√ 员工招聘录用
	√ 员工培训与开发
人力资源管理的职能 **重　点**	★ 绩效管理
	★ 薪酬福利管理
	★ 员工关系管理
	★ 职业生涯管理（职业发展管理）

自
述
案例：

3、人力资源管理6大模块简图

二、人力资源规划

1、人力资源规划概述

　　人力资源规划指的是从企业战略规划和发展目标出发，根据其内外部环境的变化，预测企业未来发展对人力资源的需求，以及为满足这种需要提供人力资源的活动过程。

2、人力资源规划制定的程序

　　（1）《人力资源规划制定程序的内容模型图》，图示如下：

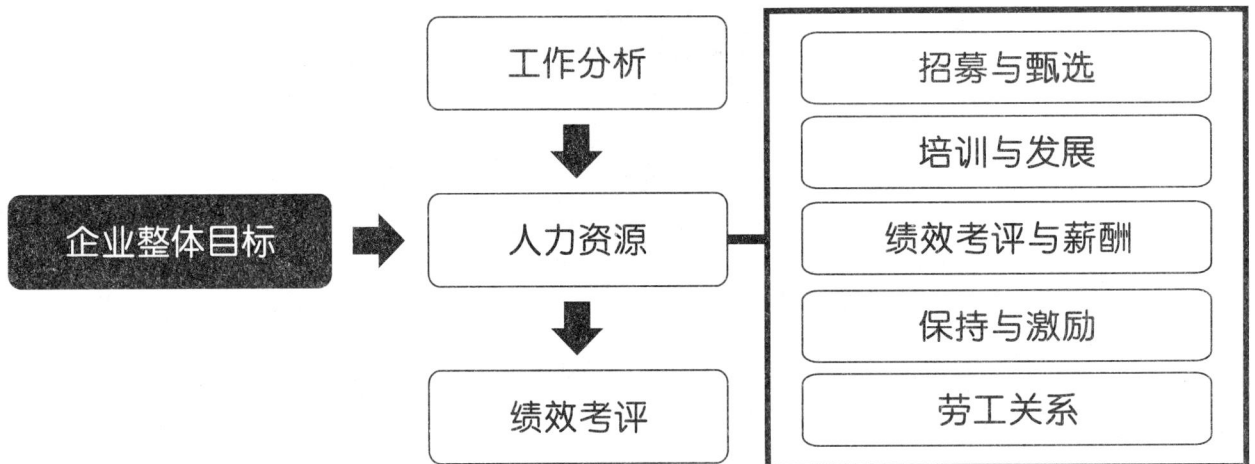

```
                    ┌──────────┐      ┌──────────────────────┐
                    │  工作分析  │      │      招募与甄选        │
                    └──────────┘      ├──────────────────────┤
                         ↓            │      培训与发展        │
┌──────────────┐   ┌──────────┐      ├──────────────────────┤
│  企业整体目标  │ → │  人力资源  │──────│    绩效考评与薪酬      │
└──────────────┘   └──────────┘      ├──────────────────────┤
                         ↓            │      保持与激励        │
                    ┌──────────┐      ├──────────────────────┤
                    │  绩效考评  │      │      劳工关系          │
                    └──────────┘      └──────────────────────┘
```

　　（2）《人力资源规划制定程序图》，图示如下：

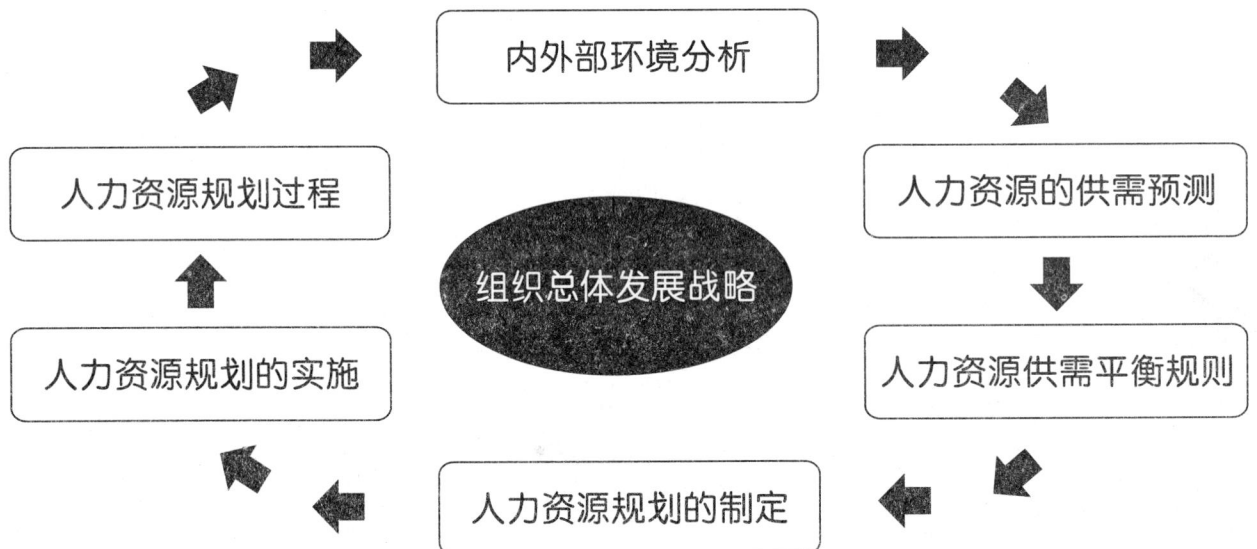

```
                    ┌──────────────┐
              ┌────→│  内外部环境分析  │────┐
              │     └──────────────┘    ↓
   ┌────────────────┐            ┌────────────────┐
   │  人力资源规划过程  │            │  人力资源的供需预测 │
   └────────────────┘   ┌──────┐ └────────────────┘
              ↑         │组织总体│          ↓
   ┌────────────────┐   │发展战略│ ┌────────────────┐
   │  人力资源规划的实施 │   └──────┘ │ 人力资源供需平衡规则│
   └────────────────┘            └────────────────┘
              ↑     ┌──────────────┐    ↓
              └─────│  人力资源规划的制定 │←───┘
                    └──────────────┘
```

三、岗位分析

1、岗位分析的概念

（1）岗位分析，又称职务分析。即对企业中某个特定工作或职务的目的、任务或职责、权利、隶属关系、工作条件、任职资格等相关信息进行收集与分析，以便对该职务的工作做出明确的规定，并确定完成该工作所需的行为、条件、人员的过程。

（2）岗位分析所形成的工作描述、工作规范，是岗位说明书重要的组成部分，是企业进行规范管理的基础性文件。

（3）在企业中，每一个劳动岗位都有它的名称、工作地点、劳动对象和劳动资料。

2、岗位分析的内容

（1）工作基本资料。如：工作名称、工作代码（即工号）、工作地点、所属部门、直接的上下级关系、员工数目等。

（2）工作内容。如：工作任务、工作责任、工作量、工作标准、机器设备等。

（3）工作关系。如：监督指导关系、职位升迁关系、工作联系。

（4）工作环境。如：物理环境（空气湿度、照明度、噪音以为粉尘等）、安全环境、社会环境、聘用条件（工时、工资结构、支付方式、晋升机会等）

（5）任职条件。如：教育培训、必备知识、经验、素质要求等。

自述
案例：

3、岗位分析的程序

见《岗位分析系统模型图》，图示如下：

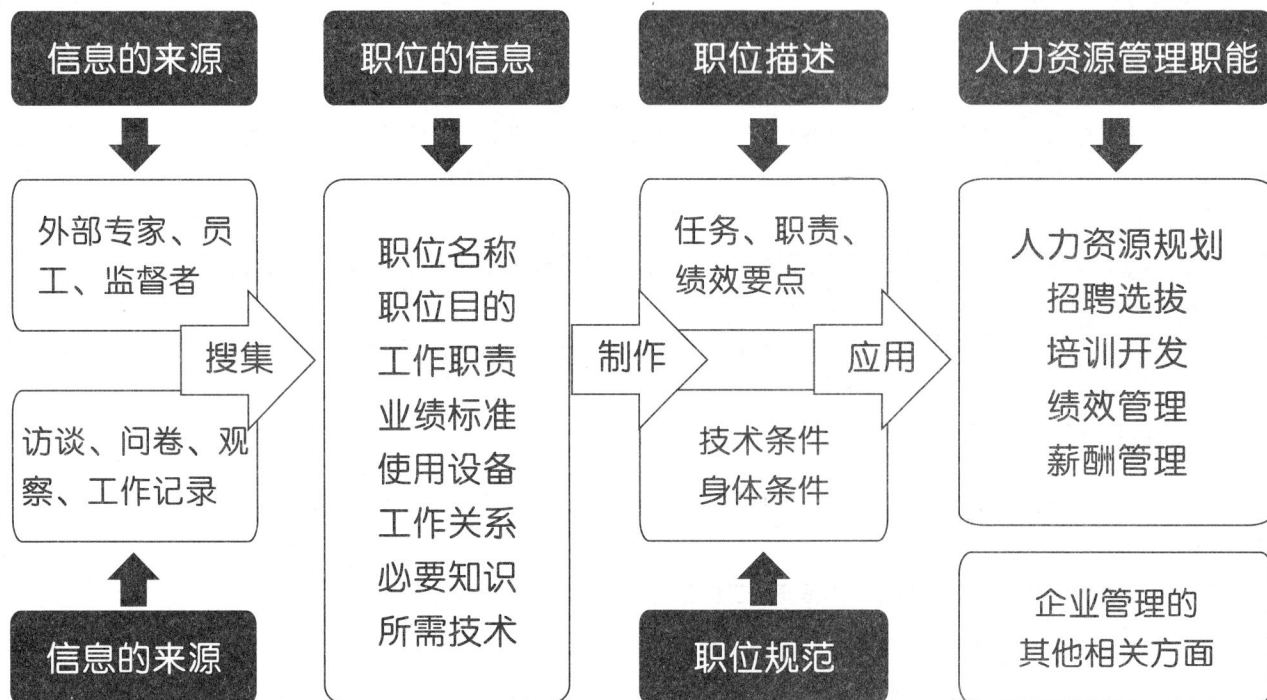

信息的来源	职位的信息	职位描述	人力资源管理职能

外部专家、员工、监督者

访谈、问卷、观察、工作记录

信息的来源

搜集 →

职位名称
职位目的
工作职责
业绩标准
使用设备
工作关系
必要知识
所需技术

制作 →

任务、职责、绩效要点

技术条件
身体条件

职位规范

应用 →

人力资源规划
招聘选拔
培训开发
绩效管理
薪酬管理

企业管理的
其他相关方面

四、招聘录用

1、员工招聘

员工招聘指的是根据组织人力资源规划和工作分析的数量与质量要求，制定相应的职位空缺计划。通过信息的发布和科学甄选，获得本企业所需合格人才，并安排其到企业上岗工作的过程。招聘的目标，就是为了成功地选拔和录用企业所需人才，实现所招人员与岗位的有效匹配，以期为组织做出最大的贡献。图示如下：

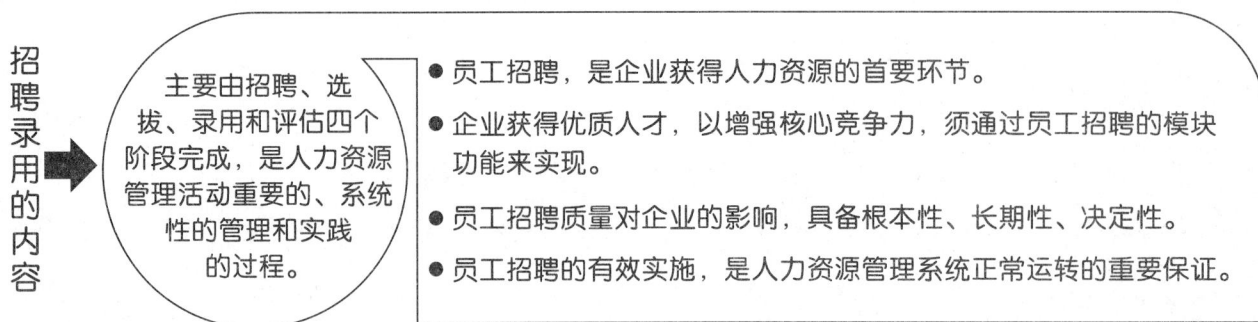

招聘录用的内容 ➡

主要由招聘、选拔、录用和评估四个阶段完成，是人力资源管理活动重要的、系统性的管理和实践的过程。

● 员工招聘，是企业获得人力资源的首要环节。

● 企业获得优质人才，以增强核心竞争力，须通过员工招聘的模块功能来实现。

● 员工招聘质量对企业的影响，具备根本性、长期性、决定性。

● 员工招聘的有效实施，是人力资源管理系统正常运转的重要保证。

2、选拔录用实务操作

选拔录用实务操作见《选拔录用流程图》，图示如下：

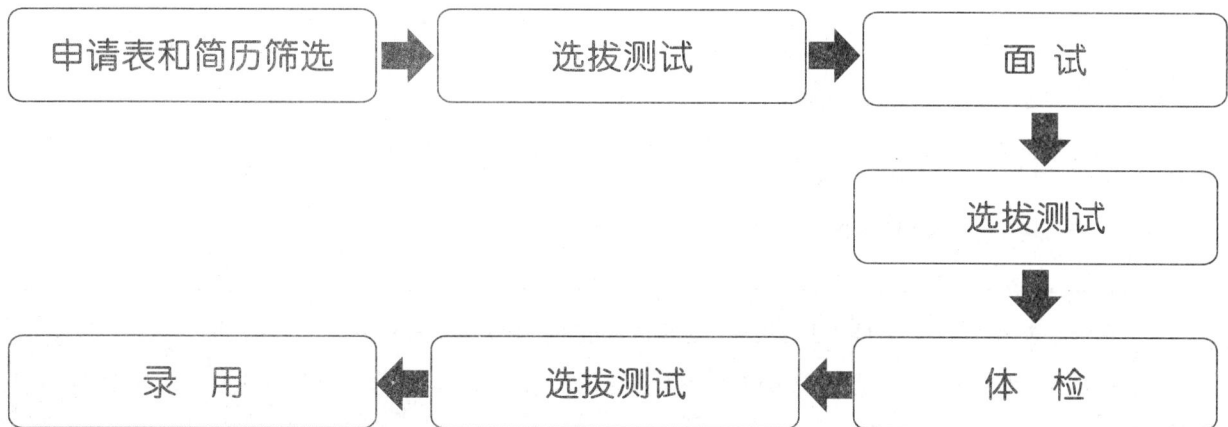

```
┌─────────────┐    ┌─────────────┐    ┌─────────────┐
│ 申请表和简历筛选 │ ➡  │   选拔测试   │ ➡  │    面  试    │
└─────────────┘    └─────────────┘    └─────────────┘
                                              │
                                              ▼
                                      ┌─────────────┐
                                      │   选拔测试   │
                                      └─────────────┘
                                              │
                                              ▼
┌─────────────┐    ┌─────────────┐    ┌─────────────┐
│   录  用    │ ⬅  │   选拔测试   │ ⬅  │    体  检    │
└─────────────┘    └─────────────┘    └─────────────┘
```

五、员工培训开发

1、员工培训开发的概述

员工培训开发，是指组织开展有目的、有计划、有步骤、针对性强的系统管理行为。简单来说，就是帮助员工胜任工作，并发掘员工的最大潜能。即：企业有组织、有计划地进行培训，使员工获得或改进岗位知识、综合能力、工作态度、专业技能等方面，从而提高企业（组织）的工作绩效，是系统化、标准化、规范化的教育训练开发活动。

自
述
案例：

2、员工培训开发流程（9个步骤）

（1）制定岗位培训制度，主要内容有：

① 新员工入职制度（一般先培训后任用）

② 培训激励制度（调动员工培训学习的积极性）

③ 培训考核与评估制度（目的在于检验培训结果）

④ 员工惩罚制度（保证培训效果的关键）

⑤ 风险制度（确保组织培训时投入回报，保证组织的利益，规避不必要的漏洞风险）

（2）开展培训需求，分析培训需求分析一般分为四个流程：

① 建立员工背景档案，原始培训需求回顾。

② 制定培训需求调查计划。（确定工作目标；选择调查方法；确认调查内容）

③ 实施培训需求调查工作。（提出培训需求建议；调查、申报、汇总建议；分析培训需求；汇总需求意见，确认培训需求）

④ 分析与输出培训需求结果（从组织、工作岗位、个人三类层次进行分析）

（3）制定培训开发计划及计划经费预算

① 制定培训开发计划（培训发展计划从培训对象、培训目的、培训层次、培训任务进行制定）

② 制定培训计划经费预算（即，A确定培训经费来源，是由企业承担或企业与员工共同承担；B确定培训经费的分配和使用；C进行培训成本—收益计算；D制定培训预算计划；E培训费用的控制及成本降低。）

（4）确定培训对象

确定培养对象，即对工作任务、绩效标准、绩效现状、绩效差距、差距成因和后果等，进行预期解析，分析获取的信息来确认培训标准、培训可以解决的问题、培训资源及参加培训的对象（群体层次：高层管理人员、中层专业人员、基层一般人员）

自述
案例：

（5）选择培训方法和培训机构

① 常见的培训实施方法

● 直接传授法（通过讲授、研讨、专题讲座等模式进行学习认识和更新理念）

● 实践法（通过岗位工作指导、工作轮换、特别任务、个别指导等模式掌握技能）

● 参与法（通过自学、案例研究、头脑风暴、模拟训练等模式提高综合能力，进行敏感性训练）

● 角色扮演法

● 行为模仿

● 拓展训练

② 选择培训机构完成培训任务的依据

● 组织选择外部的专业培训机构

● 组织成立内部的自有培训机构

（6）进行课程设置

● 培训课程设置流程（前期的准备工作 — 设定课程目标 — 收集信息和资料 — 课程模块设计 — 课程预演 — 信息反馈与课程修订）

（7）培训开发实施

● 培训开发实施，是整个培训活动的核心阶段。

● 在具体开展过程中，需注意根据培训计划有步骤地分工落实培训内容。

● 培训部门需根据受训者的具体情况及随时出现的各种特殊情况，及时与受训者沟通交流。

● 培训部门同时需征询培训师的意见建议，注意各方面的信息反馈，有针对性地调整培训方法或增加培训内容，加强培训开发过程的整体控制，使培训开发在动态管理中，达到最佳培训效果。

自
述
案例：

（8）实施培训评估，主要包括：

① 反应评估（主要测量受训者的主观感觉及满意度）

② 学习评估（主要测量受训者对培训内容、技巧、概念的掌握和吸收程度）

③ 行为评估（关注受训者培训后的行为改变是否因培训而改变）

④ 结果评估（衡量培训给组织的业绩带来的影响）

（9）撰写评估报告，一般包括：

① 介绍评估的目的及性质

② 评估实施的背景

③ 分析与说明

④ 阐明评估结果

⑤ 解释评估结果并提出建议

六、员工关系管理

1、员工关系管理的概述

　　员工关系管理，是指企业各级管理人员和人力资源职能管理人员，通过制定和实施各项人力资源政策和管理行为，以及其他的管理沟通手段调节企业和员工、员工与员工之间的相互联系和影响，从而实现组织的目标并确保为员工、社会增值。

2、员工沟通及冲突管理实务操作

自
述
案例：

（1）沟通与沟通管理

沟通，是人与人之间的思想和信息的交换，将信息由一个人传达给另一个人，从而逐渐广泛传播的过程，沟通是双向的有效信息的互动过程。沟通管理，是员工关系管理的核心内容和实质。

（2）沟通管理的作用

① 沟通有助于改进个人及群众做出的决策

② 沟通可促使员工协调有效地工作

③ 沟通有利于领导者激励下属，提高员工的士气，建立良好的人际关系和组织氛围。

（3）沟通技巧模式

① 单向沟通（单向沟通，也称为单向倾听，指只有听者接受说话者的信息而彼此之间无交换息）

② 双向沟通（双向沟通，也称为含语言反馈，指接收者传送信息回应给传送者，以核对资料或信息是否真正收到，在信息互动的过程中，完成沟通的意义）

③ 沟通技巧

● 倾听技巧（即：鼓励、询问、反应、复述等）

● 气氛控制技巧（即：联合、参与、依赖、觉察等）

● 推动技巧（即：反馈、提议、推论、增强等）

（4）员工冲突管理

冲突的类型，可分为：

① 建设型冲突（通常表现为集思广益，意见全部展现，越冲突，主意越多）

② 破坏型冲突（企业中具有损害性的或阻碍目标实现的冲突）

看待冲突可一分为二。冲突不多，就不利于团队和企业的改善提高，以及无法适应新环境；而冲突太多且大时，则会引起混乱和企业的生存危机。

自述 案例：

七、绩效管理

1、绩效管理的概述

（1）绩效的含义

绩效，也称为业绩或效绩，其反映的是人们从事某一种活动所产生的成绩或成果。在一个组织中，广义的绩效，包括两个层次的含义：整个组织的绩效；员工的绩效。

（2）绩效管理的含义

绩效管理，指的是组织制定员工的绩效目标，收集与绩效相关的信息，定期对员工的绩效目标完成情况做出考核和反馈，以改善员工工作绩效并最终提高企业整体绩效的制度化过程。具体而言，其包括三个层次的含义：

① 绩效管理，是建立共识的过程。

② 绩效管理，是一个持续的管理过程。

③ 绩效管理的最终目的，是最大可能地取得个人和组织的成功。

（3）绩效管理与绩效考核的区别

① 绩效考核，是绩效管理的一个组成部分，代表不了绩效管理的全部内容。

② 完整意义上的绩效管理系统，是指由绩效计划、绩效沟通、绩效考核、绩效反馈这四个部分组成的一个系统。

③ 绩效管理的过程，图示如下：

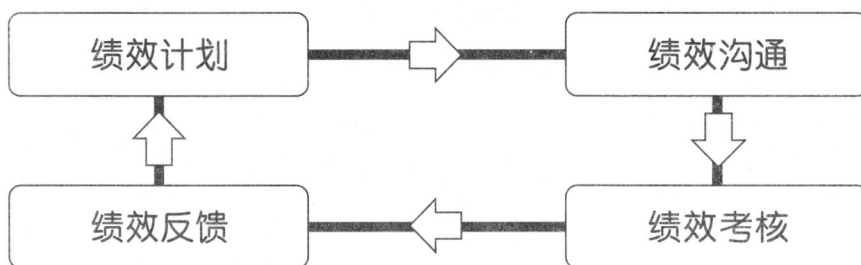

 自述 案例：

2、绩效管理的方法

（1）目标管理法（管理的原则，是每一项工作都必须为达到总目标而展开）

（2）目标管理法的实施步骤

① 确定组织目标

② 确定部门目标

③ 确定个人目标

④ 绩效执行及跟踪监控

⑤ 绩效评估

⑥ 提供反馈

八、薪酬福利管理

1、薪酬福利管理的概述

（1）薪酬的含义：薪酬，具有"广义"和"狭义"之分。

① 广义的薪酬，也称为劳动报酬，指员工从事企业所需要的劳动，而得到的以货币形式或非货币形式所表现的补偿，包括经济性报酬和非经济性报酬两大类。

② 狭义的薪酬（通常企业薪酬概念），是指劳动者在向企业提供有效劳动后，从企业获得的全部显性和隐性的经济性收入。

（2）薪酬的形式

① 基本薪酬

员工从企业获得较稳定的经济报酬，基本薪酬是确定可变薪酬的一个主要依据。

② 可变薪酬

薪酬系统中与企业和员工绩效直接挂钩的部分，也就是平时所说的奖金、绩效奖励、绩效工资。可变薪酬的激励一般包括：

● 短期激励，用于鼓励员工努力工作，取得良好的工作业绩，主要按年、季、月度发放。如：日常工作绩效工资、年终效益奖、单项奖励等。

● 长期激励，也叫资本工资，用于长期奖励及留住企业发展所需核心优质人才。如：股票、期权等。

③ 间接薪酬

间接薪酬又称福利薪酬，是指员工作为企业成员所享有的、企业为员工将来的退休生活及一些可能发生的不测事件（如疾病、事故）等所提供的经济保障，其费用部分或全部由企业承担。它往往不以货币形式直接支付，而多以实物或服务的形式支付。之所以被称为间接薪酬，是因为它与基本薪酬和可变薪酬存在一个明显的不同，即福利与服务不是以员工向企业供给的工作时间来计算薪酬的组成部分。

（3）薪酬管理的含义

薪酬管理，是指一个企业针对所有员工所提供的服务，确定其应得的报酬总额、报酬结构、报酬形式的一种过程。

2、薪酬及福利两大体系的设计实务操作

（1）薪酬管理模式

① 职位薪酬体系（主要依据职位在企业内的相对价值为员工付酬）

② 能力薪酬体系（主要依据员工具有的工作能力来确定其薪酬）

③ 绩效薪酬体系（主要通过激励个人提供绩效促进企业绩效）

（2）常见的企业工资制度

① 计件工资制（以员工完成的合格产品或工作量及事先规定的计件单价计算出的薪酬）

② 销售提成制（根据员工所销售产品的数量和事先确定的销售单位产品可获得的提成金额或提成比例计算工资的一种工资制度）

③ 技术等级工资制（根据劳动复杂程度、繁重程度、精确程度、工作责任大小等因素划分技术等级，按等级规定工资标准的一种工资制度）

④ 岗位等级工资制（按照岗位或职务规定工资标准的一种工资制度）

⑤ 结构工资制（结构工资，又称为多元化工资、分解工资，是指其将构成工资标准的诸多因素，按该因素作用的差别划分为几个部分，并分别规定工资数额），结构工资组成部分可分为：基本（基础）工资、职务（岗位）工资、技能工资、年功（工龄）工资、奖励工资（绩效工资）。

结构工资制，适用于企业的生产、管理、技术等各类员工。

⑥ 岗位技能工资制（根据按劳分配原则，以劳动技能、劳动责任、劳动强度、劳动条件等基本要素的岗位评价为基础，以岗位和技能工资为主的企业基本薪酬制度。岗位技能工资由岗位工资和技能工资两个单元组成）

⑦ 薪点工资制（薪点工资制用点数和点值来确定员工工资，是一种用量化的考核方法确定员工实际薪酬的分配形式）

（3）薪酬体系设计的模型

企业在设计战略型薪酬体系时，可从战略层、制度层、技术操作层这三个层面来考虑，见《布朗德战略导向的薪酬管理体系的模型》，参考图示如下：

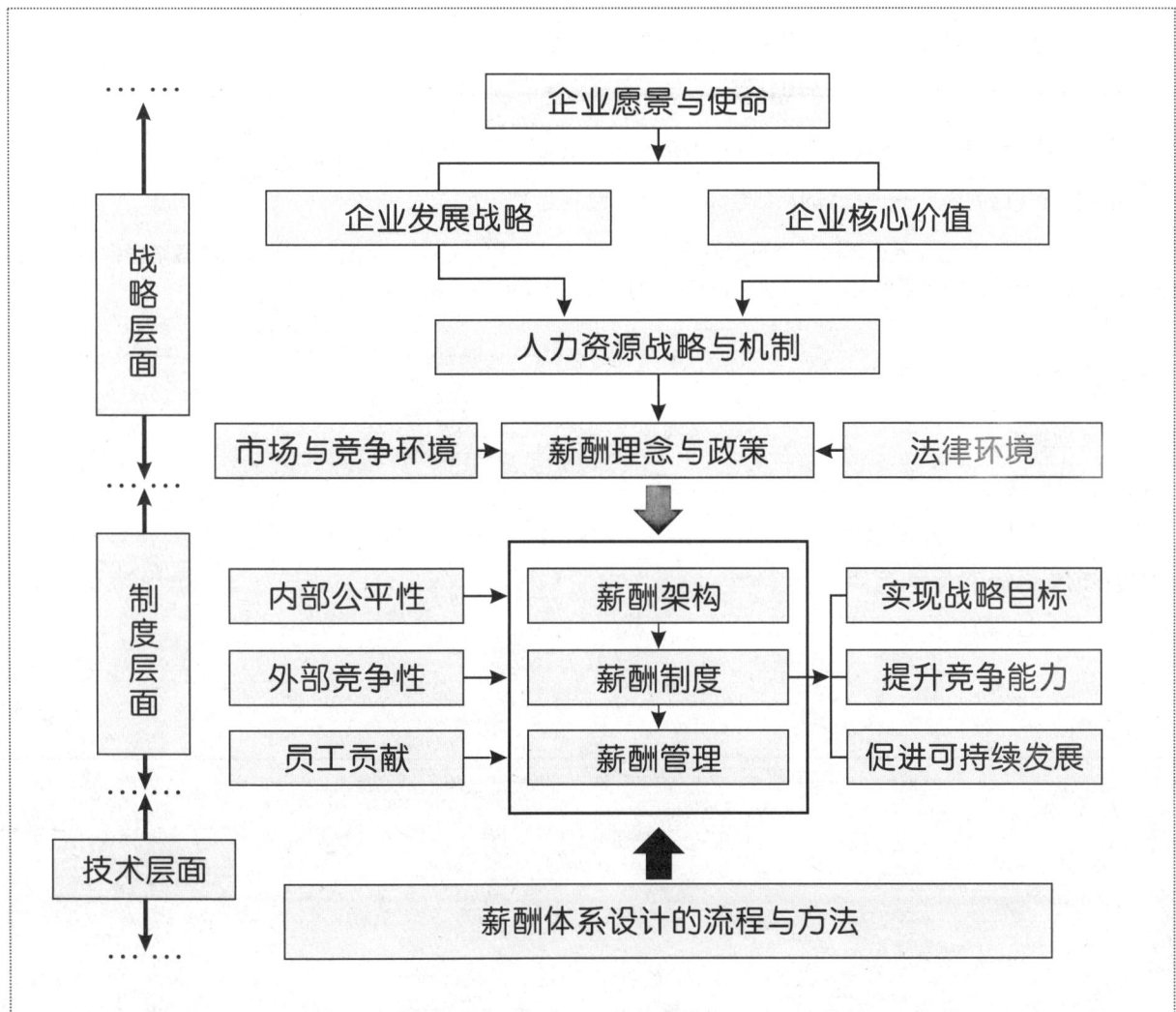

九、职业生涯管理

1、职业生涯管理的概述

职业生涯管理，是指一个人从首次参加工作开始的一生中所有的工作活动和工作经历，按从业时间的顺序连接起来的一个连续的职业过程。

从本质上说，职业生涯管理也是人们不断提高其职业技能、完善职业品质、丰富人生经历的过程。

2、职业生涯管理的方法

（1）职业生涯的发展阶段

① 成长阶段（时间界定于一个人的从出生至14岁这一年龄段上）

② 探索阶段（时间界定于一个人的从15至24岁这一年龄段上）

③ 确立阶段（时间界定于一个人的从24至44岁这一年龄段上）

④ 维持阶段（时间界定于一个人的从45至60岁这一年龄段上）

⑤ 下降阶段（人们当临近退休时，就开始面临职业生涯中止阶段。在这一阶段，许多人都将面临学会接受一种新角色，如：成为年轻人的良师益友、被原单位返聘、寻找其他发挥余热的岗位等）

3、职业发展路径的类型

（1）专业技术型

（2）行政管理型

4、职业发展路径的运动方向

（1）横向运动方向

（2）纵向运动方向

自述 案例：

5、企业职业生涯管理

（1）企业对员工的职业生涯管理

① 提高员工对职业发展管理的认识

② 帮助员工进行自我分析，设定职业发展目标。

③ 拟定职业发展计划

④ 实施员工职业发展计划

⑤ 职业发展总结评估

（2）企业自身的职业生涯管理

① 提供企业内部劳动力市场信息

② 成立潜能评价中心（主要对管理者、专业人员、技术人员的提升可能性进行评价。常用方法有：心理测试；替换或继任规划）

③ 实施发展项目，具体包括内容如下：

利用企业内、外人力资源发展项目，对员工进行培训。如：承担学费的学位教育、管理指导、建立师徒指导关系系统等。

工作轮换，使员工在不同岗位上积累经验，为提升或丰富经验打下基础。此措施可针对高层管理人员、专业人员的培养。

专门对管理者进行培训，或实行双重职业计划。

参加有关学术或非学术的研讨会。

自述
案例：

创业综合词典汇 之
第十模块

公共关系管理词典汇

目录 CONTENTS

公共关系管理词典汇

一、公关关系涵义

1、定义

"公共关系"一词源于美国，改革开放初期才引入中国，它是英文Public Relation的直译，缩写为PR。公共关系有时也被译为公众关系。

公共关系是指特定的社会组织和个人为了塑造良好的社会形象，通过传播沟通手段，以争取公众的理解与支持的一种管理职能。

公共关系含义包含下面三层意思：

（1）公共关系活动的根本目的就是塑造组织形象

（2）社会组织通过传播、沟通手段影响公众

（3）公共关系既是一门科学又是一门艺术

2、构成三要素

（1）公共关系的主体：社会组织

公共关系是一种组织活动，而不是个人行为。组织是公共关系活动的主体，是公共关系的实施者、承担者。不能把个人行为说成是公共关系。

（2）公共关系对象：公众

公共关系是一种特定的关系，而关系必然涉及双方，对于公共关系而言，这个相互影响、相互作用的双方便是组织与公众，因此，公共关系就是公众与组织的关系。公众并非被动的，随时可以表达自己的意志和要求。

（3）公关手段：传播

公共关系的传播，指组织通过各种传播媒介向公众进行信息的传递和交流。传播是一个观念、知识和信息的共享过程，其目的是通过双向的交流和沟通，促进组织和公众之间的了解与认识；传播手段主要是人际传播、组织传播和大众传播等。

自
述
案例：

二、公共关系的职能

1、收集信息

组织环境是由组织内部的公众及影响组织生存和发展的政治、经济和文化等社会因素组成的互动系统，组织总是在一定环境中生存和发展，而这个环境是不断变化的。这种变化对组织而言，可能有利，也可能不利，如何才能趋利避害呢？这就要发挥公关的预警功能，而公共关系中所采集到的信息就能很好的反映出问题所在。公共关系采集的信息主要是有关组织信誉和形象方面的，它包括以下三类：

（1）产品形象信息

（2）组织形象信息

（3）组织运行过程中状态及发展趋势

2、传播推广

传播是指两个相互独立的系统之间，利用一定的媒介和途径所进行的、有目的的信息传递活动。公共关系反映的是人际之间的交往，因而也离不开信息的传递及沟通。从企业来看，信息传播就是企业正确地使用各种传播媒介，及时地向公众传递有关企业的各种信息，及时有效地收集企业公众对企业的各种意见和了解他们的态度。信息传播过程是一种信息分享过程，双方都能在传递、交流、反馈等一系列过程中分享信息，在双方的信息沟通的基础上取得理解，达成共识。

推广就是使事情展开，传播推广就是通过传播的方式使事情展开。

3、协调沟通

协调沟通是公共关系的根本职责之一，社会组织的形象就是在不断地协调和沟通中建立和发展起来的。协调意味着减少、化解乃至避免组织与内部公众之间的摩擦和与外部公众之间的冲突。为了更好地管理企业，组织领导人应做好以下两点：

（1）做好组织内部协调工作。主要协调上下级之间、组织内部部门平级之间的关系。

（2）协调好组织与外部公众的关系。

案例：

4、传播服务

向公众说明和解释组织的有关政策、行为和产品，争取公众的了解和理解，促进公众的认同与接受。这是一种为组织创造和形成公众舆论的工作。形成舆论，是公共关系传播最基本的功能。

公共关系传播推广的职责还在于调节组织的信息流量和流向，引导公众舆论向积极、有利的方向发展，并根据舆论反馈适当调整组织的行为，控制组织的形象。

5、策划专题活动

策划专题活动是指组织根据节假日等策划相应的专题活动，它有利于获得广大公众的信赖，从而树立良好的形象，提高自己的知名度和信誉度，巩固组织在公众心目中的地位。

三、公共关系策划

1、策划的意义

公共关系实务是一项有目的的活动，要达到预定的目的，就需要策划。因此，策划的好坏会直接影响公关活动的成败及效果。公关策划的意义主要表现在以下几个方面：

（1）公关策划是公关活动最高级的层次

目前，我国公关活动大约可分成三个层次：一是初级层次的公关，如人们常说的"公关小姐"所从事的工作，做些带有公关实务性质的工作，如招待、布置、联络等。二是中级层次的公关，如为塑造良好的企业形象而进行的营销术、管理术或企业文化宣传、思想政治工作等。三是高级层次的公关，即公关策划，这一层次的公关人员应当是组织的好参谋，要发挥自己的创造性，设计出高水平的公关活动。

（2）公关策划是公关运作的飞跃

尽管公关运作也能起到塑造形象、协调公众的效果，但其强度不够，不能在公众心目中形成强大的影响。只有通过策划，才能使日常公关运作上一个台阶，实现巨大的飞跃。

自述 **案例**：

（3）公关策划是竞争的法宝

在市场竞争激烈的环境中，一个企业想要战胜对方，不但要靠自身的实力，还须依靠奇谋妙计。公关策划，就是通过策划一系列的奇谋妙计来塑造企业形象，并赢得公众。如法国白兰地为打进美国市场，在艾森豪威尔总统67岁生日时赠送了两瓶保存了67年之久的法国白兰地，这一"双67"公关活动，取得了极大的成功，造成了美国历史上前所未有的"万人空巷"现象，这就是公关策划的魅力所在。

2、策划的原则

策划，是指策划者利用手中有限的资源去创造性地制定有效而可行的实施方案，以图实现组织预期目标的思维全过程。所谓公共关系策划，则是指公共关系策划者为实现组织的公共关系目标，对公共关系活动的性质、内容、形式和行动方案进行谋划与设计的思维过程。

公共关系策划的原则，即是指导我们进行公共关系策划的思想认识基础和行为规范准则。在公共关系策划的实践中，我们应去遵循这些从千百次公共关系策划的经验和教训中总结出来的原则，使之成为我们进行有效公共关系策划的行为依据和思想指南。

（1）目标导向原则

目标导向指的是公共关系策划活动必须在一个明确目标的指引下完成。它指出公共关系策划活动必须"有的放矢"。在每次公共关系策划活动之前，策划者必须清楚此次策划究竟是为了什么。公共关系策划的每一步骤和环节都必须紧扣组织的公共关系总目标—量化的三大目标：认知度、美誉度、和谐度。也就是说，在公共关系策划的思维全过程中，必须始终围绕着既定的目标来进行。

（2）利益驱动原则

花钱如流水是败家子的行径，公共关系行为的每一分钱投入都必须考虑公共关系策划目的，必须事先弄清组织公共关系行为的深层动机。公共关系的每一分钱的投入都应该是能解决问题的。

（3）真诚求实原则

在策划全过程中，尊重事实、尊重实践、尊重科学，在策划传播交流内容时，注意信息的真实准确。公共关系策划在考虑向公众传递组织形象有关信息，以及搜集哪些公众反馈信息向组织决策层传递时，都应考虑信息的质（信息真伪）、量（信息多少）和度（信息强弱）的问题，使信息尽量及时、准确、全面、客观地传递给公众或组织决策层。

自述
案例：

3、策划的程序和方法

公共关系策划说到底是在通过调研发现问题的基础上，进一步寻找、研究解决这些问题的有效途径与方法。其过程一般由六个主要步骤组成：

（1）组成相应的策划班子。按规模大小、持续时间的长短，可将公共关系策划区分为长期的总体战略策划、中期的系列工作策划和近期的具体活动策划。它们需要从实际出发，分别组成不同的策划班子。总体战略策划作用时间长、涉及面广、对组织影响大，必须有组织的主要负责人参加，并邀请有关方面、学科的专家，同组织公共关系机构的主要成员一起形成策划班子。中期的系列公共关系工作，需要投入较多的人力、物力和经费，涉及组织的不同部门；其策划班子除公共关系人员外，还应有组织及其有关部门的负责人参加，而近期内具体公共关系活动的策划一般由公共关系人员集体进行。无论哪种类型的策划班子，都应具备三个特点：一是规模适中；二是结构合理，尽可能吸收具有不同身份、年龄、专长和经验的人参加，以利于优势互补；三是气氛民主、平等，不划框框，不搞一言堂，使每个人都能发挥自己的聪明才智和创造力，在此基础上最大限度地集思广益、博采众长。

（2）认真分析已有的各种信息，全面掌握策划所需的相关材料。策划之前的调研工作提供了新的最直接的信息，它们是进行策划的主要依据。此外，公共关系人员还应进一步搜集、比较和分析与策划有关的各种资料、信息，从更多的方面为策划提供参考。其中包括公众状况、组织环境及形象的变化、各种媒介的情况、组织对近期公共关系工作的要求、开展公共关系活动的条件与困难、其他组织进行公共关系活动的情况等。掌握这些信息和情况，对于策划的顺利进行会有直接帮助和重要的借鉴作用。

（3）确定近期内公共关系工作的首要任务，明确策划的方向与目标。不同类型的社会组织，在公共关系工作中有不同的要求和任务；即使同一组织在不同阶段遇到的公共关系问题，也是有较大的差别。公共关系策划，尤其是系列或单项公共关系活动的策划，不可眉毛胡子一把抓，幻想解决所有问题，而应该针对实际需要，每次抓住一两个最突出、紧迫的公共关系问题，作为自己的主要任务，并以此来决定公共关系策划的方向、总体目标和在若干方面应分别达到的指标系统，选择相对集中、具体的目标公众。应注意的是，公共关系策划中确定的目标必须同组织的公共关系总体战略目标保持内在的联系和相对的统一，前者是后者的具体体现和有机组成部分；实现前者，将保证后者的逐步实现。只有这样，公共关系工作才能既表现出"具体情况具体分析"和"仗要一个一个地打，饭要一口一口地吃"的高度灵活性、针对性，及时、有效地解决随时出现的公共关系新问题，又避免使自己忘记总的战略追求，成为只会头痛医头、脚痛医脚的"游方郎中"，活动搞了不少，但相互间缺少内在联系和前后呼应，东一榔头、西一棒棰，到头来得不偿失，不利于组织的环境、工作、形象和公众关系的总体改善。

（4）提出公共关系策划的思路和基本构架。经过对各种情况、信息的分析，根据确定的目标与方向，接下来需要考虑将公共关系活动策划成哪种类型、搞多大规模、持续多长时间、投入多少资源最为适宜。形成了策划的大体思路、范围和基本构架，就可以使后面进行创意时相对集中，不致于太脱离实际。公共关系策划需要划出一个大致的界域，使其具有一定的可伸缩性，避免成为束缚公共关系人员创造性思维的硬性框架。

（5）进行创意。创意是公共关系策划的灵魂，它的任务是为公共关系活动设计出精彩、新颖、独特的主题、口号、项目和传播的内容、方式。它们要能集中体现公共关系活动的目标、任务和特点；对目标公众产生较强的吸引力，适合他们的需要。创意最能体现公共关系工作的科学性、艺术性和创造性。好的创意能使策划和后一阶段的公共关系活动具有鲜明的个性、特殊的魅力，成为与众不同、脍炙人口的公共关系杰作。

（6）制定数套初步方案，经过优选形成最佳的实施方案。有了好的创意，公共关系策划的思路就能清晰地显示出来，接着就要运用技术手段，将创意具体化为一个个工作细节和人、财、物、时间上的合理安排，形成策划的文字结果，即条理化、系统化的策划方案。并对数套初步方案进行认真的论证和比较，采用重点法、轮变法、反向增益法和优点综合法等，对各个方案的每个项目都加以分析，取长补短，科学整合，形成更具有科学性、可行性和独创性，更符合最大效益原则的最佳活动实施方案。考虑到活动过程中各种可变因素的非正常影响，还应制定一个针对某些异常情况的备用方案。最后，还应由组织的领导和有关专家对活动方案的目标、实施过程中的限制性因素、可能出现的问题及预期的结果等进行研究和审查，并由公共关系人员将审查结果写成书面报告，连同活动方案送交组织的决策机构批准。

案例：自述

4、公共关系策划方案的主要内容

公共关系策划方案是公共关系人员将策划结果按一定格式写成的书面计划，在经过修改、完善、论证和批准后，它便成为准备和开展公共关系活动的指南与依据。一个完整的公共关系策划方案一般应包括十个方面的内容：

① 组织的公共关系现状及问题分析

② 活动主题与宣传口号

③ 目标公众分析

④ 活动的目标体系

⑤ 具体的活动项目及工作步骤

⑥ 活动的广告、宣传计划

⑦ 有关组织机构的设置和人员分工

⑧ 活动的评估计划

⑨ 活动的经费预算

⑩ 工作日程推进表

制定一个好的公共关系策划方案，能为公共关系活动的成功提供极重要的保证，也是公共关系工作科学性、计划性的集中体现，它需要公共关系人员倾注大量的心血和劳动。

四、公共关系传播

1、公共关系传播的定义

公共关系传播是组织通过报纸、广播、电视等大众传播媒介，辅之以人际传播的手段，向其内部及外部公众传递有关组织各方面信息的过程。这个定义至少包括三个方面的内容：

（1）公共关系传播的主体是组织，不是专门的信息传播机构。

（2）公共关系传播的客体由两部分组成，一部分是组织内部公众，另一部分是组织外部公众。

（3）公共关系传播以大众传播媒介作为主要手段，以人际传播作为辅助手段。

自述

案例：

2、公共关系传播的基本要素

（1）公共关系传播者

（2）公共关系传播内容

（3）公共关系传播渠道

（4）目标公众

（5）公共关系传播效果

3、公共关系传播的基本方式

（1）语言媒介

① 人际传播或群体传播中面对面的语言交谈、口头沟通。

② 新闻媒介中的广播语言

（2）印刷媒介

印刷媒介是指借印刷文字将信息和意见传递给公众的一种传播手段和载体，它包括书籍、报纸、杂志、企业内部刊物、简报和其他宣传品等。

（3）影视媒介

影视媒介是指通过科技载体将影像、声音、图片传递给公众的一种传播手段和载体，它包括广播、电视、录音、录相、幻灯和电影等。

（4）网络媒介

网络媒介是指通过互联网将影像、图片、文字、声音等综合信息传递给公众的一种传播手段，人们常把网络媒介称为继报刊、广播、电视之后出现的"第四媒介"，它包括互联网、即时聊天工具、网络播放平台、网络社区等。

自述

案例：

五、现代企业管理中如何有效运用公共关系？

1、充分利用并发挥日常事务型公共关系的作用

（1）在企业的日常运行中要始终如一地贯彻公共关系工作目标，努力树立形象、争取公众、扩大影响。它具体要求在日常运行的整个环节、各个渠道都时时注意形象问题，处处给人留下好感，从而在内外公众中留下好的印象。

（2）为争取公众、建立企业声誉，企业组织应该在原料采购、产品生产、销售批发等各方面严格把关，保证质量、合理定价、优质服务。同时，要对内部员工的劳动保护、生活福利、医疗保险、家属问题等予以关怀，这种工作的要点在于企业组织各项工作必须文明化、制度化、实际化。

①在思想上应树立文明经营的观念，即使与公众发生矛盾，也应本着严于律己、宽以待人的精神妥善处理，不论内外公众都应以诚相待，不做损人利己的事。

②对所属各部门各工种必须制定合理、全面的相应规章制度，并使制度条款化、公开化，认真加以宣传，严格贯彻；要经常监督，检查具体的执行情况，并辅之必要的奖惩手段。

③企业的日常事物要真正地切合实际，应吸取群众意见，做调查研究，并真正以公众利益为先。

2、传播信息

企业要以各种传播媒介为工具，围绕某个特定的主体向公众有意识地传播相关信息，如通过记者招待会、展览会、赞助、对外开放参观、宴会庆典活动等向公众介绍自身，从而创造有利的社会舆论环境。必须注意：媒介的选择因公众的不同和经济条件的不同而不同；宣传主体及目的要明确；宣传的事实或信息应客观、真实；宣传工作的安排、开展必须及时、迅速；宣传的方式方法要适当。

3、应对意外事件

近几年在公关实践中，危机公关已经成为公关中最新的内容，并且得到了发展。由于危机具有突发性，危机发生后需要马上作出反应，以减少危机事件所带来的损失。无论是危机事件发生之前、发生过程中，或在发生之后，都应该构成一个合乎逻辑的计划。如果事件发生了，该做什么，该怎么做是必须马上要考虑的问题，公关部门应对提前有可能发生的危机事件作出一份比较全面的预测和处理方案。

自述
案例：

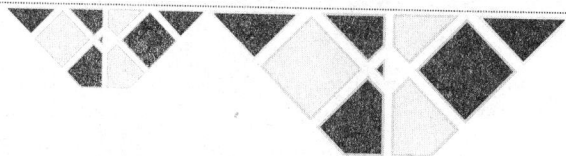

（1）预测和分析：有多少危机可能发生，各类危机的性质、规模，危机的影响的范围及组织处理危机的能力等。

（2）制定应急计划。对预测分析的各类危机分别制定相应的应急方案，安排好合适人选处理危机中、危机后各个环节出现的问题，让这些人事先了解面对不同危机时应该怎样做？应将应急计划写成书面材料，呈送上层管理部门批准。

（3）要采取通俗易懂的方式向职工介绍应急计划。

（4）确定发言人，及时地以恰当的方式公布事实，让人们了解情况，理智地作出分析判断。

（5）对主要职工进行培训。

（6）做好与新闻界的联系。

（7）安慰受害者及其家属。

（8）同可能求援的单位建立联系，如医院、消防部门、公安局等。

4、主动制造新闻

公关人员可以有计划地、主动地制造一些新闻，以吸引新闻界和社会公众的注意，从而达到提高企业知名度、树立良好形象的目的。可以就公众在一段时期内最关注的话题制造新闻。制造新闻时，要有意识地把组织与某些权威人士和社会名流联系在一起，注意和新闻机构联合举办活动，事先制造些热烈的气氛，使公众有心理准备，达到强化制造新闻的效果。

5、恰当得体地利用公关礼仪

（1）对公关礼仪恰当得体的利用以及公关应用技术，尤其是在演讲和谈判中公关语言的掌握和应用，不仅是社交场合的一种"通行证"，而且也在一定程度上影响着企业的发展，能够解决企业与其所处的社会环境中的各种公关行为中的种种问题。

（2）任何一个企业都用公共关系来树立其良好的组织形象以实现预期目标，公共关系在经济活动中的作用发挥得越充分，社会经济就越容易取得成效。公共关系的发展还有待于企业和其他组织的接纳，有待于大力发展公共关系资源，并在新形势下使其得到更广泛、有效的发展和利用。

（3）不论是企业、事业单位还是其他组织，都离不开公共关系，更离不开公关活动中人力、物力、财力。因此，任何一个想成功的企业都必须运用公共关系，塑造良好的企业形象，提高企业的经济、社会效益，以便更好地实现企业目标。

六、公共关系危机处理

危机的突发性、严重性、急迫性、受关注性表明社会组织处理危机事件必须通过一个反应迅速，正确有效的危机公关程序，尽最大的努力控制局势，迅速查明原因，尽力挽回影响，避免紧急过程中的盲目性和随意性，防止公关危机中的重复和空位现象。让我们先了解一个经典案例。

1982年9月，有媒介报道，美国芝加哥地区有人因服用"泰诺"止痛胶囊死于氰中毒。"泰诺"是美国强生公司生产的一种家庭用药，主治头痛。该药销量很广，年销售额达4.5亿美元，占强生公司利润的5%，在此之前，随着新闻媒体的广泛报道，消息不断扩散，传说各地有250人因氰中毒死亡或致病（实际死亡人数只有7人）。不断扩散的消息引起了约1亿服用"泰诺"胶囊的消费者的极大恐慌。民意测验表明，94%的服药者表示今后不再服用此药。强生公司正面临一场生死存亡的巨大危机，怎么办呢？危机发生后，该公司首先成立了一个委员会来处理这一危机事件。该委员会成员包括公司董事长伯克，一名负责公关的副总经理，其他的业务和管理专家，委员会每天开两次会，对处理"泰诺"事件进行讨论、决策。其次，召开新闻发布会。与新闻媒介密切合作迅速地传播公司的各种消息。强生公司坦诚对待新闻媒介，表示：不论好消息还是坏消息都公布调查结果。第三，宣布决定，比如公司决定5天内全部回收芝加哥价值近1亿美元的所有"泰诺"止痛胶囊，并花费50万元通知内科医生、医院、经销商停止使用该药品，向受害者进行赔偿。第四，敞开公司大门，积极配合美国食品和医药管理局开展事故原因调查，在5天时间内对全国收回的胶囊进行抽检，并向公众公布检查结果。第五，开展恢复声誉，重返市场的工作。强生公司请美国著名的博雅公关公司策划，开始恢复信誉，重返市场的工作。一系列策划活动取得了重大成功。事故发生后的5个月内，该公司就收回了该药原来所占市场的70%，一系列的成功策划包括事先实施美国政府和芝加哥发布的《药品安全包装新规定》；重金征求设计推出"泰诺"防污染止痛胶囊新包装；举行大规模记者招待会，发布消息，并通过卫星向全国转播。第六，处理善后工作。第七，总结、检查、评估。危机事件之后，委员会全面总结了己的工作，并把这一危机处理的情况写成案例，教育员工。该案例曾获得美国公共关系协会授予的最高奖——银钻奖，成为美国20世纪80年代最佳公关案例。

1、危机处理的基本原则

（1）及时性原则

处理公共关系危机的目的在于，尽最大的努力控制事态的恶化和蔓延，把因危机事件造成的损失减少到最低限度，在最短的时间内重塑或挽回企业原有的良好形象和声誉，赢得了时间就等于赢得了形象。为此，危机一旦发生，组织的所有成员都因立即投入紧张的处理工作。

（2）冷静性原则

公共关系危机发生后，处理人员应冷静、沉稳和镇静，不要因头绪繁多、关系复杂的事件使自己变得急躁、烦闷、信口开河等。只有在遇到危机时冷静、沉稳和镇静，只有积极的心理，才能在处理危机事件的过程中应付自如。

（3）准确性原则

危机事件发生后，特别是在事件初期，由于种种原因，传播的信息容易失真。为了防止公众的猜测、误解和有关危机事件的谣言，公共关系危机管理小组选出的发言人不仅要及时传递有关信息，而且还要使传递的信息十分准确，不隐瞒或省略某些关键细节。

（4）公正性原则

如何处理与受到危机事件影响或危害的公众之间的关系？在处理危机事件的过程中，要排除主观、情感的因素，公正、公平而正确地、坦诚地对待受损害的公众。

（5）客观性原则

遵循公正性原则的同时，还要讲客观。处理公共关系危机事件的客观性原则，包含了很多方面的内容，如事实的真实性、评估的客观性、传递信息的准确性等。

（6）灵活性原则

由于公共关系危机事件随着情况的发展会不断地发生变化，可能原订的预防措施或抢救方案考虑不太周全，因此，为使企业的形象和声誉不再继续受到损害，处理工作必须视具体情况灵活地运作，要随客观环境的变化而有针对性地提出有效的措施和方法。

（7）全面性原则

公共关系危机事件涉及企业内部和外部的诸多方面。在处理具体的公共关系危机时，应遵循全面考虑的原则，即要考虑到内部公众，又要考虑到外部公众；即要注意对公众现在的影响，又要注意对公众未来的潜在的影响等等；在处理危机事件的过程中，要排除主观，情感的因素，公平地 正确地，坦诚地对待受损害的公众，同时还要注意事实的真实性，评估的客观性，传递信息的准确性。

（8）公众至上原则

公共至上是公共关系的核心原则，也是危机处理的核心原则。没有这条原则，那么，小危机也会转化成大危机。

（9）维护声誉原则

维护声誉是危机处理的出发点和归宿点。组织的声誉是组织的生命，而危机的发生必然会对组织的声誉带来影响，有时甚至是致命的。因此，在处理危机时，一切措施都是维护组织的声誉。

自述 案例：

2、危机处理的基本程序

（1）深入现场，了解事实

危机发生之后，危机处理小组应在高层领导人的带领下，亲临危机事故现场，指挥抢救工作，并委派专业人员调查事故，确实弄清危机事件发生的时间、地点、原因，人员伤亡，财产损失等情况。中外成功的危机公关案例都有一个共同的特点，领导人亲赴第一线，给人一种敢于负责，有能力、有诚意解决危机的形象。危机发生后，要尽快采取一切措施来降低损失。对于"损失"，即要看有形的，又要看无形的，可以说，失去市场、丢掉发展的机会是最大的损失。

（2）分析情况，确定对策

掌握了危机事故的第一手资料后，在高层人员的直接参与下，深入研究和确定应采取的对策，措施，即制定危机处理方案。确定的对策既要考虑如何对待投诉公众，如何对待媒介，如何联络有关公众，如何具体行动，更要考虑如何抓住蕴含的机遇，恢复声誉，重返市场。

（3）联络媒介，引导舆论

危机事件发生后，各种传闻，猜测都会发生，媒介也会纷纷报道。这时组织应委派"发言人"主动与媒介联络，特别是首先报道事件的记者，务必尽可能以最快的速度来召开新闻发布会或记者招待会，以"填补信息真空"，掌握舆论主导权。国外一个危机处理专家曾说过"危机中传播失误所造成的真空，会很快被颠倒黑白，胡说八道的流言所占有"，"无可奉告对于公众的理解就是默认"。

在新闻发布会上，一方面向新闻界介绍危机有关情况，公布公司正在采取的措施；另一方面，恳请新闻媒介密切配合，防止不利的消息和舆论。多次的新闻发布会上，新闻发言人代表组织"以我为主"公布消息，使信息传递口径统一。

（4）组织力量，有效行动

这是危机处理的中心环节之一。公众媒介和舆论不仅要看企业在新闻发布会上的宣言，更要看企业的行动。第一，组织力量亲临一线，安抚受害公众，解决公众的当务之急；第二，争取其他公众，社团，权威机构的合作，协助解决危机；第三，寻找、创造机遇，重塑组织形象。

（5）总结调查，汲取教训

危机管理小组应对危机处理情况作全面调查评估。它们包括对客户和消费者的善后工作。如：赔偿、安慰、关怀等。对危机事件处理者，应搜集、整理、分析媒介对危机事件的报道，进行危机处理的效果调查，同时将危机处理的评估结果向董事会和股东报告，向公众和媒介公布，通过总结检查，改进企业或组织在危机管理方面存在的具体薄弱环节，并将一些经验教训写成书面教材，教育企业或组织的员工，修正危机管理计划，唤起全体人员对危机的重视。

3、危机处理技巧

（1）不同阶段的协调技巧

从时间上看，危机管理工作分为危机来临前、危机处理中和危机后期三个时段。在不同的时段，沟通协调工作的要点不同，技巧有别。

① 危机来临之前

危机来临之前的沟通协调工作要遵循重在平时的原则，目的是为危机发生后的沟通协调做准备。国外危机管理专家指出，在危机时，要与各级政府部门和顾客打交道，如果不认识政府有关部门中的任何人，或者从来也没有与顾客组织进行过交谈，就会遇到困难了……你必须与那些将来在危机时需要进行沟通的关键集团、组织、政府部门事先建立沟通网络或桥梁。

要做好必要的准备工作。比如，对方的单位地址、电话、传真、电子邮件地址、重要人物的家庭住址等要准备好。要进一步确认在特殊情况下与谁联络，平时的沟通协调要以组织角色为重点，切忌只与个别人保持联系。多数情况下，发生危机的组织是希望得到组织的帮助而不仅仅是个人。通常，组织的力量大于个人的力量。

自
述
案例：

② 危机处理过程中

国外危机管理专家曾总结出5项适用于各种危机的沟通原则。这些原则同样适合我国企业或社会组织开展危机处理以及沟通协调工作。危机中沟通技巧如下：

第一，控制事态。危机发生时，必须尽早控制，**避免事态进一步恶化**。例如，如果某个问题影响了某种产品，应立即指明这一点，这样就使得产品的其他用户停止使用它。利用这种方式，可以减少目标公众的规模，从而减少损失。控制物质损失时可以利用诸如"这只对某某有影响"的话。

第二，开诚布公。要做到坦率、忠实和直率，要告诉人们事实真相。如果能做到坦白地向人们说明真相，那么就可能尽快地摆脱困境。应该少用一些具有保护性的法律用语，例如，"在调查没有完全完成之前，我们不作任何评论"，听起来这些话缺乏感情，仿佛是在隐瞒自己罪过。多数情况下，诚恳容易得到人们的同情和原谅。1999年，在克林顿遭弹劾的过程中，他的诚恳和坦率有力地帮助了他自己。

第三，承担责任。在危机处理过程中要勇于承担责任，不要企图回避问题、推卸责任或者闪烁其词，要依据法律条款进行认真的权衡。有时出于法律上的原因，可能不承担全部责任，但仍然可以说："某公司承担主要责任，我们将进行全面调查，与有关部门合作，或者做其他能办到的事情"。应注意的是：在危机当中，法律争端或策略不应该支配危机管理决策的制定。有时，即使法律上赢得了胜利，也可能失去了良好的形象，失去了人心。

第四，表示同情。当以最清楚的方式阐述企业或社会组织对产品、商标等问题的控制的时候，不要轻视那些受到危机影响的公众。要表示出真诚的关心和对受害人的同情，要利用简短而有效的、持积极态度的声明来表示关心和同情。如果某位顾客和职员受伤或死亡，可以说："我代表某某公司向他、及他的家庭表示同情；或说某某公司对于受害的顾客们表示深切的关心。"

第五，积极行动。最后，公司对发生危机做出的反应是采取一系列积极的补救行动，告诉公众你准备如何就发生的事件采取行动。作为一个普遍的规律，不要反复地重复过去发生的事情，要向前看。已经发生的事情就是过去的事情，你计划将来怎么做？大部分人都希望了解你现在是如何反应的。

③ 危机后期

当把采取的一系列行动告诉公众之后，人们关注的往往是效果怎么样？因此，在危机后期，要迅速通过适当的方式和渠道传播采取行动之后的效果，尤其是好的效果。通过具体的行动，继续表示对受害人及其亲属的关心、同情、安慰、帮助。同时危机管理小组要即时总结、交流对危机的处理情况，并搜集所有反馈信息，为调整协调和沟通措施提供依据。

案例：^自述

创业综合词典汇 之

第十一模块

财务基础词典汇

目录 CONTENTS

一、会计相关概念

1、会计概念

会计是以货币为主要计量单位，运用专门的方法，核算和监督一个单位经济活动的一种经济管理工作。

2、会计对象

会计对象是指会计核算和监督的内容，具体是指社会再生产过程中能以货币表现的经济活动，即资金运动或价值运动。

3、会计基本假设

指企业会计确认、计量和报告的前提，是对会计核算所处时间、空间环境所作的合理设定。会计核算进行的前提，包括会计主体、持续经营、会计分期和货币计量等。

4、会计核算基础

（1）收付实现制：凡是当期已经收到和支付的款项，均应确认为本期的收入费用；凡是当期没有收到和支付的款项，均不应当作为当期的收入和费用。

（2）权责发生制：又称应计制，凡是当期已经实现的收入和已经发生或应当负担的费用，不论款项是否收付，都应当作为当期的收入和费用；凡是不属于当期的收入和费用，即使款项已在当期收付，也不应当作为当期的收入和费用。

二、会计工作中的会计要素及其分类、会计等式、会计科目和帐户

1、会计要素的分类及概念

会计要素是对会计对象进行基本分类形成的若干要素，是会计对象具体化，用于反映会计主体财务状况，确定经营成果的基本单位，是会计报表内容的框架，也是帐户的归并和概括。会计要素的分类如下：

	资产	静态要素	资产负债表
会计要素	负债		
	所有者权益		
	收入	动态要素	利润表
	费用		
	利润		

1、各会计要素的概念及分类

（1）资产：是指在过去的交易、事项形成并由企业拥有或者控制的资源，预期会给企业带来经济利益。

（2）负债：是指在过去的交易、事项形成的现时义务，履行该义务预期会导致经济利益流出企业。

（3）所有者权益：是指所有者在企业资产中享有的经济利益，其金额为资产减去负债后的余额，即投资者对企业净资产的所有权。

（4）收入：是指企业在销售商品、提供劳务及让渡资产使用权等日常活动过程中形成的经济利益的总流入。

（5）费用：是指企业为销售商品、提供劳务等日常活动所发生的经济利益的流出。与收入无关的支出不是费用，如：对外捐赠、非常损失等。

（6）利润：是指企业在一定会计期间的经营成果。利润也是企业一定时期生产经营活动的最终结果，是企业一定时期内全部收入减去全部费用后的盈余。

2、会计等式

会计等式也称会计恒等式，是运用数学平衡式描述会计要素之间存在的数量关系的表达式。会计等式包含：资产=负债+所有者权益

（1）资产–负债=所有者权益

（2）资产=负债+所有者权益+（收入–费用）

（3）收入–费用=利润

（4）资产=权益

3、企业主要经济业务对会计等式的影响

（1）企业主要经济业务对"资产 = 权益"等式的影响归纳起来有四大类型：

① 资产与权益同时增加

② 资产与权益同时减少

③ 资产之间有增有减

④ 权益之间有增有减

（2）每一笔经济业务发生都没有破坏资产权益总额的平衡关系，而是在原有平衡的基础上达到新的平衡，资产恒等于权益。

所有者权益	资产	负债	所有者权益
第一种类型	增加	增加	
第二种类型	减少	减少	
第三种类型	增加		增加
第四种类型	减少		减少
第五种类型	增加、减少		
第六种类型		增加、减少	
第七种类型			增加、减少
第八种类型		增加	减少
第九种类型		减少	增加

4、会计科目和帐户的概念及分类

（1）会计科目：是对会计要素按照不同的经济内容和管理需要进行分类核算的项目。

（2）账户是根据会计科目开设的，具有一定格式和结构，用于分类反映会计要素增减变动及其结果的一种载体，它由账户的名称（即会计科目）和账户的结构两部分组成。

5、会计账户的分类

会计科目和会计帐户的分类一致，可分为：

① 资产类科目 / 帐户

② 负债类科目 / 帐户

③ 共同类科目 / 帐户

④ 所有者权益类科目 / 帐户

⑤ 成本类科目 / 帐户

⑥ 损益类科目 / 帐户

6、会计帐户的结构

　　账户的基本结构可分为两个基本部分，即左右两方，一方登记增加额，一方登记减少额，增减相抵后的差额为余额。账户哪一方登记数额增加，哪一方登记数额减少，取决于所记录经济业务和账户性质。

　　账户的这种结构也可以用"T"形账户这种简化形式来表示：

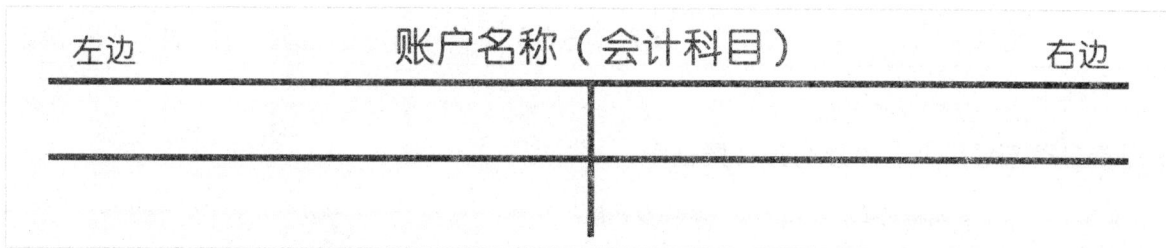

左边	账户名称（会计科目）	右边

　　账户的正规格式一般包括账户名称（会计科目）、记录经济业务的日期、记账凭证的编号、经济业务摘要、增加额和减少额及余额等。

账户的基本栏目	账户名称	会计科目
	日期栏	用以说明经济业务的日期（年、月、日）
	凭证编号栏	表明记录经济业务的凭证号
	摘要栏	经济业务的简要说明
	增加（或借贷）金额栏	表明经济业务增减变动情况
	增或减（或借贷）方向栏	用以说明经济业务增减变动后结果的当前方向
	余额栏	表明经济业务增减变动后的情况

三、借贷记帐法及其运用

1、借贷记帐法的概念及记帐规则

　　（1）概念：是指以"借"、"贷"作为记帐符号，对每一项经济业务，以相等的金额在两个或两个以上相互联系的帐户中同时进行记录的一种复式记帐法。

　　（2）记帐规则：有借必有贷，借贷必相等。

（3）借贷记账法的账户结构：

账户类型	本期增加数	本期减少数	期初、期末余额
资产类账户	借方（左方）	贷方（右方）	借方（左方）
成本费用类账户	借方（左方）	贷方（右方）	一般无余额
负债、所有者权益类账户	贷方（右方）	借方（左方）	贷方（右方）
第四种类型	贷方（右方）	借方（左方）	一般无余额

2、企业资金筹集经济业务所涉及会计凭证

企业筹集资金一般有两种方式：投资人投入和债权人借入

（1）投资人投入资本的会计分录

① 企业筹集资金的种类

● 国家资本金

● 法人资本金

● 个人资本金

● 外商资本金

② 企业出资方式的种类

● 货币资金

● 固定资产

● 存货

● 无形资产

（2）筹资过程

根据对方出资方式不同，筹资过程的分录一般如下：

① 借：银行存款/固定资产/原材料/无形资产

② 贷：实收资本

（3）债权人借入资本的会计分录

① 借：银行存款/固定资产/原材料/无形资产

② 贷：短期借款/长期借款

3、企业基本采购所涉及经济业务记账凭证

（1）材料采购成本的构成：材料买价加采购费用

（2）采购费用的分配：当一次采购多种材料需要共同承担采购费用时，需将采购费用在这多种材料之间按某种标准进行分配，具体分配公式如下：

① 采购费用分配率 = 采购费用总额 ÷ 各种材料分配标准合计

② 某材料应负担的采购费用 = 该材料的分配标准 × 采购费用分配率

4、其他类别的记账凭证

（1）企业基本生产所涉及经济业务记账凭证

（2）企业基本销售所涉及经济业务记账凭证

（3）企业利润结转所涉及经济业务记账凭证

四、财务会计帐簿编制

1、帐簿的概念

会计账簿是以会计凭证为依据，对全部经济业务进行全面、系统、连续、分类地记录和核算的簿籍，是由专门格式并以一定形式联结在一起的账页所组成的。

2、帐簿的分类

（1）账簿按其用途不同，可分为序时账簿、分类账簿和备查账簿三种。

① 序时账簿

序时账簿又称日记账，是按照经济业务发生或完成时间的先后顺序逐日逐笔进行登记的账簿。

② 分类账簿

分类账簿是对全部经济业务事项按照会计要素具体类别设置分类账户，按分类账户进行登记的账簿。

③ 备查账簿

备查账簿简称备查簿，是对某些在序时账簿和分类账簿等主要账簿中都不予登记或登记不够详细的经济业务事项进行补充登记时使用的账簿。例如，租入固定资产登记簿、受托加工材料登记簿、代销商品登记簿、应收（付）票据备查簿等。备查账簿可以由各单位根据需要进行设置。

（2）按账页格式分类，账簿可以分为两栏式、三栏式、多栏式和数量金额式四种。

① 两栏式账簿，是指只有借方和贷方两个基本金额栏目的账簿。普通日记账和转账日记账一般采用两栏式。

② 三栏式账簿，是设有借方、贷方和余额三个基本栏目的账簿。各种日记账、总分类账以及资本、债权、债务明细账都可采用三栏式账簿。

③ 多栏式账簿，是在账簿的两个基本栏目借方和贷方按需要分设若干专栏的账簿。收入、成本、费用、利润和利润分配明细账一般均采用这种格式的账簿。

④ 数量金额式账簿，是在借方、贷方和余额三个栏目内，都分设数量、单价和金额三小栏，借以反映财产物资的实物数量和价值量，如原材料、库存商品、产成品等存货明细账一般都采用数量金额式账簿。

（3）按外型特征分类

账簿按其外形特征不同可分为订本账、活页账和卡片账三种。

① 订本账。订本账是启用之前就已将账页装订在一起，并对账页进行了连续编号的账簿。订本账的优点是能避免账页散失和防止抽换账页；其缺点是不能准确为各账户预留账页。这种账簿一般适用于总分类账、现金日记账、银行存款日记账。

② 活页账。活页账是在账簿登记完毕之前并不固定装订在一起，而是装在活页账夹中。当账簿登记完毕之后（通常是一个会计年度结束之后），才将账页予以装订，加具封面，并给各账页连续编号。通常各种明细分类账一般采用活页账形式。

③ 卡片账。卡片账是将账户所需格式印刷在硬卡上。严格说，卡片账也是一种活页账。在我国，企业一般只对固定资产明细账的核算采用卡片账形式，也有少数企业在材料核算中使用材料卡片。

3、帐簿的结构和内容

（1）封面：主要标明账簿的名称，如总分类账簿、现金日记账、银行存款日记账。

（2）扉页：标明会计账簿的使用信息，如科目索引、账簿启用和经管人员一览表等。

（3）账页：账簿用来记录经济业务事项的载体，其格式反映经济业务内容的不同而有所不同。

学习笔记：

① 账户的名称，以及科目、二级科目或明细科目

② 登记账簿的日期栏

③ 记账凭证的种类和号数栏

④ 摘要栏，所记录经济业务内容的简要说明

⑤ 金额栏，记录经济业务的增减变动和余额

⑥ 总页次和分户页次栏

4、登记帐簿的规则和对帐方法

（1）登记账簿的依据

为了保证账簿记录的真实、正确，必须根据审核无误的会计凭证登账。各单位每天发生的各种经济业务，都要记账，记账的依据是会计凭证。

（2）登记账簿的时间

各种账簿应当每隔多长时间登记一次，没有统一规定。但是，一般的原则是：总分类账要按照单位所采用的会计核算形式及时登账；各种明细分类账，要根据原始凭证、原始凭证汇总表和记账凭证每天进行登记，也可以定期（三天或五天）登记。但是现金日记账和银行存款日记账，应当根据办理完毕的收付款凭证，随时逐笔顺序进行登记，最少每天登记一次。

（3）登记账簿的规范要求

① 登记账簿时，应当将会计凭证日期、编号、业务内容摘要，金额和其他有关资料逐项记入账内，同时记账人员要在记账凭证上签名或者盖章，并注明已经登账的符号（如打"√"），防止漏记、重记和错记情况的发生。

② 各种账簿要按账页顺序连续登记，不得跳行、隔页。如发生跳行、隔页，应将空行、空页划线注销，或注明"此行空白"或"此页空白"字样，并由记账人员签名或盖章。

③ 登记账簿时，要用蓝黑墨水或者碳素墨水书写。不得用圆珠笔（银行的复写账簿除外）或者铅笔书写。红色墨水只能用于制度规定的"按红字冲账的记账凭证、在不设减少金额栏的多栏式账页中、登记减少数、在三栏式账户的余额栏前，如未印明余额方向的，在余额栏内登记负数金额。"等情况。

④ 记账要保持清晰、整洁，记账文字和数字要端正、清楚、书写规范，一般应占账簿格距的二分之一，以便留有改错的空间。

⑤ 凡需结出余额的账户，应当定期结出余额。现金日记账和银行存款日记账必须每天结出余额。结出余额后，应在"借或贷"栏内写明"借"或"贷"的字样。没有余额的账户，应在该栏内写"平"字并在余额栏"元"位上用"0"表示。

⑥ 每登记满一张账页结转下页时，应当结出本页合计数和余额，写在本页最后一行和下页第一行有关栏内，并在本页的摘要栏内注明"转后页"字样，在次页的摘要栏内注明"承前页"字样。

⑦ 会计账簿记录发生错误时，不允许用涂改、挖补、刮擦、药水消除字迹等手段更正错误，也不允许重抄，而应根据情况，按照规定采用划线更正法、补充登记法、红字冲正法三种方法进行更正；由于记账凭证错误而使账簿记录发生错误，应当首先更正记账凭证，然后再按更正的记账凭证登记账簿。

（4）三栏式日记账的登记方法（现金和银行存款）

① 格式：设借贷余三栏，逐笔计算余额的订本式帐簿

② 登记：由出纳人员根据同现金或银行存款收付有关的记账凭证，按时间顺序逐日逐笔进行登记，并根据"上日余额+本日收入－本日支出=本日余额"的公式，逐日结出现金或银行存款余额，与库存现金实存数（或银行帐户对帐单）核对，以检查每日现金或银行存款收付是否有误。

（5）总分类账的格式和登记方法

① 总分类账的格式

总分类账是按照总分类账户分类登记以提供总括会计信息的账簿。总分类账最常用的格式为三栏式，设置借方、贷方和余额三个基本金额栏目。

② 总分类账的登记方法

总分类账可以根据记账凭证逐笔登记，也可以根据经过汇总的科目汇总表或汇总记账凭证等具体格式登记。

（6）分类账的格式和登记方法

明细分类账是根据二级账户或明细账户开设账页，分类、连续地登记经济业务以提供明细核算资料的账簿，其格式有三栏式、多栏式、数量金额式和横线登记式（或称平行式）等多种。

① 三栏式明细分类账。三栏式明细分类账是设有借方、贷方和余额三个栏目，用以分类核算各项经济业务，提供详细核算资料的账簿，其格式与三栏式总账格式相同，适用于只进行金额核算的账户。

② 多栏式明细分类账。多栏式明细分类账是将属于同一个总账科目的各个明细科目合并在一张账页上进行登记，适用于成本费用类科目的明细核算。

③ 数量金额式明细分类账。数量金额式明细分类账其借方（收入）、贷方（发出）和余额（结存）都分别设有数量、单价和金额三个专栏，适用于既要进行金额核算又要进行数量核算的账户。

④ 横线登记式明细分类账。横线登记式明细分类账是采用横线登记，即将每一相关的业务登记在一行，从而可依据每一行各个栏目的登记是否齐全来判断该项业务的进展情况。该明细分类账适用于登记材料采购业务、应收票据和一次性备用金业务。

（7）总分类帐和明细分类帐平行登记原则：

① 登记的依据相同；

② 登记的会计期间一致；

③ 登记的方向相同；

④ 登记的金额相等。

（8）总分类账户和明细分类账户平行登记结果

总分类帐的期初余额、借方发生额、贷方发生额和期末余额要分别与其所属的明细分类帐的期初余额、借方发生额、贷方发生额和期末余额之和相等。

笔记：

5、对帐和结帐

（1）对账

对账就是指在本期内对账簿记录所进行核对。为了保证各种账簿记录的完整和正确，为编制会计报表提供真实可靠的数据资料，必须做好对账工作。对账包括账证核对、账账核对、账实核对。

① 账证核对，是指各种账簿的记录与有关会计凭证进行核对。

② 账账核对，是指各种账簿之间的有关数字进行核对。主要包括：

● 总分类账各账户本月借方发生额合计数与贷方发生额合计数是否相等；期末借方余额合计数与贷方余额合计数是否相等，以检查总分类账户的登记是否正确。

● 各明细分类账的本期借、贷方发生额合计数及期末余额合计数与总分类账应该分别核对相符，以检查各明细分类账的登记是否正确。

● 现金日记账和银行存款日记账的本期借、贷方发生额合计数及期末余额合计数与总分类账应该分别核对相符，以检查日记账的登记是否正确。

● 会计部门有关财产物资的明细分类账结存数，应该与财产物资保管或使用部门的有关保管账的账存数核对相符，以检查双方记录是否正确。

③ 账实核对，是指各种财产物资的账面余额与实存数额相核对。具体内容包括：

● 现金日记账账面余额与实地盘点的库存现金实有数相核对。

● 银行存款日记账账面余额与开户银行账目（银行对账单）相核对。

● 各种财产物资明细分类账账面余额与其清查盘点后的实存数相核对。

● 各种应收、应付款明细分类账账面余额与有关债务、债权单位的账目相核对，账实核对一般是通过财产清查进行的，对此，将在财产清查一讲中做详细说明。

（2）结账类别

结帐是指在将本期内所发生的经济业务全部登记入账的基础上，按照规定的方法对该期内的账簿记录进行小结，结算出本期发生额合计和余额，并将其余额结转下期或者转入新账。按结帐的时间不同，结帐可以分为月结、季结和年结：

① 月结。每月结账时，应在各账户本月份最后一笔记录下面划一条通栏红线，表示本月结束；然后，在红线下面结出本月发生额和月末余额，如果没有余额，在余额栏内写上"平"或"0"符号。同时，在摘要栏内注明"本月合计"或"×月份发生额及余额"字样，最后，再在下面画一条通栏红线，表示完成月结工作。

② 季结。季结的结账方法与月结基本相同，但在摘要栏内注明"本季合计"或"第×季度发生额及余额"字样。

③ 年结。办理年结时，应在12月份月结下面（需办理季结的，应在第四季度的季结下面）结算填列全年12个月的月结发生额和年末余额，如果没有余额，在余额栏内写上"平"或"0"符号，并在摘要栏内注明"本年合计"或"年度发生额及余额"字样；然后，将年初借（贷）方余额抄列于下一行的借（贷）方栏内，并在摘要栏内注明"年初余额"字样，同时将年末借（贷）方余额再列入下一行的贷（借）方栏内，在摘要栏内注明"结转下年"字样；最后，

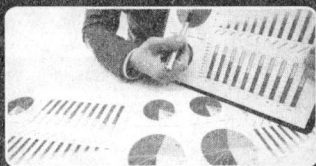

分别加计借贷方合计数，并在合计数下面划通栏双红线表示封账，完成了年结工作。需要更换新账的，应在新账有关账户的第一行摘要栏内注明"上年结转"或"年初余额"字样，并将上年的年末余额以相同方向记入新账中的余额栏内。

（3）结账方法

① 对于需按月统计发生额的账户，在期末结账时，要在最后一笔业务记录下面的借方栏开始到余额栏为止画通栏单红线，结出本月发生额和余额，在摘要栏内盖"本月合计"戳记，在"本月合计"栏下面再画一条同样的通栏红线。

② 对于需要结计本年累计发生额的账户每月结账时，应在"本月合计"栏下结出自年初至本月末止的累计发生额，登记在月份发生额下面，在摘要栏写明"本年累计"字样，在栏下再画一条通栏红线，12月末的"本年累计"就是全年累计发生额，应在全年累计发生额下面画通栏双红线。

③ 对于不需按月结计发生额的账户，如应收应付、财产物资明细账，每登记一次，就要随时结出余额，每月最后一笔余额就是月末余额，月末结账时，只需在最后一笔业务记录下面自借方栏至余额栏画通栏红线即可。

④ 对于总账账户只需结出月末金额即可，但在年终结账时，为了总括反映企业财务状况和经营成果全貌，核对账目，需将所有总账账户结出全年发生额和年末余额，在摘要栏内注明"本年合计"字样，并在合计栏下画通栏红线。

⑤ 企业在年度终了，会计人员需要结账。凡有余额的账户，应将其余额结转下年，即将所有有余额的账户余额直接过入新账余额栏内，而不需专门编制记账凭证，也不需要将余额再记入各账户的借方，使本年余额为零。

学
习
笔记：

五、会计报表的编制和阅读

1、企业会计报表的相关概念及编制依据

会计报表是根据日常核算资料编制的，用来综合反映企业某一特定日期财务状况和某一时期经营成果及财务状况变动的书面文件。

（1）会计报表按其反映的内容，可以分为动态会计报表和静态会计报表。动态会计报表是反映一定时期内经营成果和现金流量的会计报表，比如：利润表反映了企业一定时期内所实现的经营成果，现金流量表反映了企业一定时期内现金的流入、现金的流出及净增加数，因此利润表和现金流量表属于动态会计报表。静态会计报表是指反映企业在一定日期资产和权益总额的会计报表，比如：资产负债表反映了企业某一时点上的资产、负债和所有者权益的情况，因此资产负债表属于静态会计报表。

（2）会计报表按其编报的时间，可以分为月度报表、季度报表、半年度报表和年度报表。

（3）会计报表按其编制的单位，可以分为单位报表和汇总报表。单位报表是指企业在自身会计核算的基础上，对账簿记录进行加工而编制的会计报表，以反映企业本身的财务状况、经营成果和现金流量情况。汇总报表是指由总公司或主管部门（系统），根据所属单位报送的会计报表，连同本单位会计报表汇总编制的综合性会计报表，以反映总公司或本部门（系统）财务状况、经营成果和现金流量情况。

（4）会计报表按其编制的范围，可以分为个别会计报表和合并会计报表。个别会计报表是指仅仅反映一个会计主体的财务状况、经营成果和现金流量情况的报表；合并会计报表是将多个具有控股关系的会计主体的财务状况、经营成果和现金流量情况合并编制的会计报表，该报表由母公司进行编制，包括所有控股公司会计报表的数字。

（5）会计报表按其服务的对象，可以分为对内报表和对外报表。对内报表是指为企业内部经营管理服务而编制的不对外公开的会计报表，它不要求统一格式，没有统一指标体系，如成本表就属于对内报表。对外报表是指企业为满足国家宏观经济管理部门、投资者、债权人及其他有关会计信息使用者对会计信息的需求而编制的对外提供服务的会计报表，它要求有统一的报表格式、指标体系和编制时间等，资产负债表、利润表和现金流量表等均属于对外报表。

（6）在制作会计报表时，要遵循以下原则：

① 表表相符

② 不可虚报盈亏

③ 表账相符

④ 报表附注真实

⑤ 编制合并报表时不弄虚作假

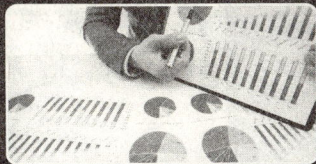

2、资产负债表的概念及编制步骤

（1）资产负债表的概念

资产负债是反映企业某一特定时点的资产、负债和所有者权益情况的文件，其结构主要包括：

① 结构：包括表头、正表和附注三部分。

② 表头：包括报表名称、编号、编制单位、报表的计量单位和报表时间

③ 正表：指会计报表中的各项经济指标，用于反映某一报表所要揭示的会计信息。

④ 附注：又称报表的补充资料，是对报表有关项目所作的解释。附注反映的内容包括：采用的主要会计方法；会计方法的变更原因和情况和影响；非常项目的说明；会计报表中有关重要项目明细说明等。

⑤ 编制依据：资产 = 负债 + 所有者权益

⑥ 报表格式：报告式

（2）资产负债表的编制

① 资产负债表基本内容

● 资产负债表正表包含"年初余额"和"期末余额"两栏数字。

● "年初余额"栏内各项目的数字，可根据上年末资产负债表"期末余额"栏相应项目的数字填列。

● "期末余额"栏各项目的填列方法：资产负债表中一部分项目的"期末余额"需要根据有关明细账户的期末余额分析计算填列。

● "应收账款"项目，应根据"应收账款"账户和"预收账款"账户所属明细账户的期末借方余额合计数，减去"坏账准备"账户中有关应收账款计提的坏账准备期末余额后的金额填列。

● "预付款项"项目，应根据"预付账款"账户和"应付账款"账户所属明细账户的期末借方余额合计数，减去"坏账准备"账户中有关预付款项计提的坏账准备期末余额后的金额填列。

● "应付账款"项目，应根据"应付账款"账户和"预付账款"账户所属明细账户的期末贷方余额合计数填列。

● "预收款项"项目，应根据"预收账款"账户和"应收账款"账户所属明细账户的期末贷方余额合计数填列。

● "应收票据"、"应收股利"、"应收利息"、"其他应收款"项目应根据各相应账户的期末余额，减去"坏账准备"账户中相应各项目计提的坏账准备期末余额后的金额填列。

② 根据总账账户期末余额计算填列

资产负债表中一部分项目的"期末余额"需要根据有关总账账户的期末余额计算填列。

● "货币资金"项目，应根据"库存现金"、"银行存款"和"其他货币资金"等账户的期末余额合计填列。

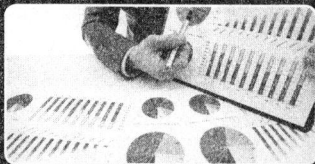

● "末分配利润"项目，应根据"本年利润"账户和"利润分配"账户的期末余额计算填列，如为未弥补亏损，则在本项目内以"一"号填列，年末结账后，"本年利润"账户已无余额，"末分配利润"项目应根据"利润分配"账户的年末余额直接填列，贷方余额以正数填列；如为借方余额，应以"一"号填列。

● "存货"项目，应根据"材料采购（或在途物资）"、"原材料"、"周转材料"、"库存商品"、"委托加工物资"、"生产成本"等账户的期末余额之和，减去"存货跌价准备"账户期末余额后的金额填列。

● "固定资产"项目，应根据"固定资产"账户的期末余额减去"累计折旧"、"固定资产减值准备"账户期末余额后的净额填列。

● "无形资产"项目，应根据"无形资产"账户的期末余额减去"累计摊销"、"无形资产减值准备"账户期末余额后的净额填列。

● "在建工程"、"长期股权投资"和"持有至到期投资"项目，均应根据其相应总账账户的期末余额减去其相应减值准备后的净额填列。

● "长期待摊费用"项目，根据"长期待摊费用"账户期末余额扣除其中将于一年内摊销的数额后的金额填列，将于一年内摊销的数额填列在"一年内到期的非流动资产"项目内。

● "长期借款"和"应付债券"项目，应根据"长期借款"和"应付债券"账户的期末余额，扣除其中在资产负债表日起一年内到期、且企业不能自主地将清偿义务展期的部分后的金额填列，在资产负债表日起一年内到期、且企业不能自主地将清偿义务展期的部分在流动负债类下的"一年内到期的非流动负债"项目内反映。

学
习
笔记：

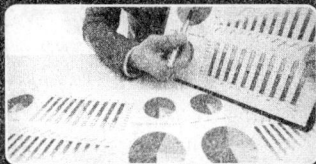

③ 根据总账账户期末余额直接填列

资产负债表中大部分项目的"期末余额"可以根据有关总账账户的期末余额直接填列，如"交易性金融资产"、"固定资产清理"、"工程物资"、"递延所得税资产"、"短期借款"、"交易性金融负债"、"应付票据"、"应付职工薪酬"、"应交税费"、"递延所得税负债"、"预计负债"、"实收资本"、"资本公积"、"盈余公积"等项目。这些项目中，"应交税费"等负债项目，如果其相应账户出现借方余额，应以"－"号填列；"固定资产清理"等资产项目，如果其相应的账户出现贷方余额，也应以"－"号填列。

3、利润表的概念及编制步骤

利润表是反映企业在一定会计期间的经营成果的财务报表。所以，又被称为动态报表。有时，利润表也称为损益表、收益表。

① 结构：多步式（是将各种利润分多步计算求得净利润的方式，便于使用人对企业经营情况和盈利能力进行比较和分析）

② 编制依据：收入 － 费用 = 利润

③ 利润表的编制：

在我国，利润表采用多步式，每个项目通常又分为"本月数"和"本年累计数"两栏分别用列。"本月数"栏反映各项目的本月实际发生数，在编报中期财务会计报告时，填列上年同期累计实际发生数；在编报年度财务会计报告时，填列上年全年累计实际发生数。如果上年度利润表与本年度利润表的项目名称和内容不相一致，则按编报当年的口径对上年度利润表项目的名称和数字进行调整，填入本表"上年数"栏。在编报中期和年度财务会计报告时，将"本月数"栏改成"上年数"栏。本表"本年累计数"栏反映各项目自年初起至报告期末止的累计实际发生数。多步式利润表主要分四步计算企业的利润（或亏损）。

第一步，以主营业务收入为基础，减去主营业务成本和主营业务税金及附加，计算主营业务利润。

第二步，以主营业务利润为基础，加上其他业务利润，减去销售费用、管理费用、财务费用，计算出营业利润。

第三步，以营业利润为基础，加上投资净收益、补贴收入、营业外收入，减去营业外支出，计算出利润总额。

第四步，以利润总额为基础，减去所得税，计算净利润（或净亏损）。

"上期金额"栏应根据上年该期利润表"本期金额"栏内所列数字填列。如果上年该期利润表规定的各个项目的名称和内容同本期不一致，应对上年该期利润表各项目的名称和数字按本期的规定进行调整，填入利润表"上期金额"栏内。

六、财务管理中资金的时间价值

资金的时间价值，也称货币的时间价值或现金的时间价值，是指一定量的资金在不同时点上的价值量的差额。

资金时间价值是资金在生产和流通过程中随着时间推移而产生的增值，它也可以看成是资金的使用成本。资金不会自动随时间变化而增值，只有在投资过程中才会有收益，所以这个时间价值一般用无风险的投资收益率来代替，因为理性个体不会将资金闲置不用。资金随时间的变化而变化，是时间的函数，随时间的推移而发生价值的变化，变化的那部分价值就是原有的资金时间价值。

1、资金时间价值的理解

（1）资金时间价值是货币在周转使用中产生的，是货币所有者让渡货币使用权而参与社会财富分配的一种形式。

（2）通常情况下，资金的时间价值相当于没有风险和没有通货膨胀条件下的社会平均资金利润率。

（3）资金时间价值以商品经济的高度发展和借贷关系的普遍存在为前提条件。

（4）资金币时间价值在投资项目决策中具有重要的意义，即资金时间价值产生的意义。

资金时间价值或者说货币时间价值是一个经济学概念，是机会成本的变体。在社会平均利润率一定的情况下，资金时间价值与计息期数成正方向变化，计息期数越多，资金时间价值越大。资金周转的快慢以及每次资金循环时间的长短，都决定了资金时间价值的大小。

掌握资金时间价值理论，有助于企业科学合理地使用资金。企业任何资产只有参与资金运动才可能作为资金实现其时间价值，而闲置的资产无论是流动资产还是固定资产，都不可能创造时间价值，而且随着时间的推移，还会丧失其原有的价值。明确这个观念就可以督促企业管理者节约使用资金，充分提高资金的使用效果，充分实现资金时间价值，使资金在有限的时间和空间范围内获取最大价值。

在进行项目可行性分析以及证券投资方案评价中，资金时间价值就是最重要的依据。不论净现值法、现值指数法，还是内部报酬率法等，都是在充分考虑资金时间价值的基础上评价项目可行性较好的方法，而且在各企业实践中得到广泛应用。

2、资金的现值概念

资金的现值指一定量未来资金按规定的利率折算的现在价值，也称作本金。

3、资金的终值概念

资金的终值指一定量的资金按规定的利率折算的未来价值，称作本利和。

（1）单利是指仅就本金计算利息，利息不再生息的一种计算方法，即"本生利"。这是一种最简单的计算收、付款利息的方法。

（2）复利是指每经过一个计息期，要将所生利息加入本金计入下一期利息的计算，逐期滚算，俗称"利滚利"。一般情况下，计息期通常指一年。

（3）复利终值的计算公式

在经济学中，我们通常用 p 表示现值，用 s 表示终值，用 i 表示利率，用 n 表示时间，那么，复利终值的计算公式可以表示为：$S=p(1+i)^n$

（4）普通年金终值指一定期间内每期期末等额收付款项的复利终值之和，如零存整取的本利和。

4、资金终值和现值的计算

（1）资金终值的计算

如果你今天把100元钱存入银行，假设银行存款利率为10％，这100元钱十年后的价值是多少？即这100元钱十年后的终值是多少？

一年后的终值为：$100\times(1+10\%)=110$（元）

二年后的终值为：$100\times(1+10\%)\times(1+10\%)=100\times(1+10\%)^2=121$（元）

三年后的终值为：$100\times(1+10\%)2\times(1+10\%)=100\times(1+10\%)^3=133.1$（元）

以此类推，十年后的终值为：$100\times(1+10\%)^{10}=259.37$（元）

通过计算，我们可知今天的100元钱的价值等于十年后的259.37元钱的价值，所以你应该选择得到今天的100元钱，而不应该选择得到十年后的200元钱。

学习笔记：

（2）资金现值的计算

假设银行存款利率为10%，十年后的200元钱现在的价值是多少？即现值是多少？也就是说，你现在需要在银行存多少钱，才能在十年后得到200元？

由于复利现值是与复利终值的相对称的一个概念，根据上面的复利终值公式：$S=p(1+i)^n$，我们可以推导出复利现值公式：$P=s/(1+i)^n=s(1+i)^{-n}$

根据复利现值公式，我们计算十年后的200元钱的现值是：$P=s(1+i)^{-n}=200×(1+10\%)^{-10}=200×0.3855=77.1$（元）

通过计算，我们可知十年后的200元钱的价值等于今天的77.1元钱的价值，所以你应该选择得到今天的100元钱，而不应该选择得到十年后的200元钱。

七、财务预算

财务预算指的是企业在计划期内反映有关预计现金收支、财务状况和经营成果的预算，是以数量和金额的形式反映企业未来一定预算期内经营、投资和财务状况的具体计划，是为实现企业目标而对各种资料和企业活动做的详细安排。

业务预算是企业财务预算非常重要的工作，业务预算反映企业在计划期内日常发生的各种具有实质性的基本活动的预算，包括销售预算、生产预算、直接材料预算、直接人工预算、制造费用预算、产品成本预算、销售费用和管理费用预算等。专门决策预算指企业不经常发生的、一次性的重要决策预算；财务预算是指企业在计划期内反映有关预计现金收支、财务状况和经营成果的预算。

1、销售预算

销售预算是指为规划一定预算期内因组织销售活动而引起的预计销售收入而编制的一种日常业务预算。销售预算一般是企业生产经营全面预算的编制起点，其他预算的编制都以销售预算为基础。

编制销售预算步骤：

（1）计算各种产品的预计销售收入

某种产品预计销售收入 = 该种产品预计单价 × 该产品预计销售量

（2）预计预算期所有产品的预计

预计销售收入总额 = Σ某种产品预计销售收入

（3）预计在预算期发生的与销售收入相关的增值税销项税额

某期增值税的销项税 = 该期预计销售收入 × 增值税税率

（4）预计预算期含税销售收入

某期含税销售收入 = 该期预计销售收入 + 该期预计销项税额

2、生产预算

生产预算是编制预算期内产品生产数量及品种构成的一种日常业务预算，生产预算的编制需要以销售预算和预计期末存货数量为基础，即"以销定产"的原则。

（1）编制生产预算步骤：

预计生产量＝预计销售量＋预计期末存量 –预计期初存货量

（注：预算期第一期期初存货数量是编制预算时预计的）

（2）预计期末存货数量＝预计下期销售量×预计百分比

3、直接材料预算

直接材料预算是指为规划一定预算期内因组织生产活动和材料采购活动预计发生的直接材料需用量、采购数量和采购成本而编制的一种经营预算。这种预算以生产预算为基础进行编制，但同时还要考虑期初、期末原材料存货的数量。

编制直接材料预算步骤：

（1）预计采购量＝预计生产耗用量＋预计原材料期末存货量 – 预计原材料期初存货量

（2）生产需要量＝预计生产量×单位产品材料耗用量

（注：编制直接材料预算的同时，需要编制现金支出预算。期末库存量一般按照下期生产需要量的一定百分比来计算）

学习笔记：

4、直接人工预算

　　直接人工预算是反映企业预算期内人工工时消耗水平，规定人工成本开支数额的一种业务预算，这种预算是以生产预算为基础编制的。直接人工预算都需要使用现金支付。直接人工预算的编制，应按不同工种分别计算，然后予以合计，计算公式如下：

　　直接人工预算=预计生产量×Σ（单位工时工资率×单位产品工时定额）

　　（注：直接人工预算都需要使用现金支付，因此直接人工预算不需要另外编制现金支出预算）

5、制造费用预算

　　制造费用预算指除了直接材料和直接人工预算以外的其它一切生产成本的预算。制造费用按其成本性态可分为变动性制造费用和固定性制造费用两部分。

　　（1）固定性制造费用与本期的生产量无关。

　　（2）变动性制造费用以生产预算为基础来编制，根据预计生产量和预计变动制造费用分配率来计算。

　　在制造费用预算中，除了折旧费以外都需支付现金。为了便于编制现金预算，需要预计现金支出，将制造费用预算额扣除折旧费后，调整为"现金支出的费用"。

6、产品成本预算

　　产品成本预算是指用于规划预算期的单位产品成本、生产成本、销售成本以及期初、期末产成品存货成本等项内容的一种业务预算。

　　（1）产品生产成本预算的内容

　　①计算产品的销售成本，必须先确定产品的生产总成本和单位成本。

　　②产品生产成本预算是生产预算、直接材料预算、直接人工预算、制造费用预算的汇总。

　　（2）产品成本预算的编制

　　产品单位成本取决于单位产品的材料费用、单位产品人工费用及单位产品应分担的制造费用。

　　单位产品的直接材料费用 = 单位产品材料消耗量×材料预计单价

　　②单位产品的直接人工费用 = 单位产品工时×预计每小时人工成本

　　③单位产品的制造费用 = 每小时制造费用×单位产品工时

　　　　　　　　　　= 制造费用总额÷产品工时总额×单位产品工时

　　④产品总成本 = 预计生产量×产品单位成本

7、销售及管理费用的预算

销售及管理费用的预算是反映企业预算期内，为实现销售预算和进行一般行政管理工作而发生的预期各种费用数额的一种预算。编制这种预算时，不仅要认真分析、考察过去销售费用及管理费用的必要性及其效果，而且要以销售预算或过去的实际开支为基础，考虑预算期可能发生的变化，按预算期实际需要逐项预计销售及管理费用的支付额。

（1）销售及管理费用按照成本的性态分为：

① 变动性销售及管理费用

② 固定性销 售及管理费用

变动性的销售费用与销量有关，固定性销售及管理费用与各期的销售量无关，在每一期作为期间成本扣除。

（2）销售及管理费用预算的编制

① 对变动销售费用的预算应当以销售预算为基础编制，预算期内变动销售费用应是预计销售数量与单位变动销售费用的乘积。

② 固定销售费用通常以过去实际开支为基础，根据预算期的变动进行调整来编制预算。

③ 在编制销售及管理费用预算时应编制现金支出预算。

8、现金预算

各业务部门的分预算编制完成后，财务部门即可根据各分项预算所列示出的现金收支预计数及有关资本预算等资料编制现金预算，现金预算中的现金是指企业库存现金和银行存款等货币资金。

现金预算的编制，是以各项日常业务预算和特种决策预算为基础来反映各预算的收入款项和支出款项。编制现金预算目的在于资金不足时如何筹措资金，资金多余时怎样运用资金，并且提供现金收支的控制限额，以便发挥现金管理的作用。

学习笔记：

现金预算编制：

（1）预计期末现金余额 = 期初现金余额 + 本期现金收回额 − 本期现金支出额 + 借入款项 − 偿还款项

（2）本期可动用现金 = 期初现金余额 + 本期现金收回额

（3）本期现金收支差额 = 本期可动用现金 − 本期现金支出额

（4）预计期末现金余额 = 本期现金收支差额 + 借入款项 − 偿还款项

9、会计报表预算

（1）预计利润表

预计利润表又称为损益预算，是综合反映和控制企业在预算期内损益情况和盈利水平的预算。它是控制企业经营活动和财务收支的依据，是企业财务预算中最主要的预算。

编制预计利润表的主要依据是经营预算中的销售预算、单位生产成本预算、制造费用预算、销售及管理费用预算和有关的专门决策预算以及财务预算中的现金预算等资料。预计利润表的内容、格式与会计上的利润表基本相同。

（2）预计资产负债表

预计资产负债表是反映企业在预算期结束时，各有关资产、负债及所有者权益项目的预算执行结果，即预算期末的财务状况。它是以期初的资产负债表为基础，结合现金预算、预计利润表等各业务预算和其他有关资料编制的。为了便于对比分析，可将有关资产、负债及所有者权益项目的期初实际数与期末预算数一同列示。

学习笔记：

10、财务预算编制的步骤

　　企业预算以利润为最终目标，并把确定下来的目标利润作为编制预算的前提条件。根据已确定的目标利润，通过市场调查，进行销售预测，编制销售预算。在销售预算的基础上，作出不同层次不同项目的预算，最后汇总为综合性的现金预算和预计财务报表。财务预算编制的过程可以归结为以下几个主要步骤：

　　（1）根据销售预测编制销售预算

　　（2）根据销售预算确定的预计销售量，结合产成品的期初结存量和预计期末结存量编制生产预算。

　　（3）根据生产预算确定的预计生产量，先分别编制直接材料消耗及采购预算、直接人工预算和制造费用预算，然后汇总编制产品生产成本预算。

　　（4）根据销售预算编制销售及管理费用预算

　　（5）根据销售预算和和生产预算估计所需要的固定资产投资，编制资本支出预算。

　　（6）根据执行以上各项预算所产生和必需的现金流量，编制现金预算。

　　（7）综合以上各项预算，进行试算平衡，编制预计财务报表。

 学习 笔记：

创业综合词典汇 之
第十二模块

股权激励词典汇

目录 CONTENTS

一、股权初探

1、股权

　　股权是有限责任公司或者股份有限公司的股东对公司享有的人身和财产权益的一种综合性权利，即股权是股东基于其股东资格而享有的，从公司获得经济利益，并参与公司经营管理的权利。

　　股权是股东在初创公司中的投资份额，即股权比例，股权比例的大小，直接影响股东对公司的话语权和控制权，也是股东分红比例的依据。

　　整体来说，有限责任公司股东享有的权利，主要有以下两种：

（1）自益权

　　即股东基于自己的出资而享受利益的权利。如获得股息红利的权利，公司解散时分配财产的权利以及不同意其他股东转让出资额时的优先受让权。这是股东为了自己的利益而行使的权利。

（2）共益权

　　即股东基于自己的出资而享有的参与公司经营管理的权利，如表决权、监察权、请求召开股东会的权利、查阅会计表册权等等，这是股东为了公司利益，同时兼为自己利益行使的权利。具体来说，有限责任公司的股东享有下列内容的权利：

- 参与制定和修改公司章程

- 参加股东会议并按照出资比例行使表决权

- 选举和被选举为董事、监事

- 查阅股东会议记录和公司财务会计报告

- 依照《公司法》及公司章程的规定转让出资

- 优先购买其他股东转让的出资

- 优先认购公司新增资本

- 监督公司生产经营活动

- 按照出资比例分配红利

- 依法分配公司破产、解散和清算后的剩余资产

- 公司章程规定的其他权利

2、股份

股份代表对公司的部分拥有权，分为普通股、优先股、未完全兑付的股权。

（1）股份的含义

① 股份是股份有限公司资本的构成成分

② 股份代表了股份有限公司股东的权利与义务

③ 股份可以通过股票价格的形式表现其价值

（2）股份的特点

① 股份的金额性。股份有限公司的资本划分为股份，每一股的金额相等，即股份是一定价值的反映，并可以用货币加以度量。

② 股份的平等性，即同种类的每一股份应当具有同等权利。

③ 股份的不可分性，即股份是公司资本最基本的构成单位，每个股份不可再分。

④ 股份的可转让性，即股东持有的股份可以依法转让。如《公司法》第一百四十二条规定，公司董事、监事、高级管理人员应当向公司申报所持有的本公司的股份及其变动情况，在任职期间每年转让的股份不得超过其所持有本公司股份总数的25%；所持本公司股份自公司股票上市交易之日起一年内不得转让。公司董事、监事、高级管理人员离职后半年内，不得转让其所持有的本公司股份。此外，《公司法》允许公司章程可以对公司董事、监事、高级管理人员转让其所持有的本公司股份作出其他限制性规定。股份的分派是指公司根据发起人和（或）其他股份认购人认购股份的情况，将股份按照一定分派方法分配给认购人。如果认购的总额超过发行的总额，还应根据一定的原则确定分派的方式。缴付股款和股份分派是同一活动的两个方面，在股份分派以后，应当将股东的姓名或名称记载在股东名册上。

3、合伙人制

（1）什么是合伙人制？

合伙人公司是指由两个或两个以上合伙人拥有公司并分享公司利润，合伙人即为公司主人或股东的组织形式。其主要特点是：合伙人共享企业经营所得，并对经营亏损共同承担无限责任；它可以由所有合伙人共同参与经营，也可以由部分合伙人经营，其他合伙人仅出资并自负盈亏；合伙人组成规模可大可小。

（2）合伙人责任形式

合伙人的责任形式，指合伙人对合伙企业债务承担责任的方式，是合伙企业区别于法人类企业的基本特征。对于合伙人的责任形式，不同国家的法律有不同的规定，有的要求所有合伙人都承担无限责任，有的规定合伙人可承担有限责任，有的允许部分合伙人在有人对企业债务承担无限责任的基础上承担有限责任，有的还要求承担无限责任合伙人对企业债务负连带责任。我国合伙企业法规定，合伙人应对合伙企业债务承担无限连带责任。

（3）合伙人制权利义务

作为合伙企业的投资人，合伙人在企业享有权利，也负有义务。一般而言，合伙人的权利为经营合伙企业，参与合伙事务的执行，享受企业的收益分配；义务为遵守合伙协议，承担企业经营亏损，根据需要增加对企业的投入等。由于合伙企业是人合性企业，合伙人的权利义务主要由合伙协议予以规定，对于一些特定的权利义务也可以在事后由全体合伙人共同确定，但对有些合伙人的特定权利义务，法律也进行了一些必要的规范。

（4）合伙人制的企业类别

目前，我国实行合伙人制的企业基本是三类，会计事务所、律师事务所和咨询公司，而"合伙人制度"的含义差别也很大。

二、股东与合伙人制比对

1、价值取向

（1）股东（所有权）：注重资本的价值

（2）合伙人制（经营权）：发掘人本的价值

2、分享基础

（1）股东（所有权）：投资金额

（2）合伙人制（经营权）：价值贡献

3、参与对象

（1）股东（所有权）：亲属、亲密者

（2）合伙人制（经营权）：中高层管理专业、核心人才

4、顶层思维

（1）股东（所有权）：个人投资

（2）合伙人制（经营权）：团队经营、共赢

5、分配来源

（1）股东（所有权）：税后金净润额

（2）合伙人制（经营权）：可以自我设定，如初利、毛利润等

6、财务风险

（1）股东（所有权）：公开真实利润报表

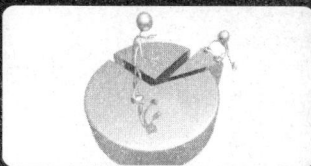
7、操作便利性

（1）股东（所有权）：资产评估、占股比例、股权协议、利益与风险

（2）合伙人制（经营权）：不需要资产评估，灵活设定分配和占比

8、管控要求

（1）股东（所有权）：管理手段贫乏，受控于传统思维和相关法规

（2）合伙人制（经营权）：可以考核、晋升、终止、开除

9、退出机制

（1）股东（所有权）：比较难

（2）合伙人制（经营权）：比较容易，设定条件即可操作

10、价值透析

（1）股东（所有权）：企业得到资金

（2）合伙人制（经营权）：企业得到价值、资源、潜力

学习笔记：

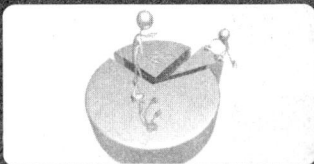

11、落地难度

（1）股东：企业盈利大，老板不愿意；企业盈利小，员工不乐意

（2）合伙人制（经营权）：无论企业处在何种阶段都可以设计合伙人制

12、未来趋势

合伙人制更具有融合性、共赢性、爆发性、充分挖掘人本价值，在某些领域，人本或将超越资本，合伙人大会高于股东大会。

三、股权模式与激励作用

1、注册股与岗位股

注册股享有所有权、分红权、增值溢价权，决策权，只要股权应有的权利，注册股都有，那么岗位股有什么权利呢？

岗位股只有一种权利叫分红权，它没有所有权，没有增值溢价权，没有决策权，这就是它们两个之间的区别。

在做股权激励的过程中，怎么运用这两种股权类型呢？往往我们在引进一个高管或者优秀人才的时候，会发现对于高管，不管你给他底薪、年薪、固定薪资是多少，他都不会满意。假如他想要公司10%的股份，你该怎么办？你直接给他10%的分红股，很显然他是个高手，你不一定能够留住他，不一定能谈好，如果直接给他注册股，若他人品有问题，或他对岗位适应不了就会很麻烦，怎么办？两种股权类型同时使用，可按5%注册股、后期再给5%岗位股的比例。首先保证了他10%的收益，同时也起到了双重激励的效果，也就意味刚开始就会想我这个5%有增资权，分红权、决策权和所有权，另一个5%岗位股，我要不断的努力努力才能得到那5%，才能获得10%的收益。

怎么才能拿到呢？我们每年应该定一个任务，或者指标。达到什么指标了，我们再把剩下的5%的岗位股，循序渐进地转化成注册股，5%的注册股，5%岗位股。5%的岗位股干一年转化1%注册股，直到转化成10%的注册股，同时这五年也真正考验到了一个人的能力和人品。

学
习
笔记：

2、分红股

分红股是指股东不必实际出资就能占有公司一定比例股份份额的股份，俗称"干股"。

（1）分红股股东的权利义务

分红股的取得和存在往往以一个有效的赠股协议为前提。赠股协议的效力属于股东之间的协议，和设立协议一样对股东具有约束作用，赠股协议的内容也可以在章程上体现。由于股东并没有实际出资，因此股东资格的确认完全以赠股协议为准，如果赠股协议具有可撤销、无效、解除等情况，分红股股东自然就失去了股东资格，分红股股东的权利义务比如股利请求权、表决权由协议确定，但股东的义务，尤其对外义务同一般股东，理由是股东的登记具有对外公示性。但是分红股股东如果所受股份为瑕疵股份，在一般情况下，股份的受让人也应对股份的出资义务承担责任，但是，一般而言如果有一部分为瑕疵股份，有一部分为正常股份，那么首先认定获赠股份为正常股份，在其不足的情况下，才仍定为瑕疵股份。

（2）分红股股东的法律地位

一般情况下，分红股的取得和存在是以一个有效的赠股协议为前提。由于股东并没有实际出资，因此股东资格的确认完全以赠股协议为准，只要赠股协议合法，就享有赠股协议中约定的权利和应尽的义务。如果分红股股东通过公司股东变更，在工商局登记备案，则会成为正式股东，完全享有股东的权利和应尽义务。

3、业绩股

业绩股也称虚拟股票，是指公司用普通股作为长期激励性报酬支付给经营者，股权的转移由经营者是否达到了事先规定的业绩指标来决定。如果实现公司的业绩目标，则被授予者可以据此享受一定数量的分红，但没有所有权和表决权，不能转让和出售，在离开公司时自动失效。在虚拟股票持有人实现既定目标条件下，公司支付给持有人收益时，既可以支付现金、等值的股票，也可以支付等值的股票和现金相结合。虚拟股票是通过其持有者分享企业剩余索取权，将他们的长期收益与企业效益挂钩。

业绩股票是股权激励的一种典型模式，指在年初确定一个较为合理的业绩目标，如果激励对象到年末时达到预定的目标，则公司授予其一定数量的股票或提取一定的奖励基金购买公司股票。业绩股票的流通变现通常有时间和数量限制。激励对象在以后的若干年内经业绩考核通过后可以获准兑现规定比例的业绩股票，如果未能通过业绩考核或出现有损公司的行为、非正常离任等情况，则其未兑现部分的业绩股票将被取消。

（1）业绩股的特点

① 高管人员的年度激励奖金建立在公司当年的经营业绩基础之上，直接与当年利润挂钩，一般与当年公司的净资产收益率相联系；公司每年根据高管的表现，提取一定的奖励基金。

② 公司奖励基金的使用是通过按当时的市价从二级市场上购买本公司股票的方式完成，从而绕开了《公司法》中有关股票期权的法律障碍。

③ 高层管理人员持有的本公司股票，在行权时间上均有一定限制。

④ 高层管理人员的激励奖金在一开始就全部或部分转化为本公司的股票，实际上在股票购买上有一定的强制性。

（2）业绩股业绩股激励模式的优点

能够激励公司高管人员努力完成业绩目标。为了获得股票形式的激励收益，激励对象会努力地去完成公司预定的业绩目标；激励对象获得激励股票后便成为公司的股东，与原股东有了共同利益，更会倍加努力地去提升公司的业绩，进而获得因公司股价上涨带来的更多收益。

具有较强的约束作用。激励对象获得奖励的前提是实现一定的业绩目标，并且收入是在将来逐步兑现；如果激励对象未通过年度考核，出现有损公司行为、非正常调离等，激励对象将受风险抵押金的惩罚或被取消激励股票，退出成本较大。

业绩股票符合中国现有法律法规，符合国际惯例，比较规范，经股东大会通过即可实行，操作性强，因此，自2000年以来，中国已有很多上市公司先后实施了这种激励模式。

激励与约束机制相配套，激励效果明显，且每年实行一次，因此，能够发挥滚动激励、滚动约束的良好作用。

（3）业绩股业绩股激励模式的缺点

① 公司的业绩目标确定的科学性很难保证，容易导致公司高管人员为获得业绩股票而弄虚作假。

② 激励成本较高，有可能造成公司支付现金的压力。业绩股票激励模式只对公司的业绩目标进行考核，不要求股价的上涨，因此比较适合业绩稳定、现金流量充足的上市公司及其集团公司、子公司。

（4）业绩股业绩股激励的注意事项

在业绩股票激励方案的设计中，应注意激励范围和激励力度的确定是否合适。激励范围和激励力度太大，则激励成本上升，对公司和股东而言，收益不明显，现金流的压力也会增大；而激励范围和激励力度太小，激励成本和现金流压力减小了，但激励效果也很可能减弱了。因此公司应综合考虑各种因素，找到激励成本、现金流压力和激励效果之间的平衡点。一般而言，激励范围以高管和骨干员工较为适宜，激励力度对于传统行业的企业而言可以低一点，对于高科技企业而言则相对要高一些。

（5）业绩股业绩股和股票期权的异同点

虚拟股票与股票期权的差别在于：

① 相对于股票期权，虚拟股票并不是实质上认购了公司的股票，它实际上是获取企业的未来分红的凭证或权利。

② 在虚拟股票的激励模式中，其持有人的收益是现金或等值的股票；而在企业实施股票期权条件下，企业不用支付现金，但个人在行权时则要通过支付现金获得股票。

③ 报酬风险不同。只要企业在正常盈利条件下，虚拟股票的持有人就可以获得一定的收益；而股票期权只有在行权之时股票价格高于行权价，持有人才能获得股票市价和行权价的价差带来的收益。

（6）业绩股业绩股在中国推广的原因

① 对于激励对象而言，在业绩股票激励模式下，其工作绩效与所获激励之间的联系是直接而紧密的，且业绩股票的获得仅决定于其工作绩效，几乎不涉及股市风险等激励对象不可控制的因素。另外，在这种模式下，激励对象最终所获得的收益与股价有一定的关系，可以充分利用资本市场的放大作用，激励力度较大，但与此相对应的是风险也较大。

② 对于股东而言，业绩股票激励模式对激励对象有严格的业绩目标约束，权、责、利的对称性较好，能形成股东与激励对象双赢的格局，故激励方案较易为股东大会所接受和通过。

③ 对于公司而言，业绩股票激励模式所受的政策限制较少，一般只要公司股东大会通过即可实施，方案的可操作性强，实施成本较低。另外，在已实施业绩股票的上市公司中有将近一半为高科技企业，它们采用业绩股票模式的一个重要原因是：目前股票期权在中国上市公司中的应用受到较多的政策和法律限制，存在较多的障碍。

4、受限股

受限股，即限制性股票。限制性股票（restricted stock）指上市公司按照预先确定的条件授予激励对象一定数量的本公司股票，激励对象只有在工作年限或业绩目标符合股权激励计划规定条件的，才可出售限制性股票并从中获益。

（1）第一类受限股

第一类受限股中首次公开发行前股东持有股份超过5%的股份在股改结束12个月后解禁流通量为5%，24个月流通量不超过10%，在其之后成为全部可上市流通股。该类股份被市场称为"大非"。股东持股数小于5%的称为"小非"。小非在股改完成后12个月即可上市流通。

（2）第二类受限股，有三种：

① 首次公开发行前公司持有的股份自发行入股票上市之日起36个月内不得流通

② 战略投资者配售的股份自本次公开发行的股票上市之日起12个月内不得流通

③ 特定机构投资者网下配售股份自本次公司发行的股票上市之日起3个月内不得流通

（3）第三类受限股

第三类受限股是上市公司非公开行产生的受限股。针对非公开发行受限股，发生对象属于下列情形之一的，认购的股份自股票发行结束之日起36个月内不得转让：

① 上市公司的控股股东、实际控制人或其控制的关联人

② 通过本次发行的股份取得上市公司实际控制权的投资者

③ 董事会拟引入的境内外战略投资者。发行对象属于以上规定以外的投资者认购的股份自发行结束之日起12个月内不得转让。

5、技术股

技术股，即技术入股。技术入股是指技术持有人（或者技术出资人）以技术成果作为无形资产作价出资公司的行为。技术成果入股后，技术出资方取得股东地位，相应的技术成果财产权转归公司享有。技术入股是目前社会上常用的投资形式之一。

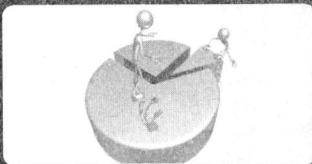

　　《中华人民共和国公司法》（以下简称《公司法》），和国家科委《关于以高新技术成果出资入股若干问题的规定》（以下简称《若干问题规定》）等法律、政策的出台，客观上已经为技术成果的价值化提供了良好的前提，其有利于提高技术出资人的入股积极性，并且能够有效调动技术出资人积极实现成果的转化。但是，技术成果的出资入股不同于货币、实物的出资，因为技术成果并不是一个客观存在的实物，要发现其绝对真实价值相当困难，而且对其过高过低的评价，均会损害出资方的利益，引起了各种纠纷。

（1）成果权

　　《若干问题规定》规定，以高新技术成果出资入股，成果出资者应当与其他出资者协议约定该项技术保留的权利范围，以及违约责任等。技术成果的出资者并不一定以成果所有权入股，即还可保留部分权利。一种观点认为：这与公司法的财产独立理念不符，根据公司制度的基本原则，公司是以其全部财产对公司的债务承担责任的，其前提条件是，公司必须拥有独立财产权，而部分权能则不是独立的财产权，所以不能作为一种出资形式。另一种观点认为：允许技术部分权能出资入股，具有一定的科学性和合理性。

　　① 技术成果作为一种无形财产，其不发生有形控制的占有和损耗，在同一时间可由不同人使用，在不同地域同时实践也成为可能。而有形财产，在同一时间只能为一个主体占有或支配，因此，有形物的转让或权利许可只能一物一主，而不可能货与多家。技术成果无形性的特点，决定了其权能组成部分具有一定的独立性，只要有技术成果存在，其各项权能就能独立存在，就能被占有和支配。

　　② 资本就是能够带来剩余价值的价值，而技术成果的部分权能一旦与货币、实物相作用就能给各出资人带来更多的产品或更多的附加值。技术成果部分权能也具有资本的属性，亦可成为出资的内容。

　　③ 技术成果以部分权能入股，可以通过合同规定技术出资人相应的权利义务。我国法律可以拟定关于技术出资人与其他出资人之间权利义务的格式合同，技术出资人必须按照其所出资的技术权能承担法律规定或约定范围的义务，享有相应的权利；其他出资人亦可按照合同对技术行使支配权。

　　④ 技术成果所有权转让的作价远高于其使用权等权能的转让，而且很多情况下，为得到先进技术的投资者只是希望得到有关技术的使用权，如技术出资人以所有权入股的形式从经济上来说对其他投资者是不合算的，因此，允许其以部分权能入股也有利于其他出资人。

（2）作价问题

　　技术成果作为非货币形式的出资，最重要的在于价值的确定，科学、合理、真实、公平地确定技术的价值，有利于技术成为企业的真实资本和合理股份。在实践中，技术成果出资入股的作价方式主要有三种：评估作价、协商作价以及两种作价方式的结合。

　　① 技术评估作价是指专业的评估机构对出资人的技术成果的价值进行确定的作价方式，即将技术价值进行量化的过程。

　　② 协商作价方式是出资人不经评估，自行商定入股技术的作价金额的一种方法，这种作价方式是出资各方在诚信的基础上，通过协商来确定出资技术的价值。

（3）评估作价

　　采用评估作价方式确定的技术价值具有较强的法律效力，其价值被确定在技术成果价值评估作价文件中，出资各方不能随意进行改动，从而能够有效防止各种纠纷。同时，这种作价方式弥补了当事人对技术成果价值认识不足，可能导致过高或过低确定价额，从而损害其他出资人利益并损害公司资本制度。我国公司法和许多地方法规，如厦门市、四川省相关地方性法规，均明文规定技术出资入股应当采用评估作价，特别是当涉及国有资产时，鉴于国有资产流失的可能性和其后果的严重性以及防止在实践中出资方低估国有资产，损害国家利益，法律则规定必须采用评估方式。但是，在不涉及国有资产时，绝对强求评估作价在实践中并不现实，尤其是目前我国在技术评估作价方面还不规范，不少问题有待进一步解决。

学习笔记：

（4）协商作价

协商作价方式是出资各方通过协商确定技术的价值，这种作价方式在不少地方法规中都得到了反映。这不仅避免了评估作价方式繁琐、复杂的作价程序，而且也无需设立专门的技术评估机构、确定专门的技术评估标准，只要通过协商方式即可确定技术价值。其灵活性不仅在于克服评估作价的困难，解决实务上的操作，更在于充分通过市场，实现资源的合理流动和优化配置。而且，协商作价方式是当事人意志的体现，通过出资人自己的处分，决定自己财产的命运，对技术出资具有极其重要的意义，其不仅有利于公司最大可能地引进先进技术，而且减少了技术出资的成本。同时，采用协商作价方式确定的技术价值可以根据企业目的，按照各个出资人技术的"使用可能性"进行评价。只有这样，既能使"必要性"、"有益性"、"无用性"这类技术的质的类别（即范围）还原为量的类别（即评价额），并且此种价值类别，无论对公司还是对出资者来说，都可以成为一种适当的处置。但是，协商作价方式确定的技术价值其法律效力低于评估作价，而且还有可能出现出资人任意协商出资金额导致出资不实的情况，以及技术出资人利用其他出资人对技术不熟的弱点而实行技术欺诈的行为。

（5）评估协商

从本质上看，技术成果作价方式的固定并非立法之目的，而仅是发现和明确技术成果价值的手段，如一味强化手段的作用而不尊重技术成果价值发现的多途径，不仅有碍技术成果的出资，也增加了公司设立的成本。在我国《公司法》尚有验资环节防范作价不实以确保资本充实原则实现的情况下，对于出资技术价值确定之方法不宜强令必须评估，应适当承认协商作价方式，这既有利于各出资人在较短的时间内设立公司，也可以节省不少人力物力。但是由于技术价值本身既为无形，出资各方亦非技术成果评估的专家，他们不能很好地掌握入股技术的市场前景、成熟程度、预期回报量等信息，并且技术成果出资价值的确定与公司资本充实制度紧密相连。承认协商作价不能放任自流，可将协商作价与验资制度相结合，以更好地发挥协商作价的作用。

（6）技术入股比例控制

原公司法第二十七条规定"股东可以用货币出资，也可以用实物、知识产权、土地使用权等可以用货币估价并可以依法转让的非货币财产作价出资；但是，法律、行政法规规定不得作为出资的财产除外。对作为出资的非货币财产应当评估作价，核实财产，不得高估或者低估作价。法律、行政法规对评估作价有规定的，从其规定。全体股东的货币出资金额不得低于有限责任公司注册资本的百分之三十。"所以理论上股东以非货币出资所占注册资本比例最高不能超过百分之七十。

2013年底出台的新公司法第二十六条中规定"有限责任公司的注册资本为在公司登记机关登记的全体股东认缴的出资额。法律、行政法规以及国务院决定对有限责任公司注册资本实缴、注册资本最低限额另有规定的，从其规定。"取消了比例控制。因此，从新公司法正式实施起，不再对非货币出资额的比例进行限制。这样，理论上非货币出资（包括技术）所占注册资本比例可以达百分之一百。

（7）技术入股利益调整

在科技迅速发展的今日，技术成果往往因经济的发展、科技的进步或保护期限的届满而致使其本身价值的丧失；或者相反，入股的技术成果因相关技术的出现或市场发展的成熟或本身技术的改进而成为更先进技术，从而使技术价值增加。这两种技术价值的变动均会引起出资各方的利益变动。

（8）技术入股降低或灭失

技术价值降低或灭失时，在实践中往往统一采取减少或者撤销相关股东的股份解决，技术价值降低或灭失原因可有多种，或是市场变化引起，或是因当事人行为不当所致，还有的是因为出资时作价过高造成。因此应当根据技术价值降低或灭失的原因具体情况具体分析，并采取相应措施。

6、工龄股

根据核心骨干人员的总体工龄情况，确定为每年转换成多少股，即员工的工龄每满一年，可以增加多少股的虚拟股权。

7、在职股

在职股，就是在职期间持有所在单位的股票，是公司的一种股权激励，相当于一种利润分配，不可转让、买卖，一般在职的员工享受，离职后不再享受。

8、期股

期股是企业所有者向经营者提供激励的一种报酬制度，其实行的前提条件是公司制企业里的经营者必须购买本企业的相应股份。具体体现在企业中，就是企业贷款给经营者作为其股份投入，经营者对其有所有权、表决权和分红权。其中所有权是虚的，只有把购买期股的贷款还清后才能实际拥有；表决权和分红权是实的（也可以由企业与经营者协议另行约定），但是分得的红利不能拿走，需要用来偿还期股。要想把期股变实，前提条件必须是把企业经营好，有可供分配的红利。如果企业经营不善，不仅期股不能变实，本身的投入都可能亏掉。期股特点：

（1）股票来源多种多样，既可以通过个人出资购买，也可以通过贷款获得，还可以通过年薪收入（或特别奖励）中的延迟支付部分转化而成。

（2）股票收益将在中长期兑现，可以是任期届满或任期届满后若干年一次性兑现，也可以是每年按一定比例匀速或加速兑现。

（3）期股的最大优点是经营者的股票收益难以在短期内兑现，股票的增值与企业资产的增值和效益的提高紧密联系起来，这就促使经营者将会更多地关注企业的长远发展和长期利益，从而在一定程度上解决了经营者的短期行为。年薪制加期股这一新的激励模式已越来越被许多企业认可，并逐渐成为继年薪制之后对经营者实施长期激励的有效措施。

（4）期股第二大优点是经营者的股票收益中长期化，使经营者的利益获得也将是渐进的、分散的。这在一定程度上克服由于一次性重奖使经营者与员工收入差距过大所带来的矛盾，有利于稳定。

（5）期股第三大优点是可有效解决经营者购买股票的融资问题。由于国有企业长期实行低工资政策，经营者的总体收入水平并不高，让经营者一下拿出很多钱来购买股票，实在有点勉为其难。期股获得方式的多样化使经营者可以不必一次性支付太多的购股资金就能拥有股票，从而实现以未来可获得的股份和收益来激励经营者更努力地工作的初衷。

9、期权

期权是指一种合约，该合约赋予持有人在某一特定日期或该日之前的任何时间以固定价格购进或售出一种资产的权利。期权定义的要点如下：

（1）期权是一种权利期权合约至少涉及买人和出售人两方，持有人享有权力但不承担相应的义务。

（2）期权标的物。期权的标的物是指选择购买或出售的资产，它包括股票、政府债券、货币、股票指数、商品期货等。期权是这些标的物"衍生"的，因此称衍生金融工具。期权出售人不一定拥有标的资产，期权是可以"卖空"的，期权购买人也不定真的想购买资产标的物，因此，期权到期时双方不一定进行标的物的实物交割，而只需按价差补足价款即可。

（3）到期日。双方约定的期权到期的那一天称为"到期日"，如果该期权只能在到期日执行，则称为欧式期权；如果该期权可以在到期日或到期日之前的任何时间执行，则称为美式期权。

（4）期权的执行依据期权合约购进或售出标的资产的行为称为"执行"。在期权合约中约定的、期权持有人据以购进或售出标的资产的固定价格，称为"执行价格"。

10、股权与期权的区别

（1）股权（有限责任公司）、股份（股份有限公司）都是股东基于股东资格而享有的一种所有者权利，通常拿到股权，说明已经是公司的股东了。

（2）期权是一种权利，是公司授予激励对象在未来一定期限内以预先确定的价格和条件购买本公司一定数量股份的权利，这个权利可能在公司上市后行使，也可能在上市前行使。拿到期权，只表明其有可能是公司的股东，股权通常可以代表股东，而期权更多的是带着激励的使命而存在。

学习笔记：

四、股权最重要的八条生命线

请根据团队项目的实际情况，参照股权最重要的八条生命线对项目团队的股权进行设计：

1、拥有67%：公司完全控制权（有权修改公司的章程、增资扩股）

2、拥有51%：相对控制权（对重大决策进行表决）

3、拥有34%：一票否决权（董事会的决策可以不同意）

4、拥有30%：拥有收购权

5、拥有10%：临时会议权

6、拥有5%：重大股东变动警示线（上市公司应注意这条线）

7、拥有3%：临时提案权

8、拥有1%：代位诉讼权

五、股权激励的风险与障碍

请根据团队项目的实际情况，设计"股权激励风险评估方案"：

1、坐享其成：回报高员工没创造力

2、回报存疑：回报低员工不愿意投入

3、失控风险：老板可能会失去对创始企业的控制力

4、诚信风险：企业数据不透明失去员工信任

5、操作风险：退出机制可能不完善，无法相互保全。

6、经营风险：财务不规范，经营信息公开的隐患。

7、法律风险：税前净利润数据要公开吗？

8、效果风险：做股权激励没有起到激励效果怎么办？

学习笔记：

六、OP合伙人制

1、什么是OP合伙人制

　　最早的合伙人诞生于10世纪前后的意大利、英国等国。当时海上贸易很赚钱，有人说，我想做这事，但我不懂航海，我可以出钱，另有人说，我懂航海，但我钱不多，我可以出力。于是，两者展开了合作，利润各半。自然而然地，这就逐步形成了资源互补下的利益共同体。

　　现在基本上可以认为市面流行有三种合伙人模式：

　　（1）合伙人就是名义股东（即股份），也有的将实际股东称为合伙人，这只是名称上的转变。

　　（2）由于公司治理结构的需要，注册有限合伙企业作为持股平台，在合伙企业中有两种角色，一个普通合伙人（GP，公司创办人或控制人）、一种是有限合伙人（LP，投资人）。这里的LP都是投资人，没有决策权和代表权，分享的投资收益（即收益权）。

　　（3）以打造团队经营者为核心的增值合伙人（OP），OP出钱出力、做增量价值、分享增值收益。

2、OP合伙人模式优点

　　（1）不承担企业风险，但担当经营责任。

　　（2）根据价值进行多次利益分配

　　（3）灵活退出、晋级制度

　　（4）通常与法律风险无关

　　（5）关注团队与个人的价值贡献

　　（6）注重自身价值、人脉、资源。

学习笔记：

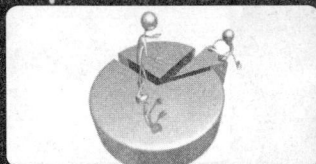
3、OP合伙人制特点

请根据团队项目的实际情况，设计适合团队特色的"OP合伙人制方案"。

（1）员工既出钱更要出力

（2）合伙人出钱却不占有公司股权

（3）合伙人分享的是超价值，向市场要利益分配。

（4）合伙人并不分走股东的既得利益，而是不断做大股东利益。

（5）合伙人的收益不仅与出资相关，更与团队超价值、个人贡献价值关联。

（6）合伙人践行的是现代企业体制，将所有权与经营权分离。

（7）合伙人将管理者转变为经营者

（8）合伙人使管理团队实现高度利益趋同。

（9）合伙人既留人、吸引人，更强调激励人。

（10）合伙人将传统的虚拟股份、岗位增值股、在职分红股高度融合。

学习笔记：

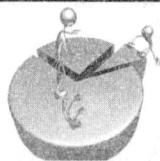

七、股权激励5问

1、问：股权是送给员工，还是花钱买？

答：（1）股权激励最好的结果就是员工既要出钱、更要出力。（2）如果员工出了钱，相比而言会更用心、力量相对会增大，更容易取得好的经营成果，到了年底因而能够分得更多的钱。（3）老板送股给员工，看起来是一种慷慨、体恤，但若无法激励员工的斗志、启动员工自身的创力，而员工只等年底分钱，那么赠股肯定不如让员工认购，哪怕股价可以内部优惠多一点，给员工分配的比例再大一点。

2、问：做了股权激励，员工真的会像老板那样自动自发的工作吗？

答：可能性不大。（1）通常老板占股70~90%以上，员工个体占股仅有0.1%~1%，股权的权重越低，力度就越小。（2）让占股极小的员工站在占股很大的老板角度去思维、达到老板的工作热情，几乎不太可能。（3）如果老板占股80%，而某员工持股0.5%，员工的思维高度与创业热情只有老板的160分之1。（4）一般情况下，员工个体持股比例达到3%~5%以上的，才可能更接近老板的高度。（5）股权激励是长效激励模式，是用未来激励现在。很多员工更关注的是当下的价值和利益。越是基层的员工，视野就会越加短浅。（6）如果老板认为动用股权就能激励员工拼命干，肯定是不现实的，必须考虑长效与短效激励工具的组合。

3、问：哪些员工才是做股权激励的最好对象？

答：（1）股权资源是非常有限的，老板不可能老是打增资扩股的牌，自己给自己印股票，这样会伤老员工的心。（2）企业要将股权资源用得恰到好处，好钢要用到刀刃上。（3）不是所有的员工都适合股权激励，比如层次低的、年龄轻的、价值小的等等。

4、问：拥有股权的员工可以随意开除，将股权收回吗？

答：不可以。（1）注册实股与契约代持股都是受到法律保护的，尤其是工商登记的注册实股。就象两人注册结婚了，不是你想离就能离的，必须获得对方认可同意，才能解除婚约（股权）关系。（2）老板要反思，如果当初这个员工没有价值时为何要给他股权？如果当初这个员工有很高价值，为何现在变得没有价值了？企业的短期激励是不是不到位、不给力，还是企业不能给员工发挥的平台和机会？（3）要看如何设计，如果是在职股，约定了员工责任和义务，明确了所定条件的，应该可以拿回来。即使是注册实股，也可以签订补充协议，明确退出事项，也可以按约定收回股权。（4）任何一次股权的转让，如何进入与如何退出都是同等重要的，必须在契约条款中有非常明确具体的描述。

5、问：老板出让股权，会不会失去对创办公司的控制权？

答：（1）股权与股份其实是可以区分处理的：拥有所有权的是股权，拥有收益权的就是股份。（2）对内的股权激励很多可以设计为"股份激励"，即员工拥有收益分红权，但并不具有所有权。（3）只要保持66.7%以上的所有权，就不会失去对公司的控制权。（4）如果一定要动用所有权激励的（股改），可以考虑注册成立有限合伙企业，将出让的股权装在有限合伙企业，老板做GP（普通合伙人），员工做LP（有限合伙人）。

自
述
案例：

知识是用来解决问题的

《创业综合词典汇》不是传统意义上的词典，它的着力点不在"查"，而在"用"。

《创业综合词典汇》是在创新创业特色教材和训练基础上积累而成的，这里面凝聚有岭南创业管理学院诸多老师的汗水和心血。广东岭南职业技术学院2013年4月与广东卓启投资有限责任公司联合创建了岭南创业管理学院，前瞻性地制定了"学院＋公司＋基金"三位一体战略，致力于培养实战型创业人才和创新性就业精英。岭南创业管理学院的中小企业创业与经营专业面向全国高考统招并享有自主招生资格，从2013年9月开始，已培养毕业学生上千人。广东岭南职业技术学院也是国内将学生创业教学、创业项目实训、创业项目孵化园和老师创业项目结合起来并率先落地的创业型大学，学校专门成立了创新创业教育中心，开设的《创新创业通识》为全校公共必修课程，覆盖了广东岭南职业技术学院所有二级学院，如经济管理学院、医药健康学院、外语外贸学院、现代制造学院、艺术与传媒学院、电子信息工程学院、穗峰建筑工程管理学院等，现有超过5000余名学生对该课程进行了创新性地系统学习。

《创业综合词典汇》是和创新创业通识课训练教材《创新创业基础》配套使用的：《创新创业基础》情景式和可视化的设计解决了创新创业通识课训练中的动作问题，而在训练当中又需要不断地运用到《创业综合词典汇》中的十多门学科的相关知识，知识应用来解决创业训练中遇到的问题，在问题的解决过程中，知识得到了应用和强化，这是一个螺旋式循环上升的过程。

《创业综合词典汇》是岭南创业管理学院开发的创新创业系列丛书中一个必不可少的组成部分，创新创业系列丛书包括：《实体经营》、《创新思维与创业基础》（第二版为《创新创业基础》）、《创业技能训练》、《创业综合管理》、《创业经营实战》、《创业特训游戏》等。为适应创新创业系列丛书将知识落地的训练需求，《创业综合词典汇》里有的学科侧重词典、有的学科侧重案例、有的学科侧重框架的搭建和思维梳理、有的学科侧重启发式的引导、有的学科注重知识性拓展，既包罗万象，又能和情景式、可视化教材融合，呈现不同的精彩。

《创业综合词典汇》是创新创业训练的配套工具，工具是不分对错的，而是在实际使用当中看是有效果还是没有效果。创新创业训练有一个很重要的导向就是"去标准答案化"，每件事情至少有四个面：你的一面，我的一面，他的一面，事实真相的一面，站在哪一面看都是对的。如果说还有第五个面的话，那就是未知的一面，所以需要我们不断去探索，在探索中不断判断、调整、启迪和适应变化，甚至引领变化！

《创业综合词典汇》的知识都是拿来用的，如果感觉没有用，那只有一种可能：因为没有去用，所以没有用。

致谢

在《创业综合词典汇》探索和编写过程中得到广东岭南职业技术学院刘丹青教务长、岭南创业管理学院张锦喜院长、古永平副院长、王有红专业主任的指导，以及本书所有编委老师的帮助，在此向他们表示衷心感谢！

在《创业综合词典汇》编写和设计的过程中，得到符仕毛先生、倪作沛先生、肖自美教授、陈志娟教授、梁铭津女士的关心和支持，在此表示深深的感谢！与此同时，对南京大学出版社的编辑老师在此书出版过程中的辛勤付出表示衷心的感谢！